GEORG KÜPPER

Der „unmittelbare" Zusammenhang zwischen Grunddelikt
und schwerer Folge beim erfolgsqualifizierten Delikt

Schriften zum Strafrecht

Band 48

Der „unmittelbare" Zusammenhang
zwischen Grunddelikt und schwerer Folge
beim erfolgsqualifizierten Delikt

Von

Dr. Georg Küpper

DUNCKER & HUMBLOT / BERLIN

Alle Rechte vorbehalten
© 1982 Duncker & Humblot, Berlin 41
Gedruckt 1982 bei Buchdruckerei Bruno Luck, Berlin 65
Printed in Germany
ISBN 3 428 05245 5

Vorwort

Die Abhandlung hat im Wintersemester 1981/82 der Rechtswissenschaftlichen Fakultät der Universität zu Köln als Dissertation vorgelegen. Für die Drucklegung konnten Rechtsprechung und Schrifttum bis zum 31. 3. 1982 berücksichtigt werden.

Herrn Professor Dr. Hans Joachim Hirsch, der die Arbeit angeregt und gefördert hat, bin ich zu besonderem Dank verpflichtet.

Herrn Ministerialrat a. D. Professor Dr. Johannes Broermann gebührt wegen der Aufnahme der Arbeit in die Reihe „Schriften zum Strafrecht" mein Dank. Der Druck wurde durch einen namhaften Zuschuß der Rechtswissenschaftlichen Fakultät der Universität zu Köln gefördert; auch dafür danke ich verbindlichst.

Köln, im September 1982

Georg Küpper

Inhaltsverzeichnis

I. Einleitung und Problemstellung	11
II. Die historische Entwicklung der erfolgsqualifizierten Delikte	14
1. Versari in re illicita	14
2. Dolus indirectus	16
3. Culpa dolo determinata	19
4. Die Partikulargesetzgebung	20
5. Die Entwicklung unter der Geltung des RStGB	21
III. Zur Kritik der erfolgsqualifizierten Delikte	24
1. Erfolgshaftung vor 1953	24
2. Bedeutung des § 18 StGB	25
a) Kritik der Regelung	25
b) Praktische Relevanz	26
c) Leichtfertigkeit als Lösungsweg?	28
aa) Der Inhalt des Leichtfertigkeitsurteils	28
bb) Die Diskussion über den Stellenwert des Merkmals	29
cc) Eigener Standpunkt	30
d) Zusammenfassung	32
3. Die Berechtigung erfolgsqualifizierter Delikte	32
a) Meinungsstand in der Literatur	32
aa) Die Auffassung von Hirsch	33
bb) Die Ansicht von Schubarth	34
cc) Stellungnahme	35
b) Die Situation im Ausland	37
c) Das Verhältnis von Gefährdung und Verletzungserfolg	40
d) Verfassungsrechtliche Problematik	42
e) Ergebnis	44
IV. Die in Rechtsprechung und Literatur behandelten Fälle	45
1. Körperverletzung mit schwerer Folge (§§ 226, 224 StGB)	45
a) Rechtsprechung	45
b) Literatur	50

2. Vergewaltigung und sexuelle Nötigung mit Todesfolge (§ 177 Abs. 3 StGB) 52
      a) Rechtsprechung 52
      b) Literatur 53
   3. Freiheitsberaubung, Menschenraub und Geiselnahme mit Todesfolge (§ 239 Abs. 3, § 239a Abs. 2, § 239b Abs. 2 StGB) ... 54
      a) Rechtsprechung 54
      b) Literatur 55
   4. Raub mit Todesfolge (§ 251 StGB) 57
      a) Rechtsprechung 57
      b) Literatur 58
   5. Brandstiftung mit Todesfolge (§ 307 Nr. 1 StGB) 59
      a) Rechtsprechung 59
      b) Literatur 60
   6. Sonstige Vorschriften 61
   7. Zweikampf (§ 206 StGB a. F.) 63

V. **Der unmittelbare Zusammenhang unter dem Blickwinkel allgemeiner Kausalitäts- und Zurechnungslehren** 64
   1. Äquivalenztheorie und Regreßverbot 64
   2. Adäquanz- und Relevanztheorie 66
   3. Objektive Zurechnungslehren 68
      a) Die Zusammenhangstheorien 69
      b) Das Prinzip der Risikoerhöhung 70
      c) Die Lehre vom Schutzzweck der Norm 70
   4. Stellungnahme 71

VI. **Besondere Lösungsvorschläge zu den erfolgsqualifizierten Delikten** 74
   1. Abweichung des Kausalverlaufs 74
   2. Ausschaltung außertatbestandlicher Gefährdungsmomente ... 75
   3. Kenntnis der Risikofaktoren 76
   4. Grunddeliktsadäquates und zwangsläufiges Todesrisiko 77
   5. Objektive Gefährlichkeit 78

VII. **Grundlegung der eigenen Auffassung: Die Unmittelbarkeit als Tatbestandsproblem** 80
   1. Grammatikalische Auslegung 80
   2. Historische Entwicklung 81

Inhaltsverzeichnis 9

    3. Systematische Gesichtspunkte 82
    4. Restriktive Auslegung 83

VIII. **Die Auslegung der einzelnen Delikte** 85

    1. Die Körperverletzung mit schwerer Folge (§§ 226, 224 StGB)   85

        a) Körperverletzung mit Todesfolge 85
            aa) Die tödliche Körperverletzung als Tötungsdelikt 85
            bb) Die Letalitätslehre 85
            cc) Ergebnis der historischen Untersuchung 87
            dd) Systematische Betrachtung 88
            ee) Die Fahrlässigkeit (§ 18 StGB) 89
        b) Schwere Körperverletzung 90
        c) Die Selbstgefährdung des Opfers 91
            aa) Grundproblematik 91
            bb) Freiverantwortlichkeit 94
            cc) Zumutbarkeit 97
            dd) Ergebnis 97

    2. Die Anwendung von Gewalt oder Drohung (§§ 177, 251 StGB) 98

        a) Vergewaltigung mit Todesfolge 98
        b) Raub mit Todesfolge 100

    3. Das Verbringen in eine räumliche Zwangslage (§§ 221, 239 StGB) 101

        a) Aussetzung mit schwerer Folge 102
        b) Freiheitsberaubung mit schwerer Folge 104
        c) Das Eingreifen Dritter 106

    4. Das Einsetzen (gemein)gefährlicher Tatmittel (§§ 229, 307, 310b, 311, 311a, 312, 318, 319 StGB) 109

IX. **Der Versuch eines erfolgsqualifizierten Delikts** 113

    1. Meinungsstand 113

        a) Der „erfolgsqualifizierte Versuch" 114
        b) Praktische Konstellationen 115
        c) Theoretische Konzeptionen 116
        d) Versuchsstrafbarkeit 118

    2. Eigene Ansicht 119

X. **Gesamtergebnis** 124

Literaturverzeichnis 126

I. Einleitung und Problemstellung

Das Strafgesetzbuch enthält eine Reihe von Tatbeständen, bei denen das schon für sich strafbare Grunddelikt durch einen hinzutretenden schweren Erfolg — meist Todesfolge — qualifiziert wird. Herkömmlich werden diese Straftaten als „erfolgsqualifizierte Delikte" bezeichnet, obgleich gemäß § 18 StGB hinsichtlich der schweren Folge mindestens Fahrlässigkeit gegeben sein muß, so daß es sich nicht um eigentliche Erfolgshaftung handelt[1]. Davon zu unterscheiden sind Tatbestände, die aus einem per se nicht strafbaren vorsätzlichen Verhalten und einer dadurch (fahrlässig) verursachten konkreten Gefährdung bestehen (vgl. etwa § 97 Abs. 1 StGB, § 311 Abs. 4 StGB, § 315 c Abs. 3 Nr. 1 StGB und andere); sie werden überhaupt erst durch die Verbindung beider Elemente zu strafbaren Delikten. Für diese Mischtatbestände hat man die Bezeichnung „eigentliche Vorsatz-Fahrlässigkeits-Kombination" vorgeschlagen[2]. Daneben sehen schließlich einige Vorschriften das Herbeiführen der Gefahr des Todes oder einer schweren Körperverletzung als „besonders schweren Fall" vor (so § 113 Abs. 2 Nr. 2 StGB, § 125 a Satz 2 Nr. 2 StGB). Der Bundesgerichtshof hat hierbei zumindest bedingten Vorsatz in bezug auf das Merkmal der Gefahr verlangt und § 18 StGB für unanwendbar erklärt[3]. In der vorliegenden Untersuchung bleiben die beiden letztgenannten Fallgruppen unberücksichtigt.

Die hier zu behandelnde Problematik der erfolgsqualifizierten Delikte besteht in der Frage, wie der objektive Zusammenhang zwischen Grunddelikt und schwerer Folge beschaffen sein muß. Unbestritten ist zunächst das Erfordernis einer kausalen Verknüpfung nach allgemeinen strafrechtlichen Grundsätzen. Darüber hinaus verlangt die Rechtsprechung neuerdings, jedenfalls für § 226 StGB, einen sogenannten *unmittelbaren* Zusammenhang. Zwar tauchte das Merkmal der „Unmittelbarkeit" schon früher verschiedentlich in zu erfolgsqualifizierten Delikten

---

[1] *Maurach* (AT, S. 200) hat deshalb die — allerdings etwas umständliche — Bezeichnung „durch hinzutretende Fahrlässigkeit qualifizierte Erfolgsverbrechen" vorgeschlagen.

[2] Vgl. *Krey / Schneider*, NJW 1970, 640; zust. *Jescheck*, AT, S. 210; *Tröndle*, LK, § 11 Rdn. 94.

[3] BGHSt. 26, 176 (180 f.); im Ergebnis zust. *Backmann*, MDR 1976, 969; *Küper*, NJW 1976, 543; *Meyer-Gerhards*, JuS 1976, 228; ebenso jetzt *Schönke / Schröder / Eser*, § 113 Rdn. 67; früher schon *Hübner*, LK (9. Aufl.), § 125 a Rdn. 9.

ergangenen Entscheidungen auf[4], es gelangte aber erst 1971 im „Rötzel-Fall"[5] zur näheren Ausformulierung: Dort hatte der Angeklagte seine Hausgehilfin tätlich angegriffen und schwer verletzt. Vor den fortdauernden Angriffen versuchte die verängstigte Frau durch das Fenster ihres Zimmers auf einen Balkon zu flüchten, wobei sie abstürzte und zu Tode kam. Nach Ansicht des Bundesgerichtshofs ergibt sich aus dem Sinn und Zweck des — von der Vorinstanz bejahten — § 226 StGB, daß hier eine engere Beziehung zwischen der Köperverletzung und dem schweren Erfolg gefordert sei, als sie ein Ursachenzusammenhang nach der Bedingungstheorie voraussetzt. Entgegengewirkt werden sollte mit der Schaffung der Vorschrift der der Körperverletzung anhaftenden *spezifischen Gefahr* des Eintritts des qualifizierenden Erfolges. In einem tödlichen Ausgang, der erst durch das Eingreifen eines Dritten oder das Verhalten des Opfers selbst herbeigeführt werde, habe sich aber nicht mehr die dem Grundtatbestand eigentümliche Gefahr niedergeschlagen. Die Frage lasse sich indes nicht für alle erfolgsqualifizierten Delikte einheitlich lösen; es komme vielmehr auf die jeweilige *tatbestandliche Ausgestaltung* an.

Der in nachfolgenden Entscheidungen bestätigte[6] und in der Literatur vielfach mit Zustimmung bedachte[7] Unmittelbarkeitsgrundsatz entspricht der Tendenz, die erfolgsqualifizierten Delikte möglichst restriktiv zu handhaben. Er bereitet dennoch bei der Umsetzung im Einzelfall erhebliche Schwierigkeiten[8]. Ziel der Untersuchung ist es daher, die hinter diesem Gedanken stehenden Prinzipien aufzubereiten, um zu dogmatisch haltbaren und praktisch verwertbaren Beurteilungskriterien zu gelangen. Hierbei ist vorab eine weitere Differenzierung innerhalb der erfolgsqualifizierten Delikte vorzunehmen. Es lassen sich nämlich drei Gruppen unterscheiden: Vorsätzliches Grunddelikt mit vorsätzlich herbeigeführter Folge (Beispiel: § 225 StGB), fahrlässiges Grunddelikt mit fahrlässig besonderer Folge (Beispiel: § 309 StGB) und schließlich der Hauptfall des vorsätzlichen Grundtatbestands mit fahrlässig bewirktem qualifizierendem Erfolg. Handelt der Täter mit Vorsatz im Hinblick auf die schwere Folge, so vollzieht sich die Verknüpfung mit dem Grund-

---

[4] Vgl. noch im einzelnen die Fallübersicht in Kap. IV.
[5] BGH NJW 1971, 152 = JR 1971, 205 mit abl. Anm. *Schröder*.
[6] Vgl. BGH 1 StR 120/75 bei Dallinger MDR 1976, 16 (wo allerdings die eigentliche Problematik bei der Fahrlässigkeit lag); BGH 5 StR 681/79 vom 26. 2. 1980; zuletzt BGH 3 StR 298/81 bei Holtz MDR 1982, 102.
[7] Vgl. *Dreher / Tröndle*, § 226 Rdn. 1; *Eser*, StudK III, Nr. 9 A 10; *Hirsch*, LK, § 226 Rdn. 4; *Jescheck*, AT, S. 209, 232; *Krey*, BT 1, S. 91; *Lackner*, § 226 Anm. 1; *Wessels*, BT 1, S. 45.
[8] So vor allem *Horn*, SK, § 226 Rdn. 8; krit. auch *Geilen*, Welzel-Festschrift, S. 676 („zu wenig griffig"); *Schröder*, JR 1971, 206 („vage Formel"); *Ulsenheimer*, Bockelmann-Festschrift, S. 413 („präzisierungsbedürftig"); *Wolter*, JuS 1981, 168 („inhaltlich vollkommen unabgeklärter Begriff").

tatbestand im subjektiven Bereich; der angesprochene Zusammenhang wird also schon durch den Vorsatz vermittelt, so daß es eines zusätzlichen Kriteriums auf der objektiven Ebene nicht bedarf[9]. Andererseits geht es bei der doppelten Fahrlässigkeitskonstruktion lediglich um einen umständlich geregelten Fall eines gewöhnlichen qualifizierten Fahrlässigkeitsdelikts[10]. Als problematisch verbleibt demnach die Vorsatz-Fahrlässigkeits-Kombination, mit der sich näher zu befassen ist. Diese Gruppe wird auch als „echte" erfolgsqualifizierte Delikte bezeichnet[11]. Historisch haben sie eine eigene Entwicklung durchgemacht, die zunächst in einem allgemeinen Überblick aufgezeigt werden soll.

---

[9] *Hirsch*, LK, § 224 Rdn. 6; zust. *Horn*, SK, § 224 Rdn. 22.
[10] Vgl. *Hirsch*, GA 1972, 66. Schon *Cohn* (Str. Abh. 112, S. 91 f.) hat diese Kombination als fahrlässiges versari in re illicita kritisiert und für überflüssig erklärt.
[11] Vgl. *Baumann*, AT, S. 208; *Hirsch*, GA 1972, 66; *Lackner*, § 18 Anm. 2; *Schroeder*, LK (9. Aufl.), § 56 Rdn. 21; *Ulsenheimer*, Bockelmann-Festschrift, S. 418. *Hardwig* (GA 1965, 97) will überhaupt nur diese Gruppe als „erfolgsqualifizierte Delikte" bezeichnen; *Maurach* (Heinitz-Festschrift, S. 405) spricht von „klassischen" Erfolgsqualifizierungen.

II. Die historische Entwicklung der erfolgsqualifizierten Delikte

1. Versari in re illicita

Ausgangspunkt der Entwicklung des erfolgsqualifizierten Delikts ist die aus dem kanonischen (kirchlichen) Recht stammende Lehre vom versari in re illicita, die besagte: Wer eine unerlaubte Tat begeht, haftet für alles, was daraus folgt („versanti in re illicita imputantur omnia, quae sequuntur ex delicto"). Sie wird allgemein — zumindest in ihrer expliziten Ausgestaltung — dem Bernardus Papiensis zugeschrieben[1]. Ihre Funktion im kirchlichen Recht war es, die „Irregularität" eines Priesters festzustellen, was zur Folge hatte, daß dieser von der Verrichtung kirchlicher Ämter ausgeschlossen war[2].

Nach der Lehre vom versari in re illicita hing die Zurechnung der ungewollten Folge allein von der rechtlichen Bewertung der verursachenden Grundhandlung ab. Dies war nach damaliger Auffassung durchaus als Schuldurteil zu verstehen; die Schuld des Täters war allerdings eine der schweren Folge vorangehende (culpa praecedens) und brauchte sich auf diese nicht zu erstrecken[3]. Mithin bestimmte sich der Zusammenhang zwischen „Versari" und Folge rein objektiv. Der grundsätzliche Mangel dieser Theorie lag nun darin, daß zwischen dem zugrunde liegenden Verbot und dem — zufälligen — Erfolg keine innere Beziehung bestehen mußte. Nur wenn sich ein unerlaubtes Verhalten nicht feststellen ließ, war weiter zu prüfen, ob der Täter bei der an sich erlaubten Tat sorgfaltswidrig gehandelt hatte[4].

Vorgenannte Prinzipien zeigen sich deutlich in dem bekannten Fall, den Papst Innozenz III. im Jahre 1212 zu entscheiden hatte[5]: Ein Mönch

---

[1] Vgl. *Beschütz*, Str.Abh. 76, S. 94; *Cohn*, Str.Abh. 112, S. 7; *Klee*, dolus indirectus, S. 7; *Kollmann*, ZStW 35 (1914), 62. Nach *Löffler* (Schuldformen, S. 140) war diese Lehre für Bernardus kein Novum, sondern eine „alterprobte Wahrheit".

[2] Vgl. *Boldt*, Strafrechtswissenschaft, S. 192; *Cohn*, Str.Abh. 112, S. 7; *Löffler*, Schuldformen, S. 138; *Ziegler*, Str.Abh. 359, S. 25. Die weitgehende Zurechnung geht letztlich auf die Auffassung der Schuld als Sünde zurück; siehe zu diesem Gesichtspunkt *Engelmann*, Schuldlehre, S. 75, 211; *Moos*, Verbrechensbegriff, S. 138.

[3] Vgl. *Beschütz*, Str.Abh. 76, S. 94; *Kollmann*, ZStW 35 (1914), 49, 82; *Welp*, Handlungsäquivalenz, S. 133.

[4] *Boldt*, Strafrechtswissenschaft, S. 192; *Dahm*, Strafrecht, S. 260.

[5] Dargestellt bei *Löffler*, Schuldformen, S. 140 Anm. 12; weitere Fälle bei

operierte die Kehlkopfgeschwulst einer Frau, die seine Verhaltensmaßregeln mißachtete und infolge einer Nachblutung starb. Nach dem päpstlichen Dekret sollte zunächst geprüft werden, ob der Mönch aus Nächstenliebe oder aus Gewinnsucht gehandelt hatte; letzteres war dem Mönch verboten, also eine „res illicita". Es liegt jedoch auf der Hand, daß das Merkmal der Gewinnsucht kein für den Todeserfolg relevantes Gefahrenmoment beinhaltet. Erst als weitere Beurteilungskriterien kamen in Betracht, ob der Mönch ein erfahrener Chirurg war und ob er schließlich bei der Operaion die notwendige Sorgfalt (diligentia) an den Tag gelegt hatte.

Die Versari-Lehre wurde seit jeher vielfach angegriffen und etwa von *Binding*[6] als „eine der elendesten Theorien, die jemals aufgestellt worden sind" abqualifiziert. Bei aller Kritik darf jedoch nicht übersehen werden, daß sie ursprünglich eine restriktive Funktion besaß, nämlich den Gedanken der reinen Erfolgshaftung für jedes Tun auf solche Handlungen zu beschränken, die bereits per se verboten waren[7]. Im übrigen hat sich das Prinzip des versari in re illicita bis in die Gesetzgebung des 18. und 19. Jahrhunderts als *Straferhöhungsgrund* erhalten. Hierfür nur zwei Beispiele: Gemäß §§ 37, 38 in Teil II Titel 20 Preuß.ALR (1794) war die Strafe für eine an sich unerlaubte Handlung, die einen zufälligen Erfolg herbeiführte, jedenfalls dann zu schärfen, wenn dessen Möglichkeit von dem Verbrecher leicht vorauszusehen war, während zufällige Folgen aus einer an sich erlaubten Handlung dem Handelnden nicht zugerechnet werden konnten (§ 36). Nach § 152 Abs. 2 Braunschw.CrimGB (1840) wurde die durch Fahrlässigkeit verursachte Tötung schärfer bestraft, falls die Handlung in der Übertretung eines Polizeiverbots bestand[8].

Die Lehre vom versari in re illicita hat auch noch in jüngster Zeit ihre prinzipiellen Befürworter gefunden. *Hardwig*[9] findet den zutreffenden Grundgedanken darin, daß der Täter eine gefährliche Situation begründe, bei der niemand voraussehen kann, wie sie sich entwickeln wird. Es handele sich hier um Fälle echter Schuldhaftung, die auch in strafrechtlicher Risikohaftung bestehen könne. *Bindokat*[10] wirft sogar

---

Kollmann, ZStW 35 (1914), 49 ff. Siehe auch das Beispiel von *Maurach*, AT, S. 560: Der Täter löst bei unbefugtem Betreten eines fremden Hauses zufällig einen Balken, der den schlafenden Hauseigentümer tötet.

[6] Normen IV, S. 116.

[7] Diesen Gesichtspunkt betonen *Boldt*, ZStW 55 (1936), 46; *Kollmann*, ZStW 35 (1914), 62; *Welp*, Handlungsäquivalenz, S. 133 Anm. 141.

[8] Siehe dazu auch *Boldt*, ZStW 55 (1936), 51 f. Im übrigen betrachteten es andere Gesetzbücher als *grobe* Fahrlässigkeit, wenn die fahrlässige Handlung zugleich aus anderen Gründen an sich unerlaubt und rechtswidrig war, vgl. Art. 65 IV Bayer.StGB; Art. 59 IV Old.StGB; Art. 48 Nr. 3 Hann.CrimGB.

[9] GA 1965, 99; Eb. Schmidt-Festschrift, S. 469 Anm. 13.

[10] JZ 1977, 551.

die Frage auf, ob nicht das Strafrecht in einzelnen Fällen eine Versari-Haftung geradezu fordere. Betrachte man die alten Beispiele des Schießens an bewohnten Orten oder zur verbotenen Zeit, so ergebe sich, daß der Täter eine besondere Gefahr geschaffen hat, während die Allgemeinheit gerade auf die Abwesenheit dieser Gefahr vertrauen durfte. Hier bestehe zwischen Handlung und Erfolg nicht nur ein kausaler, sondern auch ein normativer Zusammenhang. Selbst *Arthur Kaufmann*[11] will dem Versari-Gedanken einen gesunden Kern nicht absprechen; nur „Fanatiker des Schuldprinzips" könnten ihn für ein Übel schlechthin ansehen.

Die Verteidiger der Versari-Haftung gehen bei ihren Stellungnahmen aber offenbar von einer schon höheren Entwicklungsform dieses Begriffes aus, als es seiner ursprünglichen Fassung entsprach. Wenn sie nämlich auf die Gefahr abstellen, die durch das verbotene Handeln geschaffen wird, so tragen sie damit dem Bedeutungswandel der res „illicita" zur res „periculosa" Rechnung, den das Versari-Prinzip bei der Übernahme ins weltliche Recht vollzog. Nach *Boldt*[12] machte der Versari-Gedanke im einzelnen drei Entwicklungsstufen durch. In seiner ersten und reinsten Gestalt besagte er: Wer auf bösen Wegen wandelt, hat für alles, was passiert, einzustehen. Auf der zweiten Stufe enthielt er den Gefährlichkeitsgedanken des Polizeidelikts: Motiv für den Erlaß der betreffenden Vorschrift war die gewöhnliche allgemeine Gefährlichkeit des untersagten Tuns. Auf seiner höchsten Stufe endlich repräsentierte er den Gedanken pflichtwidriger Gefährdung: Die Übertretung gewisser Normen enthält eine spezifische Pflichtwidrigkeit, die erfahrungsgemäß mit größter Wahrscheinlichkeit mit der Verletzung bestimmter Rechtsgüter verknüpft ist.

Diese letztere Erscheinungsform liegt auch der Konstruktion des sogenannten „dolus indirectus" zugrunde, auf den im folgenden einzugehen ist.

2. Dolus indirectus

Der dolus indirectus, als dessen „entarteter Sproß" die erfolgsqualifizierten Delikte bezeichnet worden sind[13], wurzelt außer im Versari-Gedanken in den Lehren der italienischen Postglossatoren. Geläufig wurde deren Doktrin vor allem durch die Formulierung von *Bartolus*[14],

---

[11] Schuldprinzip, S. 246.
[12] ZStW 55 (1936), 47.
[13] Vgl. *Löffler*, Schuldformen, S. 279; VDB V, S. 226.
[14] Zur „doctrina Bartoli" vgl. *Beschütz*, Str.Abh. 76, S. 97; *Engelmann*, Schuldlehre, S. 79 ff.; *Klee*, dolus indirectus, S. 11; *Löffler*, Schuldformen, S. 147; *Moos*, Verbrechensbegriff, S. 139; *Nagel*, Delikt, S. 23; *Schaffstein*, Lehren, S. 109 ff.

2. Dolus indirectus

der einen Erfolg dann dem Vorsatz zurechnete, wenn die verbotene Handlung erfahrungsgemäß die allgemein gefährliche *Tendenz* besaß, die schwere Folge — in der Regel Tötung — herbeizuführen („si delictum ... tendit ad illum finem, qui secutus est"), der Erfolg also wahrscheinlich war. In diesem Sinne wurde etwa der Fall entschieden, daß der Täter dem Opfer einen Faustschlag versetzt, es hinfällt und sich den Kopf an einem Stein zerschmettert: Der Täter ist nicht in dolo, weil bei einem solchen Sachverhalt der tödliche Ausgang nur selten vorkommt.

Ausgebaut und subjektiviert wurde die italienische Lehre von *Baldus*. Er forderte das Bewußtsein des Täters von der Möglichkeit des Erfolges; anderenfalls konnte ihm der Erfolg nicht als vorsätzlicher zugerechnet werden. Maßstab war hier demnach ein Gefährdungsvorsatz, der alle als möglich vorgestellten Folgen der Tat umfaßt[15]. Dies kam insbesondere in Betracht, wenn der Täter eine Waffe oder einen anderen Gegenstand benutzte, der offenbar geeignet war, den Tod zu verursachen.

Entscheidenden Einfluß auf die deutsche Doktrin erlangten allerdings die Ausführungen des Spaniers *Covarruvias*, der selbst seine Lehre auf Gedanken des Thomas von Aquin stützte. *Thomas* unterschied zwei mögliche Beziehungen zwischen Willen und Erfolg: 1. Der Erfolg ist direkt gewollt. 2. Es ist eine Handlung gewollt, die Ursache des Erfolges ist; in diesem Falle ist der Erfolg ein indirekt gewollter[16]. Anders ausgedrückt: Im Wollen der Ursache liegt auch das Wollen der Wirkung. Dies sollte jedoch nur für Folgen gelten, die nicht ganz unwahrscheinlich waren. Nach Covarruvias lag dolus indirectus vor, wenn die gewollte Handlung an sich und *unmittelbar* (immediate et per se) die schwere Folge mit sich brachte. Diese Formulierung wurde später von *Benedict Carpzov*[17] übernommen, der die Lehre vom dolus indirectus in Deutschland zur herrschenden machte. Er verlangte, daß der tödliche Erfolg im allgemeinen (communiter) aus dem eigentlich gewollten hervorgehen bzw. daß die unerlaubte Handlung auf die Todesgefahr hin (in periculum mortis) tendieren müsse. Entscheidend war für Carpzov das praktische Ergebnis, daß nämlich der Täter mit der Vorsatzstrafe (poena ordinaria) belegt werden konnte, wenn er ohne Tötungsabsicht handelte oder ihm diese nicht nachzuweisen war.

Umstritten ist, ob eine Zurechnung der Tat zum dolus indirectus damals voraussetzte, daß dem Täter der gefährliche Charakter seines Tuns bekannt war. Überwiegend wird die Ansicht vertreten, die Tat brauchte nur *objektiv* die Tendenz zu beinhalten, typische Folgen herbeizuführen.

---

[15] Vgl. *Engelmann*, Schuldlehre, S. 80 f.; *Schaffstein*, Lehren, S. 10.
[16] *Boldt*, Strafrechtswissenschaft, S. 196; *Löffler*, Schuldformen, S. 158 ff.
[17] Practica Nova, Qu. I Nr. 31 f., Qu. XXVII Nr. 6; dazu *Moos*, Verbrechensbegriff, S. 140.

Insofern liege dem Gedanken des dolus indirectus das Prinzip der Adäquanztheorie resp. der objektivierten Fahrlässigkeit zugrunde[18]. Der Täter müsse nur die tatsächlichen Umstände gekannt haben, die in concreto die Gefahr begründeten[19].

Diese objektive Auffassung trägt wohl am ehesten dem Sinn und Zweck des dolus indirectus Rechnung, einen generellen Gefahrenzusammenhang zwischen Handlung und Erfolg herzustellen. Einer individuellen Beziehung bedurfte es dann nicht mehr, wenn nach allgemeinen Erfahrungsurteil die gefährliche Tendenz des Handelns feststand. Indem man davon ausging, daß das, was ein jeder erkennen konnte, auch der Täter erkannt haben müsse, kam allerdings das präsumtive Element des dolus indirectus besonders zur Geltung. In späteren Gesetzgebungen taucht er dann auch unverhüllt als Vorsatzvermutung wieder auf. So wird etwa nach § 27 (Teil II Titel 20) Preuß.ALR vermutet, daß das Verbrechen vorsätzlich unternommen worden sei, wenn die Handlung so beschaffen ist, daß der gesetzwidrige Erfolg nach der allgemeinen (oder dem Handelnden besonders bekannten) natürlichen Ordnung der Dinge notwendig daraus entstehen mußte. Ähnlich nimmt Art. 44 Bayer.StGB (1813) den Vorsatz für erwiesen an, wenn aus der vorgenommenen Handlung nach allgemein bekannter Erfahrung ein bestimmter gesetzwidriger Erfolg *unmittelbar* und notwendig zu entstehen pflegt[20].

Eine ausdrückliche Regelung des dolus indirectus fand sich im österreichischen Strafgesetz noch bis zu dessen Neufassung vom 1.1.1975. Angelehnt an entsprechende Formulierungen in Art. III § 2 der Theresiana (1768) und § 3 Josephinisches Strafgesetzbuch (1787) lautete § 1 Abs. 2 ö.StG: „Böser Vorsatz aber fällt nicht nur dann zur Schuld, wenn vor, oder bei der Unternehmung der Unterlassung das Übel, welches mit dem Verbrechen verbunden ist, geradezu bedacht und beschlossen; sondern auch, wenn aus einer anderen bösen Absicht etwas unternommen, oder unterlassen worden, woraus das Übel, welches dadurch entstanden ist, gemeiniglich erfolgt, oder doch leicht erfolgen kann." Infolgedessen war die Körperverletzung mit Todesfolge in § 140 ö.StG als Totschlag geregelt; hier und bei der schweren Körperverletzung (§ 152 ö.StG) erlangte der dolus indirectus seine eigentliche praktische Bedeutung[21]. Im übrigen entbrannte auch im Hinblick auf die Vorschrift des § 1 Abs. 2 ö.StG der Streit zwischen objektiver und subjektiver Auffassung. Der

---

[18] Vgl. *Dohna*, ZStW 32 (1911), 331; *v. Hippel*, StrafR II, S. 380 f.; *Klee*, dolus indirectus, S. 17 ff.; *Moos*, Verbrechensbegriff, S. 139; *abw. Löffler*, Schuldformen, S. 160; wohl auch *Engelmann*, Schuldlehre, S. 79 f.

[19] Siehe dazu *Boldt*, Strafrechtswissenschaft, S. 200 f.; *Dohna*, ZStW 32 (1911), 332.

[20] Vgl. ferner Art. 54 Old.StGB (1814); Art. 43 Hann.StGB (1840).

[21] Vgl. *Altmann / Jacob*, § 1 Anm. 4 b; *Foregger / Serini*, § 1 Anm. III.

Kassationshof erklärte die Wendung „woraus ... erfolgen kann" als eine objektive Voraussetzung des indirekten Vorsatzes; der Täter sei für die seiner Tat entsprungenen adäquaten Folgen verantwortlich, auch wenn er sie nicht vorhersehen konnte[22]. Demgegenüber forderte ein Teil der Lehre die Voraussehbarkeit des eingetretenen Erfolges. Hiernach bestand also der dolus indirectus aus einem dolosen und einem culposen (fahrlässigen) Element[23]. Eine solche Kombination hatte in Deutschland Feuerbach unter der Bezeichnung „culpa dolo determinata" vertreten; diese weitere Entwicklungsstufe des erfolgsqualifizierten Delikts ist als nächstes zu behandeln.

3. Culpa dolo determinata

In seiner Doluslehre gelangte *Feuerbach*[24] zur Eliminierung des dolus indirectus. Er teilte den Vorsatz zunächst in zwei Arten ein: den bestimmten Dolus (dolus determinatus) und den eventuellen oder unbestimmten Dolus; letzterer liege vor, wenn die Absicht des Täters auf mehrere Rechtsverletzungen einer bestimmten Art oder Gattung gerichtet war. Es gebe aber auch Fälle, wo Dolus mit der Culpa bei ein und derselben Handlung zusammentreffe: wenn nämlich der Täter einen bestimmten rechtswidrigen Erfolg zum Zwecke hat, aus der hierauf gerichteten Handlung aber ein anderer rechtswidriger Erfolg entstanden ist, welchen er als mögliche Folge seiner Handlung entweder vorhergesehen hat, oder doch vorhersehen konnte. Die einer solchen Verletzung zugrunde liegende Willensbestimmung könne man eine durch Dolus bestimmte Culpa (culpa dolo determinata) nennen. Dagegen sei indirekter Dolus nicht denkbar.

Die „culpa dolo determinata" stellt sich also ihrer Struktur nach als Vorsatz-Fahrlässigkeits-Kombination dar. Im Unterschied zur Auffassung Feuerbachs, der den gesamten Tatbestand einer einheitlichen Schuldform, und zwar der culpa, unterwarf, werden die echten erfolgsqualifizierten Delikte allerdings heute als Vorsatztatbestände mit aufgestockter, fahrlässig herbeigeführter schwerer Folge verstanden[25]. Die Tatsache, daß Feuerbach das Prinzip des dolus indirectus in ein doloses

---

[22] Nachweise bei *Stooß*, LB, S. 96; siehe außerdem *Klee*, dolus indirectus, S. 46.

[23] Vgl. *Altmann / Jacob*, § 1 Anm. 5 a; *Finger*, StrafR I, S. 393 f.; *Rittler*, AT, S. 211.

[24] Lehrbuch, §§ 59, 60.

[25] Für eine einheitliche „Schuldform" im Sinne der culpa dolo determinata aber neuerdings wieder *Seebald*, Täterschaft, S. 14 f.; gegen ihn *Hänle*, Teilnahme, S. 38 ff. Auch *Gössel* (Lange-Festschrift, S. 219 ff.) faßt die erfolgsqual. Delikte als besondere Fahrlässigkeitstatbestände auf.

und ein culposes Element aufspaltete, diese beiden Merkmale aber in einem einheitlichen Begriff wieder zusammenfügte, hat sogleich auch Kritik herausgefordert. So wandte *Mittermaier*[26] schon in der Anmerkung zu dem von ihm herausgegebenen Feuerbach'schen Lehrbuch ein, die Aufstellung der culpa dolo determinata sei irrig und werfe verschiedenartige Fälle durcheinander. Jeder hierher gehörige Fall lasse sich leicht auflösen: in den Fall des reinen (zwar eventuellen) Dolus, der reinen Culpa sowie den Fall des Zusammentreffens von Dolus und Culpa. Bezüglich letzterer Konstellation wurde vielfach der Gesichtspunkt der Idealkonkurrenz geltend gemacht[27]. Selbst das auf einem Entwurf Feuerbachs beruhende Bayerische StGB enthielt keine generelle Vorschrift im Sinne der culpa dolo determinata; auch die Qualifizierungsvorschriften des Besonderen Teils[28] erwähnten keine besondere Schuldbeziehung zum schweren Erfolg. Daraus ist überwiegend geschlossen worden, daß Fahrlässigkeit des Täters im Hinblick auf die Folge nicht erforderlich war[29].

4. Die Partikulargesetzgebung

Die Strafgesetzbücher der deutschen Teilstaaten kennen unterschiedliche Regelungen im Hinblick auf das Verhältnis von vorsätzlichem Grunddelikt und schwerer Folge. Das Strafgesetzbuch für die Herzoglich-Oldenburgischen Lande (1814) rechnet dem Täter die Folgen der Tat insoweit nicht zum Vorsatz an, als er diejenige Eigenschaft seiner Handlung nicht gekannt hat, welche deren Strafbarkeit vermehrt. In Art. 54 taucht aber der alte dolus indirectus in Form einer Vorsatzvermutung (praesumtio doli) auf. Andere Gesetzbücher regeln ausdrücklich Zusammentreffen von vorsätzlich leichterem und fahrlässig schwererem Erfolg als Fall der Konkurrenz[30]. Hierdurch wird zwar eine Vorsatzpräsumtion vermieden, auf der anderen Seite aber die Schuldhaftung teilweise da-

---

[26] LB, Note I zu § 60.
[27] *Cohn*, Str.Abh. 112, S. 17; *Löffler*, Schuldformen, S. 218; jeweils mit Nachweisen.
[28] Art. 173 (Abtreibung mit Todesfolge); Art. 176 (Aussetzung mit Todesfolge); Art. 239 (Raub mit schwerer Verletzungsfolge); Art. 248 (Brandstiftung mit der Folge des Todes oder lebensgefährlicher Beschädigung); Art. 292 (Meineid, der die Todesstrafe Unschuldiger nach sich zieht).
[29] Vgl. *Cohn*, Str.Abh. 112, S. 23; *Schott*, Erfolg, S. 8; abw. *Löffler*, Schuldformen, S. 244. Diese Behandlung beruhte hauptsächlich auf den von Feuerbachs Widersacher *Gönner* herausgegebenen „Anmerkungen" (dazu *Löffler*, Schuldformen, S. 244 Anm. 8; *Mittermaier*, LB, Note II zu § 87), die laut landesherrlichem Patent vom 19. Oktober 1813 bei Gerichten und Universitäten ausschließlich zu benutzen waren (vgl. *Arnold*, Arch.Crim. NF 1843, 98).
[30] Art. 60 Strafgesetzbuch für das Königreich Württemberg (1839); § 28 Criminalgesetzbuch für das Herzogtum Braunschweig (1840); Art. 44 Criminal-Gesetzbuch für das Königreich Hannover (1840).

durch erweitert, daß *zufällig* hervorgebrachte Folgen schlichtweg der Fahrlässigkeit zugerechnet werden (so § 28 Abs. 2 Braunschw.CrimGB). Daneben finden sich im Besonderen Teil der Partikulargesetzbücher aber auch zahlreiche Vorschriften im Sinne erfolgsqualifizierter Delikte. Sie stellen beispielsweise darauf ab, ob der Todeserfolg als sehr wahrscheinliche Folge der Handlung vorhergesehen werden konnte oder mit Wahrscheinlichkeit zu erwarten war[31]. Auf die Fassung einzelner Tatbestände wird bei der Untersuchung der heute bestehenden Regelungen noch einzugehen sein. Eine Sonderstellung nimmt das Braunschweigische Criminalgesetzbuch insoweit ein, als dort generell die Sanktionierung der Tötung oder Beschädigung eines Menschen vorgesehen ist, wenn dieser Erfolg durch ein anderes vorsätzliches Verbrechen verursacht wird (§§ 152, 161 Braunschw.CrimGB). Im ganzen zeigen die Partikulargesetzbücher ein uneinheitliches Bild, in dem sich Elemente des Versari-Gedankens, des dolus indirectus und der culpa dolo determinata wiederfinden.

Das *Preußische Strafgesetzbuch* stellt insofern einen Bruch in der Entwicklung dar, als nunmehr einheitlich die alleinige Verursachung des Erfolges genügen soll. Der Grund für diese Verschärfung ist bis heute nicht völlig geklärt; nach *Oehler*[32] beruht sie auf einer Übernahme von Gedanken des französischen code pénal, der durch die Vermittlung der rheinischen Juristen durchweg einen erheblichen Einfluß auf die preußische Strafgesetzgebung ausübte. Allerdings wird noch in den Motiven zum Preuß.StGB die Körperverletzung mit Todesfolge als Fall der culpa dolo determinata angesehen[33]. In der Praxis setzte sich jedoch die Auffassung durch, entscheidend sei allein die objektive Herbeiführung des Erfolgs. Es komme nur darauf an, daß die Folge in der Handlung des Täters ihren zureichenden Grund gehabt habe; eine Vorhersehbarkeit sei nicht erforderlich[34]. Demnach ging es nun um „erfolgs"qualifizierte Delikte im Wortsinne. Das Reichsstrafgesetzbuch (1871) übernahm dann — der Sache nach unverändert — die Regelungen des Preuß.StGB.

5. Die Entwicklung unter der Geltung des RStGB

Nach dem Inkrafttreten des RStGB erachtete die ständige höchstrichterliche Rechtsprechung einen Kausalzusammenhang im Sinne der Äqui-

---

[31] Vgl. Art. 246 Württ. StGB; § 152 Braunschw. CrimGB; siehe im einzelnen *Cohn*, Str.Abh. 112, S. 28 ff.; ferner *Oehler*, ZStW 69 (1957), 507.

[32] ZStW 69 (1957), 509 ff.; allg. zum Einfluß des franz. Rechts siehe *Binding*, HandB I, S. 45 f.; *Hälschner*, Geschichte, S. 282 f.; *Eb. Schmidt*, Einführung, S. 318 ff.; *Wachenfeld*, Mord und Totschlag, S. 170 f.

[33] Goltd. Mat. II, S. 418.

[34] Besonders deutlich Preuß. Obertribunal, GA 15 (1867), 141; weitere Nachw. bei *Löffler*, Schuldformen, S. 258 f.

II. Die historische Entwicklung der erfolgsqualifizierten Delikte

valenztheorie zwischen Grunddelikt und schwerer Folge für ausreichend[35]. Das Reichsgericht führte in seiner grundlegenden Entscheidung aus: „Es kommt *nicht* darauf an, ob der Erfolg allein und *unmittelbar* durch das Handeln des Angeklagten herbeigeführt ist oder ob zur Hervorbringung desselben andere, unvorhergesehene Umstände mitgewirkt haben. Nach richtigen strafrechtlichen Grundsätzen kann vielmehr nur verlangt werden, daß die Handlung des Täters sich unter denjenigen Faktoren befunden habe, auf welche der Erfolg als Ursache zurückzuführen ist...[36]."

Die herrschende Lehre vertrat demgegenüber in bezug auf die erfolgsqualifizierten Delikte die *Adäquanztheorie*[37]. Deren Begründer, der Physiologe *v. Kries*[38], sah gerade in dieser Deliktsform eine gesetzliche Bestätigung seiner auf den Prinzipien der Wahrscheinlichkeitsrechnung fußenden Theorie von der adäquaten Verursachung. Danach sei erforderlich, daß das rechtswidrige Verhalten mit dem verursachten Erfolg in einem generellen Zusammenhang stehe, daß es, gemäß den allgemeinen Verhältnissen der menschlichen Gesellschaft, generell geeignet sei, derartige Verletzungen herbeizuführen. Die Verursachung des Todes zum Beispiel erscheine im Gesetz als erschwerender Umstand bei Körperverletzung, Vergiftung, Aussetzung, Brandstiftung und dergleichen, also bei lauter Delikten, die generaliter eine gewisse Möglichkeit der Tötung darstellten. Hätte der Gesetzgeber hier die Fälle der zufälligen Verursachung mit im Auge gehabt, wäre es unverständlich, weshalb die Herbeiführung des Todes nicht in gleicher Weise als erschwerender Umstand etwa bei Diebstahl, Erpressung und Betrug aufgeführt werde.

Eine andere Lehrmeinung verlangte *Fahrlässigkeit* im Hinblick auf die schwere Folge, um dem Schuldprinzip Genüge zu tun[39]. Auch die verschiedenen StGB-Entwürfe sahen bis 1920 Voraussehbarkeit[40], später Fahrlässigkeit[41] für die erfolgsqualifizierten Delikte vor. Erst im Jahre 1953 wurde aber die Vorschrift des § 56 StGB (jetzt § 18 StGB) geschaf-

---

[35] Vgl. RGSt. 5, 29; 28, 272; 44, 137; 56, 378; BGHSt. 1, 332; *abw.* nur LG Heidelberg, SJZ 1948, 207 mit zust. Anm. *Engisch*.

[36] RGSt. 5, 29, 31 (Hervorhebungen vom Verf.).

[37] Vgl. *Dohna*, Aufbau, S. 11; *Engisch*, Kausalität, S. 69 ff.; *Frank*, § 1 Anm. III 2 b; *v. Hippel*, StrafR II, S. 145, 381; *R. Lange*, ZStW 59 (1940), 583; *Liepmann*, Einleitung, S. 74; *Radbruch*, Verursachung, S. 64 f.; *Traeger*, Kausalbegriff, S. 173 ff.; *Welzel*, StrafR (2. Aufl. 1949), S. 29.

[38] VJSchr. für wiss. Phil. 12 (1888), 179 ff., 226 f.; zusammenfassend auch in ZStW 9 (1889), 528 ff.

[39] Vgl. *Berner*, LB, S. 120 f., 534; *Binding*, HandB I, S. 366; *Fischer*, Problem, S. 81; *Hälschner*, StrafR I, S. 325 ff.; *Niethammer*, JZ 1953, 511; *Schönke*, StGB (4. Aufl. 1949), Vorb. IV 4.

[40] § 62 VorE 1909; § 25 E 1913; § 17 E 1919.

[41] § 15 E 1925; § 21 E 1927; § 21 E 1930.

fen[42], wonach die besondere Folge der Tat wenigstens fahrlässig herbeigeführt sein muß. Der Gesetzgeber wollte damit die Erfolgshaftung beseitigen, die seiner Ansicht nach als „Überbleibsel überwundener Strafrechtsvorstellungen nur noch einen Fremdkörper in dem sich immer mehr dem Schuldstrafrecht zuwendenden Gesetz" darstellte[43].

Entgegen dieser optimistischen Einschätzung ist aber in der Folgezeit die Diskussion um die erfolgsqualifizierten Delikte nicht verstummt, was allein schon die Unmittelbarkeitsforderung des Bundesgerichtshofs zeigt. Die Einführung dieses Kriteriums ist um so bemerkenswerter, als gerade die Rechtsprechung früher die reine Verursachung im Rahmen der Äquivalenztheorie ausreichen ließ, so daß das Fahrlässigkeitserfordernis des § 56 StGB (a. F.) schon eine Einschränkung jenes rigorosen Standpunkts bedeutete. Auf der anderen Seite ist auch die Regelung durch § 56 StGB nicht auf ungeteilten Beifall in der Literatur gestoßen, da sie dem Wesen der erfolgsqualifizierten Delikte nicht gerecht werde. Schließlich wird sogar für eine Abschaffung dieser Delikte plädiert. Von daher ist grundsätzlich die Frage nach dem Stellenwert des Fahrlässigkeitsmerkmals sowie darüber hinaus nach der Berechtigung der in Frage stehenden Deliktsgruppe überhaupt aufzuwerfen.

---

[42] Durch das 3. StÄG vom 4. August 1953 (BGBl. I, 735).
[43] Vgl. die *Begründung* in BT-Drucks. 1/3713, S. 18; außerdem BGHSt. 10, 259 (263); *Dreher,* JZ 1953, 425.

III. Zur Kritik der erfolgsqualifizierten Delikte

1. Erfolgshaftung vor 1953

Das „Unkraut der Erfolgshaftung" sah sich insbesondere vor Einführung des § 56 StGB a. F. schwersten Angriffen ausgesetzt. *Löffler*[1] hat die in Rede stehenden Vorschriften bekanntlich auch als „empörendes Schandmal unserer Zeit" bezeichnet und seine Verwunderung darüber geäußert, daß sie nicht längst von einem Sturme der öffentlichen Entrüstung hinweggefegt wurden. Mit ähnlicher Schärfe hat der weitaus überwiegende Teil der Literatur die Haftung allein nach dem Erfolgseintritt verworfen[2].

In völligem Gegensatz dazu sahen die Verteidiger der Erfolgshaftung in ihr einen unverzichtbaren Grundsatz strafrechtlicher Zurechnung verwirklicht. So meinte *v. Rohland*[3] sogar, die Verantwortlichkeit für zufällig bewirkte schwere Folgen sei in unserem Rechtsbewußtsein begründet. Sie stehe aber auch im Einklang mit den allgemeinen Schuldgrundsätzen, denn wer einen Rechtsschaden schuldhaft herbeiführe, habe damit den Eintritt größerer Schäden erst ermöglicht. Daher sei auch de lege feranda an der Erfolgshaftung festzuhalten, wobei aber v. Rohland immerhin eine Herabsetzung der Strafrahmen befürwortete. Seine Ausführungen bringen indes unverhüllt den Versari-Gedanken zur Geltung: Wer in Schuld ist, haftet für alle Folgen. Ähnlich meinte auch das Reichsgericht[4], es könne eigentlich von Zufall überhaupt nicht die Rede sein, weil auch die schwersten nicht vorausgesehenen Erfolge auf eine „schuldbare Tätigkeit" zurückzuführen seien. In recht drastischer Formulierung kommt diese Sichtweise bei *Wahlberg*[5] zum Ausdruck: Der Täter habe durch die von ihm ausgegangene verbrecherische Wirksamkeit ein „lebendiges Ei" in den Weltzusammenhang gelegt und müsse

---

[1] Schuldformen, S. 278; VDB V, S. 369.

[2] Vgl. die Übersicht bei *Radbruch*, VDA II, S. 242; ferner *v. Liszt / Schmidt*, LB I, S. 169 („dem Tode geweihte Rudimente aus einer längst überwundenen Strafrechtsepoche"); *M. E. Mayer*, AT, S. 121 („eine unser Recht schändende Ungerechtigkeit").

[3] Gefahr, S. 60; VDA I, S. 376 f.; ähnlich später auch *Spendel*, Strafmaß, S. 216.

[4] RGSt. 5, 29 (34).

[5] ZStW 2 (1882), 211 mit Hinweis auf *Köstlin*. Die Erfolgshaftung wird ferner verteidigt von *A. Wegner*, AT, S. 107 f. (unter Berufung auf das „staatsmännische Rechtsgefühl" Friedrichs des Großen).

darauf gefaßt sein, daß dasselbe bei sonstiger günstiger Konstellation von dem Kausalgesetze als vollendete Tat „ausgebrütet" werde.

2. Bedeutung des § 18 StGB

a) Kritik der Regelung

Die Einführung des Fahrlässigkeitsmerkmals durch § 56 StGB (a. F.) ist nicht, wie man eigentlich hätte erwarten können, auf uneingeschränkte Befürwortung in der Literatur gestoßen. *Baumann*[6] hat darauf verwiesen, daß die Berücksichtigung des Erfolgs im Strafrecht ganz normal sei, etwa bei Strafzumessung, Versuch und Vollendung sowie den Fahrlässigkeitsdelikten. Besonders bei letzteren hänge es oft von zufälligen Umständen ab, ob etwas passiert oder nicht. Außerdem habe sich die gleiche Erfolgsrelevanz, die bei den erfolgsqualifizierten Delikten angeblich so abscheulich sei, dort behauptet, wo es dem Gesetzgeber aus kriminalpolitischen Gründen wünschenswert erscheine (beispielsweise in § 323 a StGB). Im Ergebnis erscheint Baumann das „Geschenk" des § 56 StGB recht zweifelhaft. Seine Kritik geht jedoch deshalb fehl, weil bei der Fahrlässigkeitstat — und darum geht es im Hinblick auf die qualifizierende Folge — der Erfolg jedenfalls vorhersehbar sein muß. Die Zurechnung unvorhersehbarer Folgen ist daher von der Zufallskomponente bei anderen Deliktsformen zu trennen[7]. Zwar wird auch das Fahrlässigkeitsdelikt vielfach als „verschämte Zufallshaftung" (Radbruch) angesehen[8], diese Erkenntnis darf aber nicht dazu verleiten, die Einführung des Fahrlässigkeitskriteriums bei den erfolgsqualifizierten Delikten zu verwerfen und damit erst recht einer Erfolgshaftung das Wort zu reden. Vielmehr hat erst die Regelung des § 56 StGB (a. F.) die Mindesterfordernisse verwirklicht, die an das Schuldprinzip zu stellen sind.

Andere[9] haben der Regelung des § 56 StGB vorgeworfen, sie sei gänzlich überflüssig und verkenne die wirkliche Schuldbeziehung. Diese be-

---

[6] ZStW 70 (1958), 227, 237 ff.

[7] Ebenso *Lang-Hinrichsen*, ZStW 73 (1961), 225 f.; eingehend *Gimbernat Ordeig*, Problematik, S. 157 ff., der nachweist, daß *Baumann* zwei unterschiedliche Sachverhalte demselben Begriff — nämlich „Zufall" — unterwirft und dadurch zu falschen Schlußfolgerungen gelangt.

[8] Vgl. *Radbruch*, VDB V, S. 201 Anm. 2; *Exner*, Fahrlässigkeit, S. 83; *Engisch*, Untersuchungen, S. 341 f.; *Bockelmann*, Untersuchungen, S. 10; *Welzel*, Verkehrsdelikte, S. 20; *Armin Kaufmann*, ZfVR 1964, 42 f.; *Müller-Dietz*, Grenzen, S. 77 ff.; *Zielinski*, Unrechtsbegriff, S. 153; *Jescheck*, AT, S. 472; *Maurach / Gössel / Zipf*, AT 2, S. 67; zusammenfassend *Schünemann*, JA 1975, 442 ff.

[9] *Hardwig*, Eb. Schmidt-Festschrift, S. 469; GA 1965, 99 f.; *Schneider*, Delikte, S. 48 ff.; JR 1955, 415; *H.-J. Wegner*, Körperverletzungen, S. 118 mit Anm. 1.

stehe in der Verbindung des zugrunde liegenden Erfolgs mit einer dadurch bedingten, weitergehenden Gefährdung. Die Einführung des § 56 StGB sei nur durch das Abstellen auf die schwere Folge und die unangebrachte Anwendung der Äquivalenztheorie von seiten der Praxis herausgefordert worden. Auch *Busch*[10] hat es als „einseitige Betrachtungsweise" bezeichnet, in der von Vorsatz und Fahrlässigkeit absehenden Qualifizierung eine reine Erfolgshaftung zu erblicken. Die allein durch den Erfolg qualifizierten Delikte hätten eine Haftung für (vorwerfbare) Gefährdung bedeutet; sie wären also gar nicht völlig aus dem Schuldstrafrecht herausgefallen.

In eine ganz andere Richtung zielen demgegenüber die Bedenken derjenigen, die die Regelung des § 56 (§ 18 n. F.) StGB zwar prinzipiell begrüßen, aber wegen der hohen Strafrahmen weiterhin Zweifel an der Vereinbarkeit der erfolgsqualifizierten Delikte mit dem Grundsatz schuldangemessener Strafe anmelden[11]. In der Tat kann die zum vorsätzlichen Grunddelikt hinzutretende Fahrlässigkeit *allein* die jeweiligen Strafschärfungen nicht rechtfertigen, da sonst das Absorptionsprinzip des § 52 StGB „paralysiert" wäre[12]. Von daher drängt sich die Frage auf, ob zwischen Grundtatbestand und schwerer Folge nicht eine besondere Beziehung bestehen muß, die das Wesen des Deliktstypus ausmacht. Die Unmittelbarkeitsforderung des Bundesgerichtshofs gewinnt dadurch auch ihre grundsätzliche Berechtigung.

b) Praktische Relevanz

Ist demnach die theoretische Bewertung des heutigen § 18 StGB zwiespältig, so muß noch überprüft werden, inwieweit diese Vorschrift zu praktisch bedeutsamen Einschränkungen der Erfolgshaftung geführt hat. Indes dürfte sich inzwischen gezeigt haben, daß durch die Einführung des Fahrlässigkeitserfordernisses die Problematik der erfolgsqualifizierten Delikte nicht gelöst worden ist. Der Grund dafür liegt wohl vor allem darin, daß die Rechtsprechung an die Bejahung der Fahrlässigkeit — und dies gilt nicht allein für die in Rede stehende Deliktsgruppe — nur geringe Anforderungen stellt[13]. Sie läßt es in aller Regel genügen,

---

[10] LM 33 zu § 267 Abs. 3 StPO.

[11] Vgl. *Gallas*, Ndschr. II, S. 257; *Hirsch*, GA 1972, 77; *Jakobs*, Teheran-Beiheft, S. 37 f.; *Jescheck*, AT, S. 463; *Arthur Kaufmann*, Schuldprinzip, S. 240 ff.; *Maiwald*, GA 1974, 270 f.; *Maurach / Zipf*, AT 1, S. 496; *Rudolphi*, SK, § 18 Rdn. 1; *Schroeder*, LK, § 18 Rdn. 34; *Wolter*, JuS 1981, 168 f.

[12] *Jakobs*, Teheran-Beiheft, S. 36; in diesem Sinne auch *Frisch*, GA 1972, 321; *Hirsch*, GA 1972, 70 f.

[13] So insbes. *Schroeder*, LK, § 18 Rdn. 17 („exzessive" Annahme der Fahrlässigkeit); weiterhin *Arzt*, Schröder-Gedächtnisschrift, S. 120; *Geilen*, Welzel-Festschrift, S. 656; *Jescheck*, AT, S. 475 mit Anm. 7. Siehe auch den Hinweis von *Baldus* (Ndschr. V, S. 48), daß in den Entscheidungen gemäß § 56

daß der Täter den Erfolg in seinem „schließlichen Endergebnis" vorhersehen konnte; nicht erforderlich ist die Voraussehbarkeit der Zwischenglieder in der zum Erfolg führenden Ursachenkette[14]. Jene Möglichkeit liegt aber besonders nahe, wenn das zugrunde liegende Handeln in der Begehung eines vorsätzlichen (zudem gefahrenträchtigen) Straftatbestandes besteht. Hinzu kommt, daß nach Ansicht des Bundesgerichtshofs bei den erfolgsqualifizierten Delikten der Täter mit der Verwirklichung des Grunddelikts stets objektiv und subjektiv pflichtwidrig handelt; das alleinige Kriterium der Fahrlässigkeit sei hier daher die subjektive Voraussehbarkeit des Erfolges[15]. Bedenklich stimmt daran, daß gerade bei dieser Deliktsgruppe die Fahrlässigkeit um das Merkmal der *objektiven* Vorhersehbarkeit des Erfolges verkürzt werden soll, womit gleichzeitig die Adäquanztheorie — von deren Entbehrlichkeit der Bundesgerichtshof nach Einführung des § 56 StGB ausgeht — einen neuen Stellenwert erlangen würde.

Wegen der Unzulänglichkeit des Fahrlässigkeitserfordernisses, den Anwendungsbereich der erfolgsqualifizierten Delikte sachgerecht einzuschränken, hat das Schweizerische Bundesgericht[16] eine Lösung in der Modifizierung des Fahrlässigkeitsbegriffs bei diesen Delikten gesucht: Zwar wendet es sich gegen eine Beschränkung auf bewußte oder grobe Fahrlässigkeit, meint aber, das Gesetz wolle in den Fällen der Erfolgsqualifikation die Voraussehbarkeit des Todes weniger leicht bejaht habahaben als in den sonstigen Fällen der Fahrlässigkeit. Voraussehbar im Sinne jener Bestimmungen sei der Tod nur dann, wenn die Körperverletzung (hier: Faustschlag ins Gesicht) nach ihrer normalen Auswirkung das Leben des Verletzten in eine besondere, erhebliche und naheliegende Gefahr bringt, die der Täter bei Anwendung der nach den Umständen

---

StGB nach seinen Erfahrungen die Fahrlässigkeit fast stets bejaht werde; ein Ergebnis, das der Gesetzgeber sicher nicht gewollt habe.

[14] Vgl. exempl. RGSt. 54, 349 („Bluterfall"); 73, 370; BGHSt. 3, 62; 12, 75; OLG Stuttgart NJW 1956, 1451 mit abl. Anm. *Henkel;* OLG Hamm NJW 1973, 1422; einschr. OLG Köln NJW 1956, 1848. Speziell zu § 226 siehe BGHSt. 24, 213 (217); BGH 1 StR 120/75 bei Dallinger MDR 1976, 16; BGH 1 StR 259/68 vom 13. 8. 1968; außerdem die Übersicht von *Dallinger,* MDR 1966, 198. Auch in der die Unmittelbarkeit verneinenden Rötzel-Entscheidung hat der BGH (NJW 1971, 152) jedenfalls die Fahrlässigkeit in bezug auf den Todeserfolg bejaht und deshalb „ohne weiteres" fahrlässige Tötung (§ 222) angenommen.

[15] Vgl. BGHSt. 24, 213 im Anschluß an *Jescheck,* Ndschr. II, S. 248 und *Koffka,* Ndschr. II, S. 242; krit. dazu *Hirsch,* GA 1972, 73 Anm. 44 a; *Horn,* SK, § 226 Rdn. 4; *Rudolphi,* SK, § 18 Rdn. 3. Interessant ist in diesem Zusammenhang die schon vor 60 Jahren geäußerte Befürchtung *v. Hippels* (ZStW 42 [1921], 526), die Forderung nach Fahrlässigkeit hinsichtlich der schweren Folge könne zu „willkürlicher und höchst unerfreulicher Dehnung des Begriffs der Fahrlässigkeit in der Praxis" führen.

[16] BGE 69 IV 228 (231); 74 IV 81 (85); krit. dazu *Pfenninger* Strafrecht der Gegenwart II, S. 283; *Schubarth,* ZStW 85 (1973), 777 Anm. 89; *Stratenwerth,* BT I, S. 54 f., 66 f.

und seinen persönlichen Verhältnissen gebotenen Vorsicht erkennen kann. Allerdings hat das Gericht diese Linie nicht durchgehalten, sondern in weiteren Entscheidungen[17] genügen lassen, daß der Täter die Möglichkeit der Todesfolge als solche erkennen konnte.

Sachlich zutreffend erscheint allein letztere Auffassung. Die vom Bundesgericht zunächst vorgenommene Einschränkung ist in sich widersprüchlich, da zum einen grobe Fahrlässigkeit nicht verlangt, andererseits jedoch wieder auf eine Art qualifizierter Fahrlässigkeit abgestellt wird. Die Verwendung von zwei unterschiedlichen Fahrlässigkeitsbegriffen läßt sich zudem schwerlich mit unserem Gesetz vereinbaren, denn es steht außer Zweifel, daß der Gesetzgeber in § 18 StGB das gleiche meint wie in § 15 StGB. Einen besonderen Grad der Fahrlässigkeit fordert er nur bei den Delikten, die „Leichtfertigkeit" voraussetzen. Die Frage ist also dahingehend zu stellen, ob das Merkmal der Leichtfertigkeit zur Lösung der kritischen Fälle beitragen kann und bejahendenfalls bei allen erfolgsqualifizierten Delikten eingeführt werden sollte.

c) Leichtfertigkeit als Lösungsweg?

aa) Der Inhalt des Leichtfertigkeitsurteils

In zunehmendem Maße setzen neue oder neugefaßte erfolgsqualifizierte Delikte die „leichtfertige" Verursachung der schweren Folge voraus[18]. Dieses Merkmal wird nach ganz herrschender Meinung als grobe Fahrlässigkeit im Sinne des Zivilrechts verstanden, wobei allerdings subjektiv die persönlichen Fähigkeiten und Kenntnisse des Täters zugrunde gelegt werden[19]. Er muß die Umstände erkennen können, die sein Verhalten als leichtfertig erscheinen lassen, nicht erforderlich ist die Fähigkeit, diese Bewertung nachzuvollziehen[20].

Die Leichtfertigkeit entspricht nicht der bewußten Fahrlässigkeit[21], wenn auch teilweise die Ansicht vertreten wird, dies werde für gewöhn-

---

[17] BGE 83 IV 189 (190); 97 IV 84 (91).
[18] Vgl. § 176 Abs. 4; § 177 Abs. 3, § 178 Abs. 3, § 239 a Abs. 2, § 239 b Abs. 2, § 251, § 310 b Abs. 3 Satz 2, § 311 Abs. 3, § 311 a Abs. 3 Satz 2, § 316 c Abs. 2 StGB.
[19] Vgl. BGHSt. 14, 240 (255); 20, 315 (327); BGH 4 StR 72/75 bei Dallinger MDR 1975, 543; RGSt. 71, 174 (176); BayObLG NJW 1959, 734; *Baumann*, AT, S. 464; *Dreher / Tröndle*, § 15 Rdn. 20; *Hirsch*, GA 1972, 73; *Jescheck*, AT, S. 461; *Lackner*, § 15 Anm. IV; *Maurach*, AT, S. 536; *Maurach / Gössel / Zipf*, AT 2, S. 62; *Samson*, SK, Anh. zu § 16 Rdn. 4; *Schmidhäuser*, AT, 10/111; *Schönke / Schröder / Cramer*, § 15 Rdn. 203; *Stratenwerth*, AT, Rdn. 1135; *Tenckhoff*, ZStW 88 (1976), 911. *Schroeder* (LK, § 16 Rdn. 209 ff.) hält dies für eine „allzu grobe Pauschale", bietet aber letztlich keine weiterführenden Kriterien an.
[20] *Jescheck*, AT, S. 462; *Rudolphi*, SK, § 18 Anm. 5; *Schroeder*, LK, § 16 Rdn. 213; abw. *Maiwald*, GA 1974, 265.

lich oder jedenfalls häufig der Fall sein[22]. In § 18 Abs. 3 E 1962 wird leichtfertiges Handeln ausdrücklich als grob fahrlässiges Handeln definiert. Es soll in Betracht kommen, wenn der Täter in grober Achtlosigkeit nicht erkennt, daß er den Tatbestand verwirklicht, aber auch dann, wenn er sich in frivoler Rücksichtslosigkeit über die klar erkannte Möglichkeit der Tatbestandsverwirklichung hinwegsetzt; schließlich auch, wenn er eine besonders ernst zu nehmende Pflicht verletzt[23].

bb) Die Diskussion über den Stellenwert des Merkmals

Im Hinblick auf die erfolgsqualifizierten Delikte ist von *Maiwald*[24] die Frage aufgeworfen worden, ob nicht dann, wenn Fahrlässigkeit hinsichtlich der schweren Folge bejaht werde, damit zugleich auch das Urteil der Leichtfertigkeit zwingend zu folgern sei. Seines Erachtens kommt man an der Konsequenz nicht vorbei, daß der Wille des Gesetzgebers, den Anwendungsbereich der erfolgsqualifizierten Delikte einzuschränken, keinen adäquaten Ausdruck gefunden hat. Die Verfolgung rechtswidriger Zwecke — wie bei Raub, Notzucht, Geiselnahme, Luftpiraterie — lasse jedes vorhersehbare Risiko für das Opfer als die „frivole Rücksichtslosigkeit" erscheinen, durch welche die Leichtfertigkeit charakterisiert werde. Das vom Gesetzgeber Gemeinte müßte demgemäß durch Begriffe wiedergegeben werden, die allein an die Größe der Gefahr für das Opfer anknüpfen, etwa durch die Formel: „Ist durch eine gefährliche Ausführungsweise der Tod eines Menschen verursacht worden..."

In ähnlicher Weise hat *Arzt*[25] Kritik an dem Merkmal der Leichtfertigkeit geäußert. Es laufe leer, weil aus der vorsätzlichen Verwirklichung eines mit einem typischen Qualifikationsrisiko belasteten Grundtatbestandes nicht nur die Fahrlässigkeit, sondern auch die Leichtfertigkeit bezüglich der Verwirklichung der Qualifikation zu erschließen sei. Die leichtfertige Gefährdung wiederhole nur das regelmäßig schon im Grundtatbestand steckende Risiko und könne daher die Qualifikation nicht erklären. Arzt sieht das Charakteristikum der Leichtfertigkeit in der Gleichgültigkeit des Täters gegenüber den Rechtsgütern Dritter. Zum groben Sorgfaltsverstoß müsse diese Gleichgültigkeit hinzutreten, gewissermaßen als „Grund" für den Sorgfaltsverstoß.

---

[21] Vgl. *Hall*, Mezger-Festschrift, S. 248; *Hirsch*, GA 1972, 73; *Maiwald*, GA 1974, 259; *Maurach*, Heinitz-Festschrift, S. 417; *Schönke / Schröder / Eser*, § 251 Rdn. 6; *Tenckhoff*, ZStW 88 (1976), 903 ff.
[22] Vgl. *Bockelmann*, Aufsätze, S. 217; *Jakobs*, Teheran-Beiheft, S. 32 Anm. 81; *Schroeder*, LK, § 16 Rdn. 210; ferner Prot. VI, S. 1572 ff. (zu § 239 a).
[23] § 18 E 1962, Begründung S. 132.
[24] GA 1974, 257, 265 ff.
[25] Schröder-Gedächtnisschrift, S. 119 ff.

Für die 1971 eingeführten[26] Tatbestände des erpresserischen Menschenraubs (§ 239 a StGB), der Geiselnahme (§ 239 b StGB) und des Angriffs auf den Luftverkehr (§ 316 c StGB) hat schließlich *Maurach*[27] die Leichtfertigkeit als „Rücksichtslosigkeit" im Sinne des § 315 c StGB bewertet. Diese sei gegeben, wenn der Täter aus eigensüchtigen Beweggründen in frevelhafter Weise Menschen in akute Lebensgefahr bringe, die dann auch ihre Opfer fordert. Die Rücksichtslosigkeit als solche — krasse Mißachtung von Menschenleben — werde zwar in allen drei Tatbeständen die gleiche sein; dagegen müsse hinsichtlich der begleitenden Umstände oder Begleithandlungen je nach Tatbestand unterschieden werden[28].

Gegen die Kritik von Maiwald und Maurach und die von ihnen vertretene Gleichsetzung des Begriffs Leichtfertigkeit mit dem der Rücksichtslosigkeit hat sich *Tenckhoff*[29] gewandt. Er führt vor allem das Verbot der Doppelverwertung von Tatbestandsmerkmalen ins Feld, was auch über den Bereich der Strafzumessung hinaus Gültigkeit besitze. Dies bedeute, daß bei den erfolgsqualifizierten Delikten diejenigen Umstände, die zur Bildung des Strafrahmens der Grundtatbestände geführt hätten, nicht nochmals zur Feststellung der Qualifikationsvoraussetzungen herangezogen werden dürften. Gerade hierauf laufe aber Maiwalds Deduktion hinaus, wenn er den Grad der Fahrlässigkeit nach dem angestrebten Ziel bestimme. Deshalb sei — mit der herrschenden Meinung — unter Leichtfertigkeit eine graduell gesteigerte Fahrlässigkeit zu verstehen. Sie sei zu bejahen, wenn der Täter die im Verkehr erforderliche Sorgfalt grob mißachtet, indem er entweder den Einsatz seiner Geisteskräfte gröblichst vernachlässigt oder eine ihn objektiv treffende gesteigerte Pflichtenstellung verletzt, vor allem aber im Falle einer hohen Wahrscheinlichkeit des Schadenseintritts, wobei der gesteigerte Vorwurf auch unter Zugrundelegung der persönlichen Kenntnisse und Fähigkeiten zu erheben sein müsse.

cc) Eigener Standpunkt

Die Bedenken der Kritiker gehen demzufolge im wesentlichen dahin, daß das Merkmal der Leichtfertigkeit nur die Gefahrbeziehung zwischen Grunddelikt und schwerer Folge ausdrückt, die dem erfolgsqualifizierten Delikt ohnehin immanent ist. Ihre Überlegungen erscheinen indes nur insoweit berechtigt, als dieses Erfordernis für sich alleine keine hin-

---

[26] Durch das 11. und 12. StÄG vom 16. 12. 1971 (BGBl. I, 1977 und 1979).
[27] Heinitz-Festschrift, S. 403, 414 ff.
[28] Dagegen hält *Schroeder* (LK, § 16 Rdn. 213) eine differenzierende Auslegung der Leichtfertigkeit bei den einzelnen Tatbeständen für „ebenso willkürlich wie verfrüht".
[29] ZStW 88 (1976), 897, 906 ff.

2. Bedeutung des § 18 StGB

reichende Restriktion bietet, wodurch gleichzeitig die Notwendigkeit des Unmittelbarkeitsprinzips wieder in den Vordergrund rückt. Andererseits setzt zwar die Anwendbarkeit der erfolgsqualifizierten Delikte bereits die Typizität des Erfolgs im Hinblick auf den Grundtatbestand voraus[30]; dies führt aber nicht automatisch zur Annahme leichtfertigen Verhaltens. Vielmehr behält der Gesichtspunkt der Leichtfertigkeit seinen Sinn in zweierlei Hinsicht: Zum einen muß es sich in bezug aus den konkreten Eintritt der Todesfolge schon *objektiv* um einen besonders groben Sorgfaltsverstoß handeln, der sich von der „schlichten" Begehung des Grunddelikts abhebt[31]. Außerdem erlangt die Leichtfertigkeit im *subjektiven* Bereich ihre Bedeutung, vor allem bei den Todesfällen durch psychischen Schock. So wird beispielsweise beim Tod eines herzkranken Opfers danach differenziert, ob der Täter von dem bestehenden Herzleiden Kenntnis hat oder nicht[32]. Im übrigen müßten die Kritiker des Leichtfertigkeitserfordernisses die Regelung des § 18 StGB erst recht für überflüssig halten, da die einfache Fahrlässigkeit, als minderer Grad der Leichtfertigkeit, entsprechend ihrer Ansicht auf jeden Fall durch die Verwirklichung des vorsätzlichen Grunddelikts gegeben sein würde. So weit wird aber niemand gehen wollen. Jedenfalls kann dem Leichtfertigkeitsmerkmal seine Funktion im Rahmen der erfolgsqualifizierten Delikte nicht völlig abgesprochen werden.

Darüber hinaus ist der Überlegung nachzugehen, ob das Kriterium der Leichtfertigkeit generell bei allen erfolgsqualifizierten Tatbeständen eingeführt werden sollte. Dagegen spricht aber schon, daß der Gesetzgeber zu Recht eine leichtfertige Begehungsweise nur dort voraussetzt, wo mit der Verwirklichung des Grundtatbestandes regelmäßig schon eine außergewöhnlich hohe Gefahr des Eintritts der schweren Folge verbunden und diese daher meist vorhersehbar ist, es sei denn, daß der Täter leichtfertig gehandelt und damit das konkrete Risiko des Erfolgseintritts noch erhöht hat[33]. Ansonsten würde eine Erfolgqualifizierung bei solchen Delikten wieder auf bloße Erfolgshaftung hinauslaufen[34]. Erfüllt das Grunddelikt hingegen die genannte Voraussetzung nicht, so ist es sachentsprechend, die gesamte Fahrlässigkeit in die Qua-

---

[30] Davon geht auch *Arzt* (Schröder-Gedächtnisschrift, S. 120 f.) aus.
[31] Hierauf weist die h. M. vor allem beim Raub mit Todesfolge hin, vgl. *Lackner*, § 251 Anm. 2; *Samson*, SK, § 251 Rdn. 9; *Schönke / Schröder / Eser*, § 251 Rdn. 6; *Wessels*, BT 2, S. 71; *Geilen* Jura 1979, 557; *Schünemann*, JA 1980, 396.
[32] Vgl. *Müller-Emmert / Maier*, MDR 1972, 98; *Diemer-Nicolaus*, Prot. VI, S. 1574 (jeweils zu § 239 a Abs. 2); außerdem *Dreher / Tröndle*, § 176 Rdn. 16; *Geilen*, Jura 1979, 502 (zu § 251).
[33] Vgl. *Hirsch*, GA 1972, 74; ferner Prot. VI, S. 1572 ff.
[34] *Schroeder*, LK, § 16 Rdn. 214; § 18 Rdn. 34.

lifikation einzubeziehen³⁵. Auf der anderen Seite muß dann um so mehr durch die Forderung nach einem „unmittelbaren" Zusammenhang die Gefahrbezogenheit zwischen Grunddelikt und schwerer Folge hergestellt werden. Auf diese Weise wird eine sinnvolle wechselseitige Ergänzung von objektiver und subjektiver Seite erreicht: Der Unmittelbarkeitsgrundsatz stellt sicher, daß nur die typische Art und Weise der Erfolgsverwirklichung berücksichtigt wird, die dem „Leitbild" des jeweiligen qualifizierten Tatbestandes entspricht³⁶. Mit dem Korrektiv der Fahrlässigkeit werden jene Begehungsformen erfaßt, die an sich der Strafdrohung unterfallen sollen, aber im Einzelfall den Eintritt der schweren Folge nicht als vorhersehbar erscheinen lassen. Das Merkmal der Leichtfertigkeit schließlich grenzt den Anwendungsbereich auf erkennbar grob pflichtwidrige Sorgfaltsverstöße ein.

d) Zusammenfassung

Vorstehende Überlegungen haben somit gezeigt, daß mit subjektiven Kriterien *allein* die praktischen Schwierigkeiten der erfolgsqualifizierten Delikte nicht zu lösen sind. Das Leichtfertigkeitserfordernis hat sich zwar als sachgerecht herausgestellt³⁷, wäre aber mit der Funktion überfordert, als ausschließliches Hilfsmittel der erforderlichen Einschränkung zu dienen. Das Unmittelbarkeitsprinzip ist daher als weiterführender Ansatz zu berücksichtigen, sofern man nicht davon ausgeht, daß die fragliche Deliktsgruppe überhaupt zu verwerfen ist. Es verbleibt also noch die Aufgabe, die grundsätzliche Berechtigung erfolgsqualifizierter Delikte abzuklären.

3. Die Berechtigung erfolgsqualifizierter Delikte

a) Meinungsstand in der Literatur

Die Argumente für und wider die erfolgsqualifizierten Delikte sind in neuerer Zeit von *Hirsch*[38] und *Schubarth*[39] zusammengestellt und diskutiert worden, wobei sie jeweils zu unterschiedlichen Ergebnissen gelangen.

---

[35] *Hirsch*, GA 1972, 74; *Wulf*, Prot. VI, S. 1573. Hierdurch erklärt sich etwa die unterschiedliche Regelung in § 239 Abs. 3 (Fahrlässigkeit) und § 239 a Abs. 2 (Leichtfertigkeit).

[36] *Beling* (Tatbestand, S. 3) als Begründer des „Leitbildgedankens" hat für den Typus „Körperverletzung mit Todesausgang" das Vorstellungsbild „Mißhandlung oder Gesundheitsbeschädigung" für grundlegend erachtet und dazu ausgeführt: „eine solche muß 1. *verwirklicht* worden sein; 2. im *Vorsatz* des Täters gelegen haben und *aus ihr* muß 3. der Tod hervorgegangen sein" (Hervorhebungen vom Verf.). Hätte man sich immer an dieses Leitbild gehalten, so wären viele Probleme erst gar nicht aufgekommen!

[37] Zu diesem Ergebnis kommt auch *Tenckhoff*, ZStW 88 (1976), 912.

3. Die Berechtigung erfolgsqualifizierter Delikte

aa) Die Auffassung von Hirsch

Nach Hirsch steht im Mittelpunkt die Frage, ob sich eine sachentsprechende Lösung im Wege der Idealkonkurrenz unter gleichzeitiger Geltung des Asperationsprinzips erreichen ließe, wie es verschiedentlich vorgeschlagen worden ist[40]. Dagegen spreche jedoch schon, daß eine solche Regelung zu unangemessenen Strafschärfungen in den „Normalfällen" der Idealkonkurrenz führen würde; zudem versage sie dort, wo die Qualifikation dasselbe Rechtsgut betrifft (vgl. § 224 StGB). Wollte man diese Mängel vermeiden, so bliebe lediglich die Möglichkeit der Schaffung besonders schwerer Fälle, die indes die Problematik lediglich von der Tatbestandsebene in das „schwammige" Gebiet der Strafzumessung verlagern würde[41]. Im übrigen zeige die Kombination vorsätzlicher Verwirklichungen, daß sich aus dem Zusammentreffen zweier Delikte nicht notwendig eine Konkurrenzlösung als allein sachgemäße Lösung ergebe. Ein Beispiel in diesem Zusammenhang sei der Raub, bei dem sonst auch nur Diebstahl in Idealkonkurrenz mit Nötigung anzunehmen sei.

Gegen den Vorschlag, an Stelle der erfolgsqualifizierten Delikte die vorsätzliche konkrete Gefährdung auf die Grundtatbestände aufzustocken[42], wendet Hirsch ein, die Streichung des Erfolges bedeute eine Vorverlegung und damit insoweit eine Erweiterung der Strafbarkeit. Außerdem bestehe das Bedenken, daß die Fälle unbewußt-fahrlässig schwerer Folge ganz als Qualifikationsgrund entfielen. Sachentsprechend sei aber auch die Einbeziehung der unbewußten Fahrlässigkeit. Schließlich verweist Hirsch auf die präventive Wirkung der erfolgsqualifizierten Strafbestimmungen und kommt zu dem Ergebnis, daß man die erfolgs-

---

[38] GA 1972, 65, 67 ff.

[39] ZStW 85 (1973), 755, 761 ff. Siehe nunmehr auch *Lorenzen*, Rechtsnatur, S. 34 ff., 86 ff.

[40] Vgl. *Jescheck*, Ndschr. II, S. 248; *Noll*, ZStW 76 (1964), 711; AE-BT, Straftaten gegen die Person, 1. Halbb., S. 45; früher schon *Cohn*, Str.Abh. 112, S. 88 f.; *Löffler*, VDB V, S. 369 f.; *Radbruch*, VDA II, S. 253. Auch *Welzel* (Ndschr. V, S. 49) hat im Hinblick auf die erheblichen Straferhöhungen den Einwand erhoben, daß etwa die Körperverletzung mit Todesfolge doch nichts anderes sei als eine Idealkonkurrenz zwischen vorsätzlicher Körperverletzung und fahrlässiger Tötung. Gegen ihn jedoch *Bockelmann*, ebenda, S. 49 f.; *Koffka*, S. 50; *Gallas*, S. 50; *Schäfer*, S. 51; *Eb. Schmidt*, S. 51.

[41] *Hirsch*, GA 1972, 68; gegen eine Regelung im Sinne besonders schwerer Fälle auch *Dreher*, Ndschr. II, S. 252 f.; *Arthur Kaufmann*, Schuldprinzip, S. 245; *Schroeder*, LK, § 18 Rdn. 35; dafür aber *Blume*, NJW 1965, 1261. Eine Qualifizierung im Sinne besonders schwerer (Regel-)Fälle findet sich neuerdings in verschiedenen gemeingefährlichen Straftatbeständen, vgl. § 310 b Abs. 3 Satz 2, § 311 Abs. 3, § 311 a Abs. 3 Satz 2, § 311 e Abs. 3 Satz 2 StGB.

[42] So *R. Lange*, Ndschr. II, S. 256.

qualifizierten Delikte nicht entbehren könne[43]. Die gegen sie erhobenen Bedenken seien nur insoweit berechtigt, als sie sich gegen überhöhte Strafdrohungen des geltenden Rechts und ein schablonenhaftes Einbeziehen aller Fahrlässigkeitsgrade richteten.

bb) Die Ansicht von Schubarth

Schubarth gelangt demgegenüber zur grundsätzlichen Ablehnung der erfolgsqualifizierten Delikte. Er kritisiert zunächst die Auffassung, das Wesen dieser Delikte liege in der im Grunddelikt vorhandenen potentiellen Gefährlichkeit im Hinblick auf die schwere Folge[44]. Wenn der Gesetzgeber Gefährdungshandlungen unter Strafe stelle, so in der Regel, um ein Eingreifen zu einem Zeitpunkt zu ermöglichen, wo der Erfolg (noch) nicht eingetreten sei. Eine Berufung auf dieses gesetzgeberische Motiv sei deshalb hier nicht möglich, weil die Gefährdung durch die erfolgsqualifizierten Delikte nur erfaßt werde, wenn der Erfolg schon eingetreten ist. Wolle man der Gefährdung überhaupt Rechnung tragen, so müsse man dies bereits im Grundtatbestand tun.

Anschließend[45] setzt sich Schubarth im einzelnen mit den von Hirsch vorgebrachten Argumenten auseinander. Er hält die Regeln der Idealkonkurrenz zur Lösung der strittigen Fälle für ausreichend; selbst wenn dies nicht zutreffen sollte, müßte es durch eine Korrektur der Konkurrenzregeln wettgemacht werden und könne nicht zu einer Beibehaltung der erfolgsqualifizierten Delikte führen. Auch das Beispiel des Raubes überzeuge nicht, denn es sei fraglich, ob nicht die Verbindung von Gewalt oder Drohung mit Diebstahl das Wesen der beiden Grunddelikte (Diebstahl und Nötigung) derart ändere, daß nicht mehr von einer bloßen Kombination zweier Delikte gesprochen werden könne[46]. Überdies wirft Schubarth die Frage auf, weshalb ausgerechnet bei gewissen historisch überkommenen Deliktskonstellationen erfolgsqualifizierte Delikte beibehalten werden sollen, ohne daß bis heute für andere vergleichbare Konstellationen die gleiche Forderung erhoben worden wäre. Warum sollten etwa für den, der vorsätzlich einen Schlag austeilt und dabei fahrlässig tötet, andere Regeln gelten als für den Automobilisten,

---

[43] GA 1972, 74 f.; zust. *Maurach / Zipf*, AT 1, S. 496; *Schroeder*, LK, § 18 Rdn. 35; für Beibehaltung bereits *Dreher*, Ndschr. II, S. 252 f.; *Hardwig* GA 1965, 99 f.; *Arthur Kaufmann*, Schuldprinzip, S. 245; *Oehler*, ZStW 69 (1957), 511 ff. Auch *Wolter* (JuS 1981, 169) bejaht ein praktisches und kriminalpolitisches Bedürfnis für diese Delikte.
[44] ZStW 85 (1973), 768 f.
[45] ZStW 85 (1973), 772 ff.
[46] Vgl. dazu *Maurach*, BT, S. 247 f., auf den auch Schubarth verweist. Nach Maurach ist die Verquickung von Gewalt bzw. Drohung und Wegnahme eine solche, daß sich das bloße „Plus" zu einem „Aliud" wandelt.

der vorsätzlich eine Sicherheitslinie überfährt und dabei fahrlässig tötet?

Nach Schubarth zeigen alle diese Überlegungen, daß es keine hinreichende Begründung für die Beibehaltung der erfolgsqualifizierten Delikte gebe. Sie seien deshalb aus dem Gesetz zu beseitigen[47].

cc) Stellungnahme

Im Zentrum der Auseinandersetzung steht offenbar die Frage, ob die erfolgsqualifizierten Delikte einen eigenen Unrechtsgehalt aufweisen, der sich vom (zufälligen) Zusammentreffen zweier konkurrierender Delikte so wesentlich unterscheidet, daß er die Aufstellung einer besonderen Deliktsgruppe rechtfertigt. In solchem Falle müßte eigentlich auch Schubarth — wie beim Raub, dem er einen eigenen Wesensgehalt zuspricht — deren Existenz befürworten.

Nun ist die Aufstellung von Erfolgsqualifikationen weder eine historisch überholte Erscheinung — wie schon die Schaffung entsprechender Tatbestände in jüngster Zeit beweist[48] — noch so willkürlich, wie Schubarth augenscheinlich annimmt. Das Schrifttum hat immer wieder den Gegensatz zwischen der gefährlichen Natur der erfolgsqualifizierten Delikte und solchen Tatbeständen herausgestellt, bei denen der Eintritt einer schweren Folge zwar möglich, aber nicht eigentümlich ist: So wenn der um sein ganzes Vermögen Betrogene sich das Leben nimmt oder der Bestohlene auf dem Wege zur Polizei zu Tode kommt[49]. Der Unterschied liegt eben darin, daß die mit Qualifikationen versehenen Grundtatbestände die Tendenz aufweisen, den schweren Erfolg aus sich heraus, also „unmittelbar" (ohne weitere Vermittlung) herbeizuführen. Mithin dient der Unmittelbarkeitsgedanke des Bundesgerichtshofs nicht nur zur Einschränkung des bislang zu weitgezogenen Anwendungsbereichs, sondern er zeigt auch das wesensmäßige innere Beziehungsgefüge der erfolgsqualifizierten Delikte auf. Er stellt damit gleichsam das „missing link" zwischen Grunddelikt und qualifizierender Folge dar. Gerade das von Schubarth angeführte Gegenbeispiel zur Körperverletzung, nämlich das des vorsätzlichen Überfahrens einer Sicherheitslinie, bestätigt dieses Ergebnis: Der Körperverletzung *als solcher* ist die Möglichkeit der selbständigen Entwicklung zum Tode inhärent, dem Fahren über eine Linie hingegen nicht.

---

[47] ZStW 85 (1973), 775; zust. *Stratenwerth*, BT I, S. 54; ebenso *Lorenzen*, Rechtsnatur, S. 87 f., 164 ff.
[48] Vgl. die im Jahre 1971 geschaffenen §§ 239 a, 239 b, 316 c StGB.
[49] Vgl. die Beispiele bei *Arthur Kaufmann*, Schuldprinzip, S. 243; *v. Kries*, VJSchr. für wiss. Phil. 12 (1888), 226 f.; *Liepmann*, IKV 9 (1902), 140; *Oehler*, ZStW 69 (1957), 514; *Radbruch*, Verursachung, S. 65 f.; *Eb. Schmidt* Ndschr. V, S. 51; *Schneider*, JR 1955, 415.

III. Zur Kritik der erfolgsqualifizierten Delikte

Es stellt sich außerdem die Frage, ob das spezifische Unrecht der betreffenden Delikte auf andere Weise überhaupt sachgerecht erfaßt werden könnte. In Betracht käme zunächst eine Behandlung nach den Regeln der *Idealkonkurrenz*. Das dort bisher vorgesehene Absorptionsprinzip (§ 52 Abs. 2 StGB) beruht auf dem Gedanken, daß bei nur einer zugrundeliegenden Handlung der Unrechts- und Schuldgehalt geringer ist als bei der Vornahme mehrerer selbständiger Willensbetätigungen[50]. Beim erfolgsqualifizierten Delikt wird hingegen das Unrecht dadurch erhöht, daß bereits das Grunddelikt die Gefahr der schweren Folge in sich birgt. Im Unterschied zur üblichen Konstellation der Idealkonkurrenz liegen hier also die zusammentreffenden Delikte nicht (zufällig) nebeneinander, sondern das fahrlässige entwickelt sich in typischer Art und Weise aus dem vorsätzlichen. Dies macht auch den Grund für die Höherbestrafung aus, nämlich daß der Täter die durch die besondere Gefährlichkeit des Grundtatbestandes gegebene Warnung „in den Wind schlägt"[51]. Dieser Sachlage könnte allenfalls mittels Ersetzung des Absorptions- durch das Asperationsprinzip Rechnung getragen werden[52], was aber dem vorerwähnten Grundgedanken der Idealkonkurrenz in ihren Normalfällen zuwiderliefe. Zusätzliche Schwierigkeiten ergeben sich, wenn die Qualifikation dasselbe Rechtsgut betrifft (vgl. § 224 StGB). Entgegen der Meinung von *Schubarth*[53] läßt sich dieser Fall nicht über die Konkurrenzregeln erfassen, da Tateinheit zwischen vorsätzlicher und fahrlässiger Körperverletzung bei einer gegen ein und dieselbe Person durch eine Handlung verübten Tat ausgeschlossen ist[54]. Auch dieser Fall zeigt, daß sich die Besonderheit des erfolgsqualifizierten Delikts nicht ohne weiteres in den Rahmen der Idealkonkurrenz einpassen läßt. Eine Verlagerung des Problems auf die Konkurrenzebene ist nach alledem abzulehnen.

Die zweite denkbare Alternative wäre eine Regelung im Sinne besonders schwerer Fälle oder gar — unter entsprechender Strafrahmen-

---

[50] Übereinstimmend RGSt. 70, 26 (29); *Samson*, SK, § 52 Rdn. 2; *Schönke / Schröder / Stree*, § 52 Rdn. 1; *Vogler*, LK, § 52 Rdn. 4; vgl. auch § 67 E 1962, Begründung S. 192; Bericht des Sonderausschusses, BT-Drucks. V/4094, S. 25.

[51] *Hardwig*, GA 1965, 100; ebenso *Schroeder*, LK, § 18 Rdn. 34; ähnl. *Frisch*, GA 1972, 333; *Hirsch*, GA 1972, 72.

[52] Vgl. die Regelung des § 64 AE. In § 110 Abs. 2 AE taucht aber dennoch wieder ein echtes erfolgsqualifiziertes Delikt auf, wenn auch mit der Beschränkung auf bewußte Fahrlässigkeit.

[53] ZStW 85 (1973), 772. Selbst *Lorenzen* (Rechtsnatur, S. 70 ff., 169), der die erfolgsqualifizierten Delikte grundsätzlich verwirft, räumt den §§ 224, 225 StGB eine Sonderstellung ein.

[54] Allg. Ansicht, vgl. RGSt. 16, 129; *Dreher / Tröndle*, § 230 Rdn. 4; *Hirsch*, LK, § 230 Rdn. 46; *Schönke / Schröder / Stree*, § 230 Rdn. 8. Schon *Binding* (BT I, S. 17) meinte, es könne von Deliktskonkurrenz gar nicht gesprochen werden, wenn Grunddelikt und Schärfung dem gleichen Deliktsgebiet angehören.

3. Die Berechtigung erfolgsqualifizierter Delikte

erweiterung — die alleinige Berücksichtigung des qualifizierenden Erfolges bei der *Strafzumessung* im Hinblick auf das vorsätzliche Grunddelikt[55]. Indes erscheint der sachliche Gewinn einer solchen Lösung zweifelhaft. Denn die materielle Problematik der Erfolgsqualifikation bliebe bestehen und würde lediglich von der Tatbestandsebene in das Gebiet der Strafzumessung verschoben. Außerdem träten an die Stelle exakt umschriebener Tatbestände richterliche Ermessensentscheidungen und fließende Strafrahmen[56]. Im übrigen würde sich die Möglichkeit eröffnen, auch nichtvorhersehbare Tatfolgen strafschärfend zu berücksichtigen, da die Rechtsprechung im Bereich der Strafzumessung einen extensiven Begriff der „Vorwerfbarkeit" vertritt[57]. Die Gefahr einer die Strafbarkeit ausweitenden Erfolgshaftung bestünde dann um so mehr. Ein sogar völliges Einbeziehen der schweren Folge in die richterliche Strafbemessung hätte schließlich die Schaffung enormer Strafandrohungen beispielsweise für alle denkbaren Körperverletzungen und die Beseitigung der heutigen sinnvollen Auffächerung des Körperverletzungsrechts zur Voraussetzung. Hinzu kämen noch Auswirkungen bis hin ins Verfahrensrecht. Ein umfassender Tatbestand etwa der Körperverletzung wäre nämlich nach jetziger Regelung Antrags- und Privatklagedelikt, oder man müßte diese Voraussetzungen selbst bei der leichten Körperverletzung abschaffen. Demnach würde auch die Strafzumessungslösung erhebliche Nachteile im Vergleich mit der heutigen Gesetzeslage mit sich bringen. De lege ferenda ist daher nicht die Abschaffung der erfolgsqualifizierten Delikte, sondern lediglich die Überprüfung der teilweise recht hohen Strafrahmen angezeigt.

b) Die Situation im Ausland

Ein Blick in ausländische Rechtsordnungen zeigt, daß das Vorhandensein erfolgsqualifizierter Delikte keineswegs eine Anomalie der deutschen Strafgesetzgebung ist. So taucht — neben anderen Vorschriften — beispielsweise die Körperverletzung mit Todesfolge praktisch in allen eu-

---

[55] Für letzteres *Seuffert*, IKV 10 (1902), 458; wohl auch *Baumann*, ZStW 70 (1958), 238.

[56] Vgl. die Bedenken bei *Dreher*, Ndschr. II, S. 253; *Baldus*, Ndschr. II, S. 256; *Arthur Kaufmann*, Schuldprinzip, S. 245; *Hirsch*, GA 1972, 68; *Schroeder*, LK, § 18 Rdn. 35.

[57] Vgl. BGHSt. 10, 259 mit abl. Anm. *Heinitz*, JZ 1958, 17. Bemerkenswert ist, daß in der Literatur für die Berücksichtigung schwerer Tatfolgen bei der Strafzumessung gerade die Eigenart der erfolgsqualifizierten Delikte entsprechend herangezogen wird: Es sollen nur solche Folgen erfaßt werden, die sich als Realisierung der typischen Deliktsgefahr begreifen lassen; vgl. *Frisch*, GA 1972, 330 ff.; zust. *H.-J. Bruns*, Strafzumessungsrecht, S. 423 ff.; zu dieser Überlegung auch *Lang-Hinrichsen*, GA 1957, 5 ff.

ropäischen Strafgesetzbüchern auf[58]. Weitergehend als in unserem StGB ist dabei noch nicht einmal durchweg Fahrlässigkeit im Hinblick auf die schwere Folge erforderlich[59]. Allein in Schweden gibt es seit 1965 keine erfolgsqualifizierten Delikte mehr. Jedoch kann auch dort der ungewollte Erfolgseintritt innerhalb des Strafrahmens der vorsätzlichen Tat bei der Strafzumessung erschwerend berücksichtigt werden[60].

Eine Besonderheit des romanischen Sprachraums bilden die sog. präterintentionalen Delikte. Nach dem italienischen StGB (Art. 43 Abs. 2) bedeutet „preterintenzion", daß durch die Handlung unbeabsichtigt oder über die Absicht hinausgehend ein schwererer Erfolg als der vom Täter gewollte eintritt. Diese Begriffsbestimmung ist zwischen denen für vorsätzliche und fahrlässige Straftaten eingeordnet. Ein Teil der italienischen Lehre faßt diesbezüglich den Erfolgseintritt als objektive Bedingung der Strafbarkeit auf, während andere aus der systematischen Stellung der Regelung zwischen dolus und culpa auf eine dritte „Verschuldensform", etwa im Sinne der Feuerbach'schen culpa dolo determinata, schließen[61]. In Frankreich stehen Rechtsprechung und Wissenschaft auf dem Standpunkt, daß in den vom Gesetz benannten Fällen[62] schon allein die Verursachung des Erfolges ausreiche[63]. Besonders kompliziert ist die Rechtslage in Spanien, weil dort unterschiedliche und zum Teil widersprüchliche Bestimmungen existieren[64]. Zunächst hat Art. 1 Abs. 3 span. StGB eine generelle Regelung des Versari-Prinzips zum Inhalt: Wer willentlich ein Verbrechen oder eine Übertretung begeht, ist strafrechtlich verantwortlich, auch wenn der eingetretene Erfolg dem beabsichtigten nicht entspricht. Dem steht Art. 8 Nr. 8 span. StGB gegenüber, der

---

[58] Vgl. Art. 401 belg. StGB; § 244 Abs. 3 Satz 3 dän. StGB; Kap. 21 § 4 finn. StGB; Art. 311 griech. StGB; Art. 141 Abs. 3 jugosl. StGB; Art. 300 Abs. 3 niederl. StGB; § 86 öst. StGB; Art. 157 poln. Strafkodex; Art. 361 Einziger § port. StGB; Art. 123 Abs. 3 schweiz. StGB; Art. 108 Abs. 2 UdSSR-StGB; § 221 Abs. 4 tschech. StGB; § 257 Abs. 4 ung. Strafkodex. Als Tötungsdelikt ist sie geregelt in Art. 124 bulg. StGB und Art. 452 türk. StGB.
[59] Eine allg. Bestimmung im Sinne von Fahrlässigkeit bzw. Voraussehbarkeit findet sich in § 20 dän. StGB; Art. 29 griech. StGB; Art. 8 Abs. 1 jugosl. StGB; § 7 Abs. 2 öst. StGB; Art. 8 poln. Strafkodex, § 6 a tschech. StGB; § 18 ung. Strafkodex. Nach Art. 124 schweiz. StGB werden zufällige Folgen der Körperverletzung von der erhöhten Strafdrohung ausgenommen; gem. Art. 452 Abs. 2 türk. StGB wird die Strafe gemildert, wenn es infolge unbekannter oder unverhofft eingetretener Umstände zum Tode kommt.
[60] Dazu *Simson / Geerds*, Straftaten gegen die Person, S. 179.
[61] Vgl. *Jimenez de Asua*, Rev. sc. crim. 1960, 573 ff.
[62] Z. B. Art. 309 Abs. 4 code pénal (Körperverletzung mit Todesfolge); Art. 353 Abs. 2 c. p. (Aussetzung mit Todesfolge); Art. 434 Abs. 10 c. p. (Brandstiftung mit Todesfolge).
[63] *Oehler*, ZStW 69 (1957), 511 mit Nachw.
[64] Vgl. zum folgenden die ausführliche Darstellung bei *Gimbernat Ordeig*, Problematik, S. 163 ff.

3. Die Berechtigung erfolgsqualifizierter Delikte

eine durch Zufall (casus) verursachte Schädigung von der Strafbarkeit ausnimmt, wenn sie bei Ausführung einer *erlaubten* Handlung herbeigeführt wird. Da das spanische StGB keine Körperverletzung mit Todesfolge kennt, wird der durch vorsätzliche Verletzung verursachte Tod als Tötung (homicidio preterintencional) behandelt. Fraglich ist aber dann der anzuwendende Strafrahmen. Zunächst kommt Art. 9 Nr. 4 span. StGB in Betracht, der es als mildernden Umstand ansieht, daß das beabsichtigte Übel weniger schwer ist als das vom Täter verursachte. Ferner bestimmt Art. 50 span. StGB, daß die dem leichteren Verbrechen entsprechende Strafe eintritt, wenn das ausgeführte Verbrechen ein anderes ist als das vom Täter beabsichtigte. Schließlich ist auch eine Bestrafung wegen Fahrlässigkeit denkbar (Art. 565 span. StGB). Die Rechtsprechung folgt der Lösung, die den Täter am härtesten trifft: Führt die Körperverletzung zum Tode, dann wird der Schädiger — sogar bei unvorhersehbarem Ausgang — wegen vorsätzlicher Tötung mit der Strafmilderung des Art. 9 Nr. 4 span. StGB bestraft[65].

Es verwundert nicht, daß die präterintentionalen Delikte in den genannten Ländern heftig umstritten sind. Bemerkenswert ist aber, daß an ihre Stelle erfolgsqualifizierte Delikte gerade nach dem Vorbild des deutschen Rechts treten sollen[66]. So hat der italienische Autor *Dolcini*[67] im Hinblick auf die Einführung des § 56 dt. StGB (a. F.) sogar von einer „unverzichtbaren Errungenschaft der Zivilisation" gesprochen. Darüber hinaus fordert er eine Verbesserung der Bestimmungen des Besonderen Teils sowie eine Überprüfung der bestehenden Strafdrohungen. Der 1980 vorgelegte Entwurf eines neuen spanischen Gesetzbuchs[68] enthält bereits eine dem § 18 dt. StGB entsprechende Regelung (Art. 3 Satz 2), die für den Eintritt der schweren Folge mindestens Fahrlässigkeit verlangt. In Art. 173 findet sich dort jetzt auch das Delikt der Körperverletzung mit Todesfolge.

Die vorstehende Übersicht beweist demnach, daß auch im internationalen Vergleich die erfolgsqualifizierten Delikte einen genuinen Bestandteil der Strafrechtsordnungen bilden. Dort, wo die bisherige Regelung als unbefriedigend empfunden wird, zeigen sich Bestrebungen in Richtung der deutschen Ausgestaltung. Letztlich spricht dies ebenfalls für die Sachgemäßheit der in Rede stehenden Deliktsgruppe.

---

[65] *Gimbernat Ordeig*, Problematik, S. 167 f. mit weit. Nachw.

[66] Vgl. besonders in der italienischen Doktrin die neueren Abhandlungen von *Vassalli*, Riv. dir. proc. pen. 1975, 3; *Dolcini*, Riv. dir. proc. pen. 1979, 755 (dort vor allem rechtsvergleichend mit der deutschen Regelung).

[67] Riv. dir. proc. pen. 1979, 824.

[68] Abgedruckt in: Boletin oficial de las cortes generales, Num. 108-I vom 17. 1. 1980.

c) Das Verhältnis von Gefährdung und Verletzungserfolg

Begründet man das Festhalten an den erfolgsqualifizierten Delikten mit deren Gefährlichkeitscharakter, so könnte dies schließlich noch den Vorschlag stützen, die Herbeiführung der schweren Folge durch die vorsätzliche konkrete Gefährdung zu ersetzen. Vor allem R. *Lange*[69] sieht in der vorsätzlichen Gefährdung den eigentlichen Unrechtskern der hier in Rede stehenden Deliktsgruppe. Nun ist zwar streitig, ob der Gefährdungsvorsatz im Hinblick auf den Verletzungserfolg dem bedingten Vorsatz oder der bewußten Fahrlässigkeit entspricht[70]. In beiden Alternativen ergeben sich jedoch gewichtige Bedenken: Die Annahme von dolus eventualis würde die Konstruktion der erfolgsqualifizierten Delikte völlig aus den Angeln heben, denn etwa die Körperverletzung mit Todesfolge würde dann zu einem Fall der bedingt-vorsätzlichen Tötung. Aber selbst wenn man auf bewußte Fahrlässigkeit abstellt, so blieben bei der Lösung Langes die Fälle unbewußter Fahrlässigkeit außer Betracht. Damit würde jedoch der Täter privilegiert, der sich aus Gleichgültigkeit oder Rücksichtslosigkeit über die möglichen Verletzungsfolgen überhaupt keine Gedanken gemacht hat, was unter Umständen schwerer wiegen kann als ein bewußt-sorgfaltswidriges Handeln[71]. Es kann im übrigen nicht gut bezweifelt werden, daß der Gesetzgeber mit der Regelung des § 18 (§ 56 a. F.) StGB auch die unbewußte Fahrlässigkeit erfassen wollte[72], zumal er eine Abstufung nur dann vornimmt, wo er Leichtfertigkeit verlangt.

Im Anschluß an Lange betont auch *Oehler*[73] den Gefährdungsgedanken, teilt aber die Bedenken, die sich gegen eine Beschränkung auf die vorsätzliche Gefährdung ergeben. Daher will er auch die pflichtwidrige Nichtkenntnis der besonderen tatbestandlichen Gefahr berücksichtigen: In den erfolgsqualifizierten Delikten stecke also entweder eine vorsätzliche Gefährdung oder eine pflichtwidrig nichterkannte Gefährdung in vorsätzlicher Tat[74]. Diese Auffassung erscheint indes ebenfalls nicht bedenkenfrei: In jeder fahrlässigen Verletzung ist zwar die fahrlässige

---

[69] Ndschr. II, S. 256; NJW 1953, 1162; *Kohlrausch / Lange*, § 56 Anm. 3; ihm folgend *Schneider*, Delikte, S. 18, 51.

[70] Vgl. nur *Engisch*, Untersuchungen, S. 401 ff.; *Arthur Kaufmann*, Schuldprinzip, S. 154; *Schroeder*, LK, § 16 Rdn. 120; alle mit weit. Nachw.

[71] Vgl. *Hirsch*, GA 1972, 73; *Oehler*, ZStW 69 (1957), 518, ferner *Lackner*, Ndschr. V, S. 51; *Schafheutle*, Ndschr. V, S. 52. Siehe dazu, daß generell zwischen bewußter und unbewußter Fahrlässigkeit kein Stufenverhältnis besteht, auch BGH NJW 1962, 1780; OLG Karlsruhe DAR 1968, 220; *Jescheck*, AT, S. 461; *Maurach / Gössel / Zipf*, AT 2, S. 96; *Schroeder*, LK, § 16 Rdn. 121.

[72] Vgl. schon *Mezger*, LK (8. Aufl.), § 56 Anm. 3 b; *Seebald*, GA 1964, 166; zuletzt *Wolter*, JuS 1981, 171.

[73] ZStW 69 (1957), 503, 512 ff.; krit. zum Gefährdungsgedanken aber noch ders., GA 1954, 34 f.

[74] *Oehler*, ZStW 69 (1957), 518.

3. Die Berechtigung erfolgsqualifizierter Delikte

Gefährdung (als Minus) bereits enthalten. Die alleinige Hervorhebung des letzteren Elements würde aber den Charakter der Deliktsgruppe als Verletzungstatbestände zu sehr vernachlässigen[75].

Schließlich hat das Abstellen auf den Erfolgseintritt statt auf die bloße Gefährdung auch seinen guten Grund. Der Erfolg ist hier — ebenso wie sonst bei der Fahrlässigkeit — als limitierendes Element der Strafbarkeit anzusehen[76]. Zudem dient er als objektives Indiz für einen bestimmten Gefährlichkeitsgrad der Grundhandlung, ab dem der Gesetzgeber sein Einschreiten für erforderlich erachtet[77]. Überdies existiert auch zwischen Gefährdungsdelikt und fahrlässigem Erfolgsdelikt kein unüberbrückbarer Gegensatz, sondern es ist schon seit längerem deren enge Verwandtschaft erkannt worden[78]. Das abstrakte Gefährdungsdelikt stellt sich dem Wesen nach als vertypte Fahrlässigkeit dar: Während es bestimmte, generell mit gefährlicher Tendenz ausgestattete Verhaltensweisen erfaßt, aber auf den Eintritt des Verletzungserfolges verzichtet, stellt das Fahrlässigkeitsdelikt auf den (objektiv vorhersehbaren) Erfolg ab, der jedoch durch beliebige Verhaltensweisen herbeigeführt werden kann[79]. Die erfolgsqualifizierten Delikte bilden nun eine eigentümliche Kombination dieser beiden Erscheinungsformen. Indem der Gesetzgeber bei bestimmten Grunddelikten die Gefahr typischer Weiterungen sieht, stellen sich diese als abstrakte Gefährdungsdelikte bezüglich der dort nicht erfaßten Rechtsgüter dar[80]. Sie vertypen zugleich das pflichtwidrige Verhalten im Hinblick auf den fahrlässigen weitergehenden Erfolg[81].

---

[75] Krit. auch *Schubarth*, ZStW 85 (1973), 768 Anm. 63; *Seebald*, GA 1964, 166.

[76] *Hirsch*, ZStW 83 (1971), 160. Allg. zur Limitierungsfunktion des Erfolgs siehe auch *Engisch*, Untersuchungen, S. 342; *Welzel*, LB, S. 136; Verkehrsdelikte, S. 21; *Armin Kaufmann*, ZfRV 1964, 42 ff.; *Schaffstein*, Welzel-Festschrift, S. 562; *Zielinski*, Unrechtsbegriff, S. 200 ff., 211; gegen eine die Strafbarkeit nur begrenzende Funktion aber *Krauß*, ZStW 76 (1964), 61 f.; *Jescheck*, AT, S. 472 mit Anm. 26; *Stratenwerth*, AT I, Rdn. 1147.

[77] Vgl. *Gössel*, Lange-Festschrift, S. 232; *Hirsch*, GA 1972, 72; *Oehler*, ZStW 69 (1957), 514, 517.

[78] Vgl. zuletzt *Schroeder*, ZStW 91 (1979), 259 f. Auch historisch hat sich die Rechtsfigur der Fahrlässigkeit aus dem Bereich der Gefährdungshaftung entwickelt; siehe dazu *E. Kaufmann*, Erfolgshaftung, S. 82 ff.

[79] Besonders deutlich *Radbruch*, VDB V, S. 201 Anm. 2; außerdem *Frank*, Vor § 306 Anm. I 2; *Welzel*, Ndschr. V, S. 49; *Schaffstein*, Welzel-Festschrift, S. 558; *Hirsch*, ZStW 93 (1981), 859.

[80] Auch *Gössel* (Lange-Festschrift, S. 231) versteht das Grunddelikt als abstraktes Gefährdungsdelikt im Hinblick auf die schwere Folge, will jedoch das erfolgsqualifizierte Delikt insgesamt als konkretes Gefährdungsdelikt auffassen; zu dieser Konstruktion schon oben im Text.

[81] Insofern kann man diese Deliktsgruppe *konstruktiv* auch als qualifizierte Fahrlässigkeitstaten auffassen, vgl. *Frisch*, GA 1972, 332; *Lorenzen*, Rechtsnatur, S. 61; *Schroeder*, LK, § 18 Rdn. 33; *Widmann*, MDR 1966, 555, der aber gleichzeitig darauf hinweist, daß diese Betrachtungsweise nicht dem rechtsgeschichtlichen und systematischen Aufbau des Gesetzes entspricht; zu weitgehend die Folgerungen von *Gössel*, Lange-Festschrift, S. 236 ff.

Daraus ergibt sich außerdem, daß hier kein konkreter Gefährdungsvorsatz erforderlich ist, denn beim abstrakten Gefährdungsdelikt braucht sich der Vorsatz nur auf die objektiven Tatbestandselemente zu beziehen[82]. Da diese generelle Gefährlichkeit aber nur bei Erfolgseintritt berücksichtigt wird, muß sie sich in dem Erfolg in gefahrenspezifischer Weise realisieren (Unmittelbarkeit).

d) Verfassungsrechtliche Problematik

In jüngster Zeit hat *Lorenzen*[83] im Hinblick auf die Strafrahmen die Frage der Verfassungsmäßigkeit der erfolgsqualifizierten Delikte aufgeworfen. Da sich seiner Ansicht nach eine besondere Strafwürdigkeit nicht feststellen läßt, konstatiert er vor allem bei der Vorsatz-Fahrlässigkeits-Kombination einen Verstoß gegen das Übermaßverbot und den Gleichheitssatz[84]. Wegen Nichtigkeit der Mindeststrafdrohung soll diesbezüglich § 38 Abs. 2 StGB gelten; die Höchststrafen dürften — bei verfassungskonformer Auslegung — nur im Falle vorsätzlich herbeigeführter schwerer Folge eingreifen[85]. Für die §§ 239 a Abs. 2, 239 b Abs. 2, 251 StGB verlangt *Lorenzen*[86] eine zusätzliche Mittel-Zweck-Beziehung zwischen Primär- und Sekundärerfolg (Qualifikation); die schwere Körperverletzung soll als qualifizierendes Merkmal nur bei darauf gerichteter Absicht Anwendung finden[87]. Unheilbar verfassungswidrig seien indes die §§ 226, 229 Abs. 2 StGB[88]. Nach alledem komme den erfolgsqualifizierten Delikten, soweit sie auf einer Kombination zweier selbständig strafbarer Erfolgsdelikte beruhen, nur noch eine „Klarstellungsfunktion" zu; de lege ferenda sei auf sie ganz zu verzichten[89].

Bei der Würdigung dieser Auffassung sind zwei Gesichtspunkte zu unterscheiden: Zum einen das Problem der Strafrahmen, zum anderen die Frage, ob den erfolgsqualifizierten Delikten eine selbständige Bedeutung zuzugestehen ist.

Was die Strafrahmen angeht, so entspricht es ganz verbreiteter Ansicht, daß diese überhöht und de lege ferenda herabzuschrauben sind[90]. Insoweit betritt Lorenzen mit seiner Kritik kein Neuland und kann sich durchgängiger Zustimmung sicher sein. Zweifelhaft sind jedoch die von

---

[82] BGHSt 21, 306; *Brehm*, Dogmatik, S. 135; *Jescheck*, AT, S. 211; *Maurach / Zipf*, AT 1, S. 302; *Volz*, Unrecht, S. 78 f.
[83] Rechtsnatur, S. 99.
[84] *Lorenzen*, Rechtsnatur, S. 114, 117.
[85] *Lorenzen*, Rechtsnatur, S. 135 f., 148 ff.
[86] Rechtsnatur, S. 150 ff.
[87] *Lorenzen*, Rechtsnatur, S. 153 ff.
[88] *Lorenzen*, Rechtsnatur, S. 155 ff.
[89] *Lorenzen*, Rechtsnatur, S. 161, 164 ff.
[90] Vgl. die Nachweise oben S. 26 Anm. 11.

3. Die Berechtigung erfolgsqualifizierter Delikte

ihm gezogenen Konsequenzen. Nach dem einschlägigen Urteil des Bundesverfassungsgerichts[91] ist die lebenslange Freiheitsstrafe unter Berücksichtigung bestimmter Erfordernisse (Verrechtlichung der Gnadenpraxis, restriktive Auslegung von Mordmerkmalen) mit dem Grundgesetz vereinbar. Im Anschluß daran hat nunmehr der Große Senat in Strafsachen des BGH[92] für den Fall heimtückischer Tötung entschieden, die verfassungskonforme Rechtsanwendung gebiete die Ersetzung durch einen offenen Strafrahmen, wenn die Tatmodalität der heimtückischen Begehungsweise mit Entlastungsmomenten zusammentrifft, aufgrund welcher die Verhängung lebenslanger Freiheitsstrafe mit dem verfassungsrechtlichen Grundsatz der Verhältnismäßigkeit unvereinbar erscheine. Als Berechnungsmodus hat der BGH[93] die Regelung des § 49 Abs. 1 Satz 1 StGB herangezogen. Selbst wenn man diesem Lösungsmodell des Großen Senats methodisch nicht folgen mag, so zeigt die Entscheidung doch, daß eine Anpassung von für unverhältnismäßig empfundenen Strafrahmen über den Gesetzeswortlaut hinaus stattfinden kann. Sollte man also die bestehenden Strafrahmen für nicht mehr verfassungskonform erachten, dann bliebe auch bei den erfolgsqualifizierten Delikten — insbesondere für die nur fahrlässige Erfolgsherbeiführung — die Möglichkeit der Anpassung praeter legem, ohne sie für nichtig ansehen zu müssen.

Darüber hinaus will *Lorenzen*[94] auf die betreffende Deliktsgruppe ganz verzichten. Demgegenüber wurde vorliegend aufgezeigt, daß diesen Delikten ein erhöhter Unrechtsgehalt zukommt, der im Unmittelbarkeitsprinzip seinen Niederschlag findet[95]. Dieser Aspekt wird von Lorenzen hingegen als Begründung einer erhöhten Strafwürdigkeit abgelehnt. Er will ausdrücklich die sich an den Fall BGH NJW 1971, 152 anschließende Diskussion nicht weiter vertiefen und geht davon aus, daß sich einheitliche und allgemeinverbindliche Kriterien nicht finden lassen[96]. Andererseits spricht er sich aber auch für die Beibehaltung der §§ 224, 225, 239 Abs. 2, 1.Alt. StGB aus: Bei diesen Vorschriften sei keine andere gesetzestechnische Alternative denkbar, um den besonderen Erfolgsunwert, der aus dem Grunddelikt „ausgeklammert" ist, bei der Strafzumessung hinreichend zu erfassen. Der Grundtatbestand werde hier tatsächlich „qualifiziert", indem das Gesetz eine besondere Intensität der ursprünglichen Rechtsverletzung voraussetzt — und nicht, wie bei den

---
[91] BVerfGE 45, 187; krit. dazu *Lorenzen*, Rechtsnatur, S. 95 ff.
[92] BGHSt. 30, 105 mit Anm. *Lackner*, NStZ 1981, 348 und Besprechung *Bruns*, JR 1981, 358.
[93] BGHSt. 30, 105 (120); ebenso jetzt BGH NStZ 1982, 69.
[94] Rechtsnatur, S. 87 f., 164 ff.
[95] Oben S. 35 ff.
[96] *Lorenzen*, Rechtsnatur, S. 77 ff.

übrigen Erfolgsqualifikationen, eine zusätzliche Wertverfehlung, die bereits anderweitig eine selbständige Regelung erfahren habe[97]. Dem ist jedoch entgegenzuhalten, daß auch bei den letztgenannten Tatbeständen mehr vorliegt als eine willkürliche Verknüpfung zweier unabhängiger Sachverhalte: Grund- und Folgedelikt sind untrennbar durch ihre innere Bezogenheit verbunden; das Grunddelikt — von der gesetzlichen Regelung wie der konkreten Begehung her gesehen — birgt die Gefahr der schweren Folge bereits in sich. Wie bei den von Lorenzen selbst aufrechterhaltenen Vorschriften kann diese Konstellation, von verbesserungsbedürftigen *Formulierungen* einmal abgesehen, im Gesetz eben nicht besser als geschehen vertypt werden.

e) Ergebnis

Nach alledem ist festzuhalten, daß den erfolgsqualifizierten Delikten durchaus eine eigenständige Unrechtsbewertung zukommt, die durch eine Konkurrenzlösung nicht befriedigend aufgefangen werden könnte. Der Unmittelbarkeitsgedanke der Rechtsprechung drückt die Eigenart dieser Deliktsgruppe vom Prinzip her zutreffend aus. Die Schwierigkeit der Konkretisierung im Einzelfall zeigt sich aber in einer Vielzahl unterschiedlicher und zum Teil widersprüchlicher Entscheidungen. Auch das Schrifttum gelangt bei den in Rede stehenden Fallkonstellationen oftmals zu kontroversen Ergebnissen. Im folgenden werden deshalb vor den generalisierenden Lösungsversuchen die Fälle dargestellt, die sich als problematisch erwiesen haben.

---

[97] *Lorenzen*, Rechtsnatur, S. 169.

IV. Die in Rechtsprechung und Literatur behandelten Fälle

1. Körperverletzung mit schwerer Folge (§§ 226, 224 StGB)

Die praktisch wichtigste und theoretisch meistdiskutierte Vorschrift ist die der Körperverletzung mit Todesfolge (§ 226 StGB), die auch zur Ausgestaltung des Unmittelbarkeitsgrundsatzes geführt hat. Weniger virulent ist die Problematik bei § 224 StGB, wo aber entsprechende Konstellationen auftreten können.

a) Rechtsprechung

aa) Das *Reichsgericht*[1] hat in einem Fall der Mißhandlung von Schutzbefohlenen (§ 223 b StGB), die zum *Selbstmord* der wehrlosen Person führte, den Ursachenzusammenhang für § 226 StGB bejaht. Dabei mache es keine Ausnahme, daß der Grundtatbestand durch seelisches Quälen begangen worden sei[2]. An der Ursächlichkeit ändere es auch nichts, daß das Opfer selbst Hand an sich gelegt habe.

Um eine andere Frage ging es im sogenannten „Pistolenfall"[3]. Der Täter stieß das Opfer mit der Mündung seines ungesicherten Gewehres; dabei berührte er versehentlich den Abzugsbolzen, so daß der tödliche Schuß losging. Nach Ansicht des Reichsgerichts, das eine Verurteilung aus § 226 StGB ablehnte, muß die *Körperverletzung als solche*, das heißt der sie unmittelbar hervorrufende Tätigkeitsakt, den Tod verursacht haben. Wenn also bei Herbeiführung einer beabsichtigten Körperverletzung eine Mehrheit von einzelnen Handlungen vorgenommen werde und eine von ihnen, unabhängig von dem gewollten Erfolg, eine selbständige Ursachenreihe auslöse, die für sich allein den Tod zur Folge hat, so sei eben der Tod nicht durch die Körperverletzung verursacht worden und der Tatbestand des § 226 StGB entfalle. Hingegen sei der Tatbestand etwa dann verwirklicht, wenn die Wunde nur infolge des Hinzutritts einer Blutvergiftung zum Tode geführt habe, oder wenn der Verletzte durch den die Körperverletzung darstellenden Stoß unter einen

---

[1] RG DR 1945, 22.
[2] Ebenso BayObLGSt. 1960, 285; abl. *Hirsch*, LK, § 226 Rdn. 1; *Horn*, SK, § 226 Rdn. 3, die eine rein seelische Beeinträchtigung für § 226 StGB nicht genügen lassen. Der Tatbestand des § 223 b liegt auch der Entscheidung RGSt. 70, 357 zugrunde, wo aber der Tod offenbar durch eine körperliche Mißhandlung eintrat.
[3] RGSt. 44, 137.

zufällig vorbeifahrenden Wagen geschleudert und dadurch getötet worden sei.

bb) Auch der *Oberste Gerichtshof* mußte mehrfach zur Frage des Zusammenhangs zwischen Grunddelikt und schwerer Folge bei § 226 StGB Stellung nehmen. Im „Teigmaschinen-Fall"[4] hat er ohne weiteres die Ursächlichkeit bejaht. Dort versetzte der angeklagte Bäckergehilfe seinem Arbeitskollegen einen wuchtigen Schlag ins Kreuz. Das Opfer taumelte infolgedessen nach vorn und geriet mit dem Oberkörper in den mit Teig gefüllten Bottich der in Gang befindlichen Teigmaschine, wurde vom Teighebel erfaßt, in die Teigmasse hineingedrückt und erstickte schließlich in ihr.

In einem anderen Fall[5] war der Tod des Opfers durch das Zusammenwirken vom Täter zugefügter und späterer Verletzungen eingetreten. Der OHG verneinte eine Unterbrechung des Kausalzusammenhangs durch die nachfolgende Mitverursachung Dritter. Auch dann, wenn das hinzukommende Ereignis in einer freien und vorsätzlichen Tat anderer Personen bestehe, aber diese neue Tat den Tod deshalb herbeiführe, weil die Tat des Angeklagten vorausgegangen war, bleibe letztere „ursächlich".

Zur Ablehnung des § 226 StGB gelangte der OGH jedoch in der dritten hier einschlägigen Entscheidung[6]: Der Täter hatte auf seine Frau mehrere Male mit einem harten Gegenstand, wahrscheinlich mit einer Holzlatte, eingeschlagen. Nach dem Sachverständigengutachten war es aber auch nicht ausgeschlossen, daß der Tod der Frau durch einen Fall oder durch einen von dem Angeklagten ausgegangenen Stoß mit ihrem Kopf auf den Fußboden oder gegen die Wand herbeigeführt worden war. Der OGH vertrat die Auffassung, es reiche zur Verurteilung aus § 226 StGB nicht aus, wenn die Frau infolge der Mißhandlung und des Gesamtverhaltens des Angeklagten zu Fall gekommen sei; vielmehr müsse die vorsätzliche Körperverletzung als solche, nämlich die sie unmittelbar hervorrufende Einzelhandlung den Tod verursacht haben. Das Hinfallen des Opfers hingegen würde als Todesursache nicht von dem Verletzungsvorsatz des Angeklagten umfaßt worden sein[7].

cc) Die Judikatur des *Bundesgerichtshofs* läßt eine eindeutige Linie vermissen. In einer vor Einführung des § 56 StGB ergangenen Entscheidung stellte der BGH[8] ausdrücklich die Geltung der Äquivalenztheorie

---
[4] OGHSt. 1, 357.
[5] OGHSt. 3, 99.
[6] OGHSt. 3, 335 = DRZ 1950, 164.
[7] Zust. *Kohlrausch / Lange*, § 56 Anm. IV 1: Der Fall des Opfers sei nicht tatbestandsmäßige Todesursache. Demgegenüber hält *Maurach* (BT, S. 97) die Entscheidung für „bedenklich".
[8] BGHSt. 1, 332 mit Anm. *Engisch*, JZ 1951, 787.

1. Körperverletzung mit schwerer Folge

heraus. Allerdings ließ er dahinstehen, ob auch ganz ungewöhnliche Folgen (der Verletzte wird am Tatort, von dem er sich nicht fortbewegen kann, vom Blitz erschlagen oder er verunglückt auf dem Wege zum Arzt) unter § 226 StGB fallen. Daß aber ein kräftiger Schlag gegen den Schädel tödlich verlaufen könne, liege keineswegs außerhalb jeder Erfahrung.

In zwei späteren Entscheidungen aus dem Jahre 1953 gelangte der BGH zu einer differenzierenden Betrachtungsweise. Im ersten Fall[9] gab A dem betrunkenen B einige Ohrfeigen; dieser stürzte und fand den Tod. Nach Ansicht des BGH ist es für die Frage der Ursächlichkeit des Handelns des A von Bedeutung, ob B infolge der Ohrfeigen zurückgetaumelt und gestürzt sei, oder ob er wegen des Einschreitens des A gegen ihn aus eigenem Entschluß einige Schritte zurückgegagen sei, um sich zu entfernen, und dann deshalb gestürzt sei, weil er infolge seiner Trunkenheit nicht fest auf den Beinen stand. Im letzteren Fall läge kein ursächlicher Zusammenhang im Rechtssinne zwischen den erhaltenen Ohrfeigen und dem tödlichen Sturz vor.

Der zweiten Entscheidung[10] lag folgendes Geschehen zugrunde: Der KZ-Kapo A mißhandelte den Gefangenen B schwer. Um weiteren Mißhandlungen zu entgehen, ergriff dieser, verfolgt von A, die Flucht und rannte in die Postenkette. Die Wachmannschaften schossen ihn ohne Anruf nieder. Der BGH nimmt hier zwar die Kausalität als gegeben an; die Strafschärfung des § 226 StGB setze jedoch voraus, daß die vorsätzliche Körperverletzung als solche, das heißt die sie unmittelbar hervorrufende Einwirkung auf den menschlichen Körper den Tod des Verletzten herbeigeführt habe. Eine Mißhandlung dieser Art habe A dem B nicht zugefügt, vielmehr stehe die den Tod des B herbeiführende Handlung des Wachtpostens nur im Zusammenhang mit einer äußerlich erkennbar beabsichtigten *weiteren* Körperverletzung. Diese könne, da sie nicht mehr vollzogen wurde, lediglich nach §§ 240, 241 StGB gewertet werden. Eine andere Frage sei, ob A den Tod des B dadurch herbeiführen wollte, daß er ihn in die Postenkette trieb (dann §§ 211, 212 StGB).

Ebenfalls verneint hat der BGH[11] die Anwendbarkeit des § 226 StGB bei dem Sachverhalt, daß der Angeklagte den Soldaten M durch einen Faustschlag ins Gesicht bewußtlos schlug und ihn dann nachts hilflos auf

---

[9] BGH 1 StR 360/53 bei Dallinger MDR 1954, 150. Dagegen fehlt es nach BGH 1 StR 259/68 (mitgeteilt bei *Geilen*, Welzel-Festschrift, S. 658) an der *Voraussehbarkeit*, wenn das Opfer nicht unmittelbar auf die Ohrfeige, sondern nur deshalb gestürzt ist, weil es mehrere Schritte rückwärts ging und dann an der Bordsteinkante stolperte und abrutschte.

[10] BGH 4 StR 378/53 bei Dallinger MDR 1954, 150.

[11] BGH 5 StR 297/62 vom 28. 8. 1962. Im Ergebnis zust. *Geilen*, Welzel-Festschrift, S. 681; *Hirsch*, LK, § 226 Rdn. 4; *Jakobs*, Teheran-Beiheft, S. 37; abl. *Blei*, BT, S. 49.

der Straße liegen ließ, wo er von einem vorüberkommenen Fahrzeug überfahren wurde. Nicht die Körperverletzung also solche habe zum Tode geführt; vielmehr beruhe dieser Erfolg auf der dem Faustschlag folgenden *Unterlassung*, nämlich daß der Angeklagte den hilflosen Soldaten nicht von der Straße nahm. Es liege deshalb auch fern, daß dem Angeklagten schon für den Zeitpunkt, in dem er den M schlug, Fahrlässigkeit in bezug auf den tödlichen Ausgang vorgeworfen werden könne. Vielmehr sei ihm dieser Vorwurf erst für einen Zeitpunkt nach völligem Abschluß der Körperverletzung zu machen, nämlich für den Zeitpunkt, in dem M quer auf der Straße lag und sich nicht mehr rührte. Eine solche erst nach Beendigung der Körperverletzung hinzutretende Fahrlässigkeit würde aber nur eine Verurteilung wegen fahrlässiger Tötung rechtfertigen.

Im „Pistolenfall" bejaht der BGH[12] in Abweichung von der gleichgelagerten Entscheidung des Reichsgerichts die Frage, ob Todesverursachung durch die *Handlung* des Täters (Zuschlagen mit der Pistole, wobei sich der tödliche Schuß löst) zur Verwirklichung des § 226 StGB ausreicht. Der Begriff der Körperverletzung umfasse nicht bloß den Erfolg, sondern beziehe sich in erster Linie auf die den Erfolg herbeiführende Tätigkeit. Für die Anwendung des § 226 StGB komme es deshalb darauf an, ob die Körperverletzungshandlung zum Tode des Angegriffenen geführt habe[13]. Damit will der BGH allerdings nicht auf das Erfordernis der Vollendung der Körperverletzung verzichten, und zwar nicht nur einer solchen, wie sie als Durchgangsstadium in jeder Tötung eingeschlossen ist[14]. Von der vorliegenden Konstellation sind also diejenigen Fälle zu unterscheiden, in denen schon eine *versuchte* Körperverletzung (der Schlag geht fehl, es löst sich aber der tödliche Schuß) zum Tode führt.

Im Gegensatz zu OGHSt. 3, 335 nahm der BGH[15] § 226 StGB in dem Sachverhalt an, wo nach den Feststellungen des Schwurgerichts die Mög-

---

[12] BGHSt. 14, 110.
[13] Ebenso BGH 1 StR 525/74 bei Dallinger MDR 1975, 196. In der Literatur wird die Entscheidung BGHSt. 14, 110 jedoch überwiegend *abgelehnt*, so von *Deubner*, NJW 1960, 1068; *Hirsch*, GA 1972, 75 f.; LK, § 226 Rdn. 3; *Jescheck*, AT, S. 424; *Krey*, BT 1, S. 89; *Lackner*, § 226 Anm. 1; *Maurach*, JR 1970, 71; *Maurach / Schroeder*, BT 1, S. 105; *Rudolphi*, SK, § 18 Rdn. 3; *Schmidhäuser*, BT, 2/28; *Welzel*, LB, S. 295; *Widmann*, Versuch, S. 62. Zust. hingegen *Dreher / Tröndle*, § 226 Rdn. 1; *Geier*, LM § 226 Nr. 7; *Stree*, GA 1960, 294; *Wessels*, BT 1, S. 45.
[14] Klargestellt in BGH NJW 1971, 152. Demgegenüber hat man in der Literatur aus der Entscheidung BGHSt. 14, 110 die Anerkennung des Versuchs von § 226 gefolgert, vgl. *Deubner*, NJW 1960, 1068; *Geier*, LM § 226 Nr. 7; *Stree*, GA 1960, 294; *H.-J. Wegner*, Körperverletzungen, S. 133 Anm. 4.
[15] BGH 5 StR 750/67 vom 27. 2. 1968; insoweit in GA 1969, 90 nicht abgedruckt.

1. Körperverletzung mit schwerer Folge

lichkeit offen blieb, daß der Schlag gegen den Körper des Opfers gerichtet war und dieses dann auf den Fußboden oder gegen die Holzverschalung eines Sofas fiel und dabei hart mit dem Kopf aufschlug. Darauf, ob der Angeklagte vorsätzlich an den Kopf des Opfers geschlagen habe, komme es nicht an. Es genüge zur Verurteilung aus § 226 StGB, daß er die Schläge vorsätzlich gegen den Körper des Opfers richtete; die mittelbar darauf beruhende Kopfverletzung brauche nur fahrlässig zu sein.

Beim schon erwähnten „Rötzel-Fall" kommt es schließlich zur näheren Ausgestaltung des Unmittelbarkeitsprinzips. In den übrigen Entscheidungen zu § 226 StGB geht es vorwiegend um die an das Fahrlässigkeitserfordernis (§ 18 StGB) zu stellenden Maßstäbe, wobei mehrfach das Mitwirken schon vorhandener Körperschäden eine Rolle spielt[16].

In seinem neuesten Urteil bestätigt der BGH[17] die in NJW 1971, 152 aufgestellten Grundsätze. Der A hatte dem X im Kopfbereich schwere Verletzungen beigebracht, zum Teil mit einem scharfen, spitzen Gegenstand. Wenige Stunden danach war X aufgrund einer Stichverletzung am Hals verblutet. Zur Nichtanwendung des § 226 StGB führt der BGH aus: Diese Vorschrift solle der der Körperverletzung anhaftenden spezifischen Gefahr des Eintritts des qualifizierenden Erfolgs entgegenwirken. Aus ihrem Sinn und Zweck sei daher abzuleiten, daß eine engere Beziehung zwischen der Körperverletzungshandlung und dem tödlichen Erfolg zu fordern ist, als sie ein Ursachenzusammenhang nach der Bedingungstheorie voraussetzt. Es sei aber ungeklärt geblieben, ob X die tödliche Verletzung vor oder nach dem Verlassen der Wohnung seitens des A erlitten habe, ob er etwa unter der direkten Einwirkung eines erhaltenen Schlages in die Scherben gefallen sei. Wegen dieser Unklarheit im Sachverhalt, die sich zugunsten des Täters auswirkt, läßt der BGH offen, ob für die Anwendung des § 226 StGB überhaupt Raum wäre, wenn das Opfer zu Tode kommt, ohne daß sich eine ihm zuteil gewordene Mißhandlung unmittelbar in einer Körperschädigung ausgewirkt hat, die später zum Tode führt.

dd) Im Hinblick auf die Problematik bei *§ 224 StGB* sind allein reichsgerichtliche Entscheidungen von Interesse. Dabei hat das Reichsgericht grundsätzlich nur die Äquivalenztheorie angewandt und deshalb den körperlichen Zustand des Verletzten (skrofulöses Leiden, erblich belastete Konstitution) außer Betracht gelassen, wofür es sich vor allem auf

---

[16] Vgl. BGHSt. 24, 213; BGH 2 StR 366/65 und 1 StR 489/65 bei Dallinger MDR 1966, 198; BGH StR 494/71 bei Dallinger MDR 1972, 386; BGH 2 StR 218/72 bei Dallinger MDR 1973, 18; OLG Köln NJW 1963, 2381.
[17] BGH 3 StR 298/81 bei Holtz MDR 1982, 102.

die Entstehungsgeschichte der Vorschrift berufen hat[18]. Allerdings betonte das RG[19] in einer anderen Entscheidung, daß der qualifizierende Erfolg jedenfalls eine Folge der Körper*verletzung* sein müsse. Die Strafkammer hatte nicht feststellen können, auf welche Weise die Beschädigung der Hornhaut des Opfers entstanden war, insbesondere ob durch einen Schlag mit der Rute, ob durch eine Haarnadel, durch den Stacheldraht eines in der Nähe befindlichen Zaunes, durch das Hinfallen oder durch eine Abwehrbewegung. Habe sich aber das Opfer den Verlust des Sehvermögens dadurch zugezogen, daß es einen zweiten Schlag abwehren oder ihm ausweichen wollte, dann sei — so das Reichsgericht — diese Verletzung keine Folge der durch die Angeklagte zugefügten Mißhandlung.

b) *Literatur*

Die Frage nach der Beschaffenheit des Kausalzusammenhangs zwischen Grunddelikt und Todesfolge bei § 226 StGB hat besonders vor Einführung des § 56 StGB die juristische Phantasie beschäftigt. In dem vielzitierten Fall, daß der Verletzte vom Blitz oder einem herabfallenden Ziegelstein erschlagen wurde, nahm man meist eine Unterbrechung des Kausalzusammenhangs an[20]; desgleichen bei der Modifizierung, daß die Verletzung das Opfer an der Ausreise nach Amerika hindert und es in der Wartezeit auf das nächste Schiff von jenem Ziegel getötet wird oder beim Baden ertrinkt[21]. Demgegenüber soll § 226 StGB eingreifen, wenn der Verletzte, hilflos im Wald liegengelassen, durch wilde Tiere oder gar Ameisen zu Tode kommt[22]. Nicht zugerechnet wird die Todesfolge in dem Fall, daß A dem zu einem bestimmten Zug eilenden B vorsätzlich den Fuß verletzt, wodurch dieser einen anderen Zug benutzen muß, in dem sich eine Höllenmaschine befindet oder der über eine morsche Brücke fährt[23]. Gegen dieses Ergebnis wendet sich jedoch *Engisch*[24] und will § 226 StGB anwenden, wenn auf einer Forschungsreise im Polargebiet oder in der Wüste einer der Beteiligten einem anderen vorsätzlich eine Fußverletzung zufügt unter Umständen, bei denen damit zu rechnen ist, daß der Verletzte wegen seiner Bewegungsunfreiheit zurückgelassen werden und verkommen muß. Schließlich sind noch die Sachverhalte zu erwähnen, daß der Verwundete auf dem Weg zum Arzt von

---

[18] Vgl. RGSt. 5, 29 (32 ff.); 27, 93.
[19] RG JW 1924, 1735.
[20] Vgl. *Birkmeyer*, Ursachenbegriff, S. 21; *v. Buri*, Causalität, S. 18; *M. E. Mayer*, Causalzusammenhang, S. 90 f.; *Rümelin*, Causalbegriff, S. 98.
[21] Vgl. *v. Bar*, Lehre, S. 64 f.; *Geyer*, GA 13 (1865), 245; *Merkel*, LB, S. 99.
[22] Vgl. *Geyer*, GA 13 (1865), 315; *Wiechowski*, Str.Abh. 55, S. 25.
[23] Vgl. *M. L. Müller*, Bedeutung, S. 64; *Rümelin*, Causalbegriffe, S. 129.
[24] Kausalität, S. 71 f.

1. Körperverletzung mit schwerer Folge

einem scheu gewordenen Pferd überrannt wird[25] oder sich als Rekonvaleszent an die Riviera begibt, wo er bei einem Eisenbahnunglück ums Leben kommt[26]. All diese zum Teil etwas abstrus erscheinenden Beispiele dienten vorwiegend zur Auseinandersetzung um die Anwendung der Äquivalenz- oder Adäquanztheorie. Sie dürften heute durch die Bestimmung des § 18 StGB ihre „Brisanz" weitgehend verloren haben.

In der neueren Literatur werden die Fälle — im Anschluß an den Rötzel-Fall des BGH — hauptsächlich dahingehend gebildet, daß erst das Eingreifen eines Dritten oder das Verhalten des Opfers selbst zu der schweren Folge führt. So wird der unmittelbare Zusammenhang dann verneint, wenn bei einer Schlägerei am Straßenrand sich das Opfer zur Flucht wendet und mit einem Satz auf die Fahrbahn springt, wo es von einem Kraftfahrzeug erfaßt und tödlich verletzt wird[27]. Dieser Fall erlangt auch für die Frage „Handlung oder Erfolg" Bedeutung, wenn nämlich der Angegriffene dem Schlag ausweicht und dadurch von einem Auto überfahren wird[28]. Nach *Stree*[29] soll es keinen entscheidenden Unterschied begründen, ob bei einem Angriff am Rande eines Abgrundes ein Schlag den Sturz in den Abgrund bewirkt oder das Opfer bei der Abwehr in den Abgrund stürzt.

Die gleichen Probleme stellen sich bei der Vorschrift des § 224 StGB. Sie soll nicht zur Anwendung kommen, wenn das Opfer vor weiteren Schlägen des Täters flieht und dabei abstürzt, mit dem Ergebnis, daß es ein Bein einbüßt; ebenso, wenn A dem B eine klaffende Platzwunde am Hinterkopf zufügt und der Krankenwagen auf der Fahrt ins Krankenhaus derart verunglückt, daß B in erheblicher Weise dauernd entstellt wird[30]. § 224 StGB wird auch in dem Fall verneint, wo die Sehkraft des Opfers nicht bereits durch den Stich, sondern dadurch verlorengeht, daß bei Behandlung einer vorsätzlichen Körperverletzung dem Arzt ein Instrument ausrutscht und in das Auge des Patienten fällt[31]. Eine Abwandlung des „Pistolenfalles" bildet schließlich der Sachverhalt, daß der beim Zuschlagen sich lösende Schuß zur Erblindung des Opfers führt[32].

---

[25] *Traeger*, Kausalbegriff, S. 173.
[26] *Reinach*, Ursachenbegriff, S. 59.
[27] *Wessels*, BT 1, S. 44 f.
[28] Vgl. *Widmann*, Versuch, S. 59.
[29] *Schönke / Schröder / Stree*, § 226 Rdn. 5; siehe zu dem „Abgrundfall" schon *Lammasch*, Handlung, S. 70; ferner *R. Schmitt*, JZ 1962, 393.
[30] Beispiele von *Hirsch*, LK, § 224 Rdn. 6.
[31] Vgl. *Eser*, StudK III, Nr. 8 A 18.
[32] Vgl. *Schmidhäuser*, BT, 1/12 f.

2. Vergewaltigung und sexuelle Nötigung mit Todesfolge (§ 177 Abs. 3, § 178 Abs. 3 StGB)

Die genannten Vorschriften ersetzen die Bestimmung des § 178 StGB a. F.[33]. Während dort die Todesverursachung „durch eine der in den §§ 176 und 177 bezeichneten Handlungen" verlangt wurde, heißt es nun vereinfachend „durch die Tat". Auf subjektiver Seite ist jetzt Leichtfertigkeit erforderlich.

a) Rechtsprechung

Die Rechtsprechung hat das Merkmal „Handlungen" im Sinne des § 178 StGB (a. F.) kontinuierlich dahingehend ausgelegt, daß die Herbeiführung des Todes durch ein Nötigungsmittel, welches zur Erreichung des außerehelichen Beischlafs dienen sollte, genüge. Unter Handlung sei nicht nur die vollendete Tat, sondern jede Ausführungshandlung zu verstehen. Die entschiedenen Fälle sind in der Regel auch so gelagert, daß schon bei versuchter Notzucht der Tod des Opfers eintritt[34].

Der Zusammenhang zwischen Grunddelikt und schwerer Folge wird grundsätzlich nur nach der Äquivalenztheorie bestimmt, so in folgendem Sachverhalt[35]: Der Angeklagte suchte auf einem einsamen Waldweg die Rentnerin H zunächst durch Drohung mit einer Pistole zu veranlassen, mit ihm geschlechtlich zu verkehren. Dabei löste sich infolge der Abwehr der Frau ein Schuß, der sie in die Lunge traf[36]. Nachdem das Opfer zusammengesunken war, schleifte der Täter es in den Wald und übte den Geschlechtsverkehr mit ihm aus, wobei er der Frau, als sie zu schreien begann, den Hals mit aller Kraft zudrückte, um sie zu töten. Ihr Tod trat jedoch nicht dadurch ein, sondern kurz nach Beginn des Würgens durch innere Verblutung aufgrund der Schußverletzung. Hierzu führte der Bundesgerichtshof aus, es sei für den Tatbestand des § 178 StGB (a. F.) nicht erforderlich, daß im Falle der Begehung durch Drohung der Tod unmittelbar und allein durch diese selbst, etwa infolge eines durch Drohung bei dem Opfer hervorgerufenen Schocks, herbeigeführt wird. Ein ursächlicher Zusammenhang liege vor, wenn die Drohung nicht hinweggedacht werden könne, ohne daß der Erfolg entfiele. Das sei hier der Fall.

Auch die *Flucht* des Opfers soll den Kausalzusammenhang nicht unterbrechen. Wer eine Frau verfolgt, um sie zum Geschlechtsverkehr zu

---
[33] Die Änderung erfolgte durch das 4. StrRG vom 23. 11. 1973, BGBl. I, 1725.
[34] Vgl. RG JW 1933, 2059 mit zust. Anm. *Gallas*; RGSt. 69, 332; BGH 2 StR 593/70 bei Dallinger MDR 1971, 363. Zur Frage des Versuchs beim erfolgsqualifizierten Delikt siehe noch unten Kap. IX.
[35] BGHSt. 20, 269 mit Anm. *Fuchs*, NJW 1966, 868.
[36] In NJW 1965, 2411 heißt es fälschlich „Lippe".

2. Vergewaltigung und sexuelle Nötigung mit Todesfolge

zwingen, sei daher, wenn die Frau auf der Flucht über Bahngleise durch einen Zug getötet wird, und der Täter diese Gefahr hätte erkennen können, wegen (versuchter) Notzucht mit Todesfolge zu bestrafen[37].

Zu einer Einschränkung des Anwendungsbereichs von § 178 StGB gelangte die Rechtsprechung jedoch, wenn die Tötung des Opfers eine neue Handlung bildete, die durch das Sittlichkeitsdelikt lediglich *veranlaßt* wurde. Tötet der Täter also vorsätzlich sein Opfer nach der Tat, so komme eine Bestrafung gemäß § 178 StGB nicht in Betracht[38]. Im folgenden Fall einer fahrlässigen Tötung hat der BGH[39] seine Begründung allerdings auf § 56 StGB (a. F.) gestützt: Der Angeklagte würgte die sich heftig wehrende S bis zur Bewußtlosigkeit. Als er sie wie leblos liegen sah, gewann er den Eindruck, daß sie tot sei. Er erlitt dadurch einen erheblichen Schock und schleppte die bewußtlose S in das Bett eines Bachs, wo sie ertrank. Der BGH verneinte die Vorhersehbarkeit des konkreten Geschehensablaufs, die schon zum Zeitpunkt der im Sinne des § 178 StGB tatbestandlichen Handlung (hier: des Würgegriffs) hätte vorliegen müssen[40].

b) Literatur

Im Schrifttum werden verschiedene Fallgruppen diskutiert. Dabei sind die Meinungen zur Frage der Todesverursachung durch *Selbstmord* des Opfers unterschiedlich. Ein Teil der Autoren gelangt hier zur Bestrafung aus der qualifizierenden Vorschrift[41]. Unmittelbarkeit zwischen Handlung und Folge sei nicht erforderlich, allerdings könne es an der Voraussehbarkeit mangeln[42]. Demgegenüber lehnt *Frank*[43] auf der Grundlage seiner Lehre vom Regreßverbot eine Strafbarkeit des Täters ab. Nach *Horn*[44] fehlt in der Regel beim Selbstmord des Opfers der „Rechtswidrigkeitszusammenhang" zwischen der Tat und dem Todeseintritt. Schließlich wird auch eine differenzierende Betrachtungsweise vertreten: Es sei zu unterscheiden, ob der Selbstmord in geistig gesundem Zustande, etwa aus Schamgefühl, geschah, oder in einem durch die erlittene Behandlung veranlaßten Zustand seelischer Beeinträchtigung (Exal-

---

[37] BGH 1 StR 203/60 bei Pfeiffer / Maul / Schulte, § 178 Anm. 2.
[38] BGH 4 StR 648/67 bei Dallinger, MDR 1969, 16; OGH NJW 1950, 710.
[39] BGH NJW 1955, 1327.
[40] Krit. dazu *Geilen*, Welzel-Festschrift, S. 664 f. („apokryphe Fahrlässigkeitsbegründung").
[41] Vgl. *Kohlrausch / Lange*, § 178 Anm.; *Mösl*, LK (9. Aufl.), § 178 Rdn. 1; *Schönke / Schröder / Lenckner*, § 176 Rdn. 24, § 177 Rdn. 15 (unter insoweit unzutr. Berufung auf BGH NJW 1965, 2411, wo von Selbstmord des Opfers nicht die Rede ist); a. A. *Oppenhoff*, § 178 Anm. 2; *Schwarze*, Holtz. Handbuch, S. 313; offenlassend *Hälschner*, StrafR II, S. 232 Anm. 1.
[42] Vgl. *Dreher / Tröndle*, § 177 Rdn. 9; *Maurach / Schroeder*, BT 1, S. 159.
[43] StGB, § 1 Anm. III 2 a.
[44] SK, § 178 Rdn. 23.

tation oder Depression); im ersten Falle liege die Todesursache in der eigenen Willenstätigkeit der Verletzten, im zweiten dagegen in der strafbaren Handlung des Täters[45].

Der ursächliche Zusammenhang wird vielfach auch bejaht, wenn das Opfer bei der *Entbindung* des durch die Notzucht gezeugten Kindes den Tod findet[46]. Dagegen hat *Schwarze*[47] schon 1874 in modern anmutender Diktion eingewandt, hier stehe der Tod nicht in unmittelbarem Zusammenhange mit dem Delikt. Des weiteren wird Strafbarkeit in Betracht gezogen, wenn das Opfer auf der *Flucht* vor dem Täter unvorsichtig auf die Straße läuft und hierbei von einem Kraftfahrzeug tödlich erfaßt wird[48]. Schließlich ist noch die Möglichkeit der Todesherbeiführung durch einen Schlaganfall oder psychischen *Schock* zu erwähnen[49]. Während man dabei heute zur Verneinung der Leichtfertigkeit neigt[50], lag unter Geltung der Erfolgshaftung das Schwergewicht beim Problem abnormer Kausalverknüpfungen. So wurde eine Bestrafung in dem Fall als ungerecht empfunden, daß ein vom Nervenfieber erst kurz genesenes Mädchen von einem Bauernburschen genotzüchtigt wird und aus Verzweiflung über die erlittene Kränkung einige Tage später am neu ausgebrochenen Nervenfieber stirbt[51]. Noch eigenartiger stellt sich der Geschehensablauf im folgenden Lehrbuchfall dar: Der Stromer A begegnet im Wald der C und vergewaltigt sie. Die C ist im höchsten Grade erregt und eilt nach der Tat davon, auf einem Fußweg dem nächsten Dorf entgegen. Da naht sich ihr mit drohender Gebärde der auf der Weide befindliche Stier, sie erleidet infolge der zweimaligen Aufregung einen Nervenschock und stirbt. Der Autor[52] will den A nach § 178 StGB bestrafen, da seine Handlung physiologisch den Tod mitverursacht habe.

3. Freiheitsberaubung, Menschenraub und Geiselnahme mit Todesfolge (§ 239 Abs. 3, § 239 a Abs. 2, § 239 b Abs. 2 StGB)

a) Rechtsprechung

Die Rechtsprechung zur Freiheitsberaubung mit Todesfolge bewegt sich ausschließlich auf dem Boden der Äquivalenztheorie. So hat der

---

[45] *Binding*, LB I, S. 202; *Olshausen*, § 178 Anm. 2 b.
[46] Vgl. *Frank*, § 178 Anm.; *Kohlrausch / Lange*, § 178 Anm.; *Mösl*, LK (9. Aufl.), § 178 Rdn. 1; *Olshausen*, § 178 Anm. 2 a; abl. *Baldus*, Ndschr. V, S. 52; siehe zu diesem Fall auch Prot. VI, S. 1606.
[47] Holtz. HandB III, S. 313 Anm. 8.
[48] *Preisendanz*, § 176 Anm. 4 a; gegen die Einbeziehung der „waghalsigen" Flucht aber *Horn*, SK, § 178 Rdn. 23.
[49] Vgl. *Löffler*, Schuldformen, S. 279 Anm. 56; *Seuffert*, IKV 9 (1902), 118.
[50] Vgl. *Dreher / Tröndle*, § 176 Rdn. 16.
[51] Vgl. *Schott*, Erfolg, S. 39.
[52] *Zeiler*, ZStW 27 (1907), 509.

3. Freiheitsberaubung, Menschenraub und Geiselnahme mit Todesfolge

Oberste Gerichtshof[53] ausdrücklich betont, daß für die Todesfolge bei § 239 Abs. 2 StGB der Kausalzusammenhang nicht durch nachfolgende Mitverursachung anderer Personen unterbrochen werde. In einem Fall, wo das der Freiheit beraubte Opfer aus dem fahrenden Kraftwagen hinausgefallen, möglicherweise aber auch hinausgesprungen war, hat der Bundesgerichtshof[54] klargestellt, der Begriff der Verursachung sei hier kein anderer als er allgemein für die Herbeiführung eines Erfolges von der strafrechtlichen Rechtsprechung vertreten werde (Bedingungstheorie). Der Tod sei also auch dann durch die Freiheitsberaubung verursacht worden, wenn das Opfer unmittelbar bei dem Versuch, ihr zu entrinnen, tödliche Verletzungen erleide. Denn ohne die Freiheitsberaubung wäre auch in diesem Falle der Tod nicht eingetreten.

Den Selbstmord des der Freiheit Beraubten will der BGH[55] dem Täter jedenfalls dann als Todeserfolg zurechnen, wenn es sich um eine Freiheitsberaubung im Amt (§ 346 StGB a. F.) handelt und der Täter deshalb als Beamter zur Obhut verpflichtet war.

Erst in einer neueren Entscheidung aus dem Jahre 1978 läßt der BGH[56] auch für § 239 Abs. 3 StGB das Unmittelbarkeitsprinzip anklingen. Der Täter hatte das Opfer nach dessen Verschleppung und Vergewaltigung aus Angst vor der Entdeckung der Tat zunächst weiter festgehalten und dann getötet. Der BGH bejaht eine Freiheitsberaubung mit Todesfolge durch die während derselben widerfahrenen Behandlung (§ 239 Abs. 3, 2.Alt StGB) und führt dazu aus: Es könne offen bleiben, ob die vorsätzliche Tötung des Opfers durch den Täter der Freiheitsberaubung in aller Regel als eine solche „Behandlung" anzusehen sei. Dies müsse jedenfalls bejaht werden, wenn zwischen der Freiheitsentziehung und der Tötungshandlung ein *unmittelbarer innerer Zusammenhang* bestehe. Ein solcher sei mindestens dann gegeben, wenn der Täter mit der Tötungshandlung das gleiche Ziel wie mit der Freiheitsberaubung verfolgt habe. Das sei hier der Fall.

b) Literatur

Der Meinungsstand im Schrifttum ist uneinheitlich. Gegen jede Einschränkung des Ursachenrahmens sprechen sich *Maurach / Schröder*[57]

---

[53] OGHSt. 3, 99.

[54] BGHSt. 19, 382 = LM § 239 Nr. 18 mit Anm. *Hengsberger*; zust. *Karl Schäfer*, LK (9. Aufl.), § 239 Rdn. 39 mit weit. Nachw.; abl. noch *August Schaefer*, LK (8. Aufl.), § 239 Anm. VII.

[55] BGH LM § 346 Nr. 3 (unter Bezugnahme auf BGH 5 StR 21/52 vom 30. 4. 1952).

[56] BGHSt. 28, 18.

[57] BT 1, S. 137. Einschränkend *Schroeder*, LK, § 18 Rdn. 18: Bei der Flucht sei zu prüfen, ob diese wirklich Folge der Freiheitsberaubung ist oder aber auf der Furcht vor weiteren Angriffen des Täters beruht.

aus: Eine Unmittelbarkeit zwischen Freiheitsberaubung und schweren Folgen sei nicht erforderlich; der Tod infolge Selbstmords, Fluchtversuchs oder Eingreifens Dritter genüge. Dagegen verlangt *Horn*[58] einen spezifischen inneren Zusammenhang zwischen Grunddelikt und qualifizierendem Erfolg. Andere wollen jedenfalls den Selbstmord des Opfers, in Erweiterung der BGH-Rechtsprechung, auch ohne besondere Obhutspflicht dem Täter zurechnen[59].

Problematisiert wird vor allem die Frage der Todesverursachung durch *Flucht* des Opfers. Ausgehend von der These des Bundesgerichtshofs zu § 226 StGB, daß sich in dem tödlichen Ausgang die dem Grundtatbestand eigentümliche Gefahr niederschlagen müsse, gelangt K. *Schäfer*[60] zu folgender Lösung: Im Hinblick auf § 239 Abs. 3 StGB könne nicht gut bezweifelt werden, daß der Gesetzgeber auch den elementaren Freiheitsdrang und das natürliche Bestreben des Opfers, sich einer entwürdigenden oder gefährlichen Freiheitsberaubung durch Flucht zu entziehen, in Rechnung gestellt haben müsse. Daher begründe auch der Tod beim Fluchtversuch das Qualifikationsmerkmal. Allerdings müsse ein unmittelbarer Zusammenhang zwischen dem Fluchtversuch und dem Tod bestehen. Daran würde es etwa fehlen, wenn das Opfer, nachdem es die Freiheit durch Flucht wieder erlangt hat, in unwegsamem Gelände, des Weges unkundig, abstürzt, oder wenn es sich verirrt und infolge Entkräftigung stirbt.

Noch restriktiver will *Widmann*[61] die Regelung handhaben. Der Wortlaut des § 239 Abs. 3 StGB lasse nämlich erkennen, daß der Gesetzgeber in der Vorschrift einen „eingeschränkten Ursachenrahmen" gebildet habe. Der besondere Grund hierfür liege darin, daß das Opfer, solange ihm die Freiheit entzogen ist, gehindert werde, selbst für seine notwendigen Lebensbedürfnisse zu sorgen. Es sei mithin in erheblichem Maß persönlich gefährdet, was den Gesetzgeber veranlaßt habe, eine sich daraus ergebende schwere Folge für das Opfer dem Täter persönlich anzulasten. Hebe jedoch das Opfer diese besondere Gefährdung auf, indem es flieht, und komme es dabei ums Leben, so sei der Tod nicht mehr Folge der vom Gesetzgeber hervorgehobenen besonderen Gefährdung.

Entsprechende Probleme ergeben sich bei § 239 a Abs. 2 StGB und § 239 b Abs. 2 StGB. Nach einer Ansicht genügt hier Kausalität im Sinne der Äquivalenztheorie zwischen Tat und Tod[62]; daher werde auch die

---

[58] SK, § 239 Rdn. 14, 18.
[59] Vgl. K. *Schäfer*, LK (9. Aufl.), § 239 Rdn. 38; *Schönke / Schröder / Eser*, § 239 Rdn. 15; wohl auch *Schmidhäuser*, BT, 4/30; zweifelnd *Lackner*, § 239 Anm. 5.
[60] LK (9. Aufl.), § 239 Rdn. 41, 42.
[61] MDR 1967, 972 f. mit unzutr. Berufung auf *Oehler* (ZStW 69 [1957], 520), bei dem es allein um die Frage des Versuchs geht.

Todesverursachung durch Selbstmord des Opfers oder als Folge eines Fluchtversuchs von der Qualifikation erfaßt[63]. Ebenso, wenn das Opfer nach wieder erlangter Freiheit an dem Herzleiden sterbe, das durch die Tat hervorgerufen (Schockwirkung) oder verschlimmert worden ist[64]. Der Tod sei aber nicht mehr durch die Tat verursacht in solchen Fällen, in denen das Opfer lediglich während oder nach Begehung der Freiheitsentziehung ohne weiteres Zutun des Täters den Tod erleidet, so zum Beispiel, wenn es bei der Verfolgung des Täters durch Schüsse der Polizei getötet wird oder auf der Flucht vor dem Täter infolge eines Verkehrsunfalls stirbt[65].

Die engere Auffassung will besonders auf den sogenannten „Rechtswidrigkeitszusammenhang" abstellen[66]. Dieser fehle in der Regel, wenn der Tod des Opfers erst durch das Eingreifen eines Dritten (etwa der Polizei) oder das Verhalten des Opfers selbst (waghalsige Flucht) herbeigeführt werde. Aus dem gleichen Grunde scheide eine Strafbarkeit aus, wenn das *entlassene* Opfer sich verirrt oder einen tödlichen Verkehrsunfall erleidet.

4. Raub mit Todesfolge (§ 251 StGB)

Die Vorschrift verlangt in ihrer heutigen Fassung[67] lediglich Todesverursachung durch den Raub, während § 251 StGB a. F. voraussetzte, daß jemand bei dem Raube durch die gegen ihn geübte *Gewalt* zu Tode kam. Außerdem ist nunmehr Leichtfertigkeit erforderlich.

a) Rechtsprechung

Aufgrund des Wortlauts von § 251 StGB a. F. hatte das Reichsgericht[68] keine Bedenken, die Bestimmung auch bei fehlender Vollendung der Wegnahme anzuwenden, wenn die gegen das Opfer verübte Gewalt eingesetzt wurde, um dessen Widerstand gegen die beabsichtigte Wegnahme zu brechen.

Der Bundesgerichtshof hat eine Einschränkung dahingehend vorgenommen, daß unter Gewalt im Sinne des § 251 StGB jedenfalls nur die

---

[62] Vgl. *Schönke / Schröder / Eser*, § 239 a Rdn. 30.
[63] *Schäfer*, LK (9. Aufl.), § 239 a Rdn. 12.
[64] Nach *Müller-Emmert* (MDR 1972, 98) kann es hier aber an der Leichtfertigkeit fehlen. Anders ggf., wenn der Täter von einer schon bestehenden Herzkrankheit des Opfers weiß (vgl. Prot. VI, S. 1574).
[65] Vgl. *Schönke / Schröder / Eser*, § 239 a Rdn. 30.
[66] Vgl. *Horn*, SK, § 239 a Rdn. 28.
[67] Durch Art. 19 Nr. 128 EGStGB vom 2. 3 1974, BGBl. I, 469.
[68] RGSt. 62, 422; 75, 52 (54).

tatbestandliche Gewalt zu verstehen sei. In einer Entscheidung[69] ging es um den Sachverhalt, daß das Opfer nicht nachweisbar an den Folgen der ihm schon durch den Täter beigebrachten oder bei der Abwehr gegen dessen Gewalttätigkeit erlittenen Verletzungen gestorben war, sondern sich die tödlichen Verletzungen möglicherweise bei dem Versuch zugezogen hatte, den fortgelaufenen Räubern nachzueilen oder Hilfe herbeizuholen. Der BGH lehnte eine Verurteilung nach § 251 StGB ab. Diese Vorschrift könne nur angewandt werden auf Folgen gewalttätiger Wegnahmehandlungen, nicht dagegen auf spätere Ereignisse, die ihre Ursache lediglich in dem Gesamtvorgang haben, in dessen Rahmen sich die gewaltsame Wegnahme vollzogen hat[70].

Ebenso hat der BGH[71] in einem Fall der räuberischen Erpressung (§ 255 StGB), bei dem die gleichen Grundsätze gelten, die Anwendbarkeit des § 251 StGB verneint, wenn die Tötung des zu Erpressungszwecken entführten Kindes schon vor Hinterlegung der Erpressungssumme erfolgte. Hier falle die Tötung aus dem Tatbestand der Erpressung heraus, da nicht sie, sondern die Drohung mit der Tötung des Kindes die Eltern zur Herausgabe des Geldbetrages veranlassen sollte.

b) *Literatur*

In der Literatur werden vor allem Problemfälle diskutiert, die mit dem weitgefaßten Wortlaut des § 251 StGB n. F. zusammenhängen. Einigkeit besteht darüber, daß seit der Neufassung auch der Tod des Opfers durch die Drohung unter die Vorschrift fällt, wenn etwa das Opfer vor Schreck stirbt oder sich bei einem Fluchtversuch tödliche Verletzungen zuzieht[72]. Darüber hinaus will die herrschende Meinung nunmehr auch den Tod als Folge der *Wegnahme* für § 251 StGB genügen lassen[73]. Als Beispiele werden dabei genannt: Der Täter nimmt dem

---

[69] BGHSt. 22, 362 mit Anm. *Maurach,* JR 1970, 70. Auch in BGH 4 StR 652/76 vom 10. 2. 1977 wird betont, daß die Herbeiführung des Todes bei § 251 StGB durch eine Handlung verursacht werden müsse, die ein Merkmal des Grunddelikts verwirklicht.

[70] Dagegen bleibt § 222 StGB anwendbar, da hierbei die Todesverursachung durch das Gesamtverhalten des Täters genügt; insoweit geht die Kritik von *Geilen* (Welzel-Festschrift, S. 660) fehl.

[71] BGHSt. 16, 316.

[72] Vgl. *Blei,* JA 1974, 233; *Dreher / Tröndle,* § 251 Rdn. 2; *Schönke / Schröder / Eser,* § 251 Rdn. 4; *Schünemann,* JA 1980, 396; *Wessels,* BT 2, S. 71. In der Rechtsprechung wurde schon unter Geltung des § 251 StGB a. F. durch extensive Auslegung des Gewaltbegriffs die Anwendbarkeit der Vorschrift bejaht, wenn sich bei der Bedrohung des Opfers mit einer Schußwaffe der tödliche Schuß löst (vgl. BGHSt. 23, 126).

[73] Vgl. *Krey,* BT 2, S. 74 f.; *Maurach / Schroeder,* BT 1, S. 333; *Schönke / Schröder / Eser,* § 251 Rdn. 4; *Schünemann,* JA 1980, 396; *Wessels,* BT 2, S. 71; für Ausnahmefälle auch *Geilen,* Jura 1979, 502 (anders noch in JZ 1970, 524

Opfer lebenswichtige Medikamente oder einen Rettungsring weg; der seiner Kleider Beraubte stirbt an einer Lungenentzündung; einem Querschnittgelähmten wird bei winterlichen Temperaturen der Rollstuhl geraubt, so daß er, im Schnee zurückgelassen, erfriert. Schließlich sollen auch Todesfälle in der Beendigungsphase des Raubes erfaßt werden, etwa durch Freischießen des Fluchtweges, Überfahren eines Passanten auf der rasenden Flucht, endlich sogar durch Fehlschüsse der Polizei bei Verfolgung des Täters[74]. Verneint wird allerdings die Anwendbarkeit der Vorschrift, wenn der Tod durch den Abtransport der Beute verursacht wird, beispielsweise durch unsachgemäßes Abseilen der Beute, die einem Passanten auf den Kopf fällt[75].

5. Brandstiftung mit Todesfolge (§ 307 Nr. 1 StGB)

a) Rechtsprechung

In der Judikatur besteht eine — auch die Versuchsproblematik berührende — Kontroverse darüber, wann der Tod des Opfers durch den Brand verursacht worden ist. Das Reichsgericht[76] hatte einen Fall zu entscheiden, in dem das in einer Fabrik beschäftigte Opfer durch brennenden Spiritus ums Leben kam, bevor das Fabrikgebäude selber Feuer gefangen hatte. Nach allgemeiner Ansicht ist aber eine Räumlichkeit erst dann „in Brand gesetzt", wenn sie derart vom Feuer ergriffen ist, daß sie auch nach Entfernung oder Erlöschen des Zündstoffs selbständig weiterbrennen kann[77]. Es stellt sich demnach die Frage, ob schon bei Todesverursachung durch Entzünden des Zündstoffs die Qualifikation zur Anwendung gelangt. Das Reichsgericht lehnte dies unter Berufung auf die Entstehungsgeschichte der Brandstiftungsvorschriften ab. Der Sinn dieser Bestimmungen sei unzweifelhaft der, daß es zwar gleichgültig sei, ob der Tod durch das Feuer selbst unmittelbar oder ob er nur mittelbar, zum Beispiel durch Herabstürzen von Balken, durch das Herabspringen aus dem Fenster, um sich zu retten, veranlaßt sei, daß jedoch insoweit immer ein *unmittelbarer Zusammenhang* mit dem Brande selbst obwalten müsse.

Anm. 41). Gegen die Einbeziehung der Todesfolge durch Wegnahme jedoch *Blei*, JA 1974, 236; *Otto*, BT, S. 199.

[74] Vgl. *Blei*, BT, S. 180; *Geilen*, Jura 1979, 502, 557; *Schönke / Schröder / Eser*, § 251 Rdn. 4.

[75] Vgl. *Blei*, BT, S. 180; *Lackner*, § 251 Anm. 1; *Schönke / Schröder / Eser*, § 251 Rdn. 4.

[76] RGSt. 40, 321 (zu § 309); abw. vertritt noch RG JW 1903, 355 die Ansicht, es könne nicht darauf ankommen, in welchem einzelnen Entwicklungsstadium des Brandes der Tod herbeigeführt worden sei.

[77] Vgl. BGHSt. 7, 37; 16, 109; 18, 363; RGSt. 64, 273; 71, 193; *Schönke / Schröder / Cramer*, § 306 Rdn. 9 mit weit. Nachw.

IV. Die in Rechtsprechung und Literatur behandelten Fälle

Zum entgegengesetzten Ergebnis kam jedoch der Bundesgerichtshof[78]. In dem betreffenden Fall hatte der Täter brennendes Benzin in ein offenes Zimmer gegossen und das Opfer getroffen, das an den Brandwunden starb. Nach Ansicht des BGH ist § 307 Nr. 1 StGB auch dann anzuwenden, wenn ein Mensch beim Inbrandsetzen, aber vor dessen Vollendung, vom brennenden Zündstoff in für den Tod ursächlicher Weise verletzt werde, ohne vom „Brand" erfaßt zu werden. Komme die Brandstiftung nicht zur Vollendung, so könne wegen Versuchs des § 307 StGB verurteilt werden.

Eine Einschränkung machte der BGH allerdings in einer späteren Entscheidung[79]. Dort war durch Explosion des Zündstoffs ein Wohnhaus eingestürzt, bevor Gebäudeteile zu brennen anfingen. Der BGH läßt hier dahinstehen, ob eine Versuchsbestrafung gemäß § 307 Nr. 1 StGB überhaupt zulässig ist. Eine solche komme jedenfalls dann nicht in Betracht, wenn der Versuch der Brandstiftung fehlschlägt und der Tod eines Menschen anschließend durch andere, mit dem Brande weder unmittelbar noch mittelbar zusammenhängende Umstände herbeigeführt wird.

Eine andere Restriktion ergibt sich schon aus dem unterschiedlichen Wortlaut der Vorschrift des § 307 Nr. 1 StGB im Vergleich zur fahrlässigen Brandstiftung mit Todesfolge nach § 309, 2. Alt. StGB. Erstere Bestimmung verlangt, daß der Tod dadurch verursacht wurde, daß sich das Opfer „zur Zeit der Tat" in einer der in Brand gesetzten Räumlichkeiten befand. Hierdurch wird der Fall ausgeschieden, daß das Opfer durch Rückkehr in das bereits verlassene Gebäude zu Tode kommt[80]. Demgegenüber konnte das Reichsgericht[81] § 309 StGB in einem Sachverhalt bejahen, in dem sich das Opfer schon aus dem brennenden Schuppen gerettet hatte, dann aber dorthin zurückkehrte, um ein Paar Stiefel herauszuholen, und auf diesem Wege erstickte.

b) Literatur

Im Schrifttum wird die Ansicht des BGH, der Tod könne auch schon durch den brennenden Zündstoff verursacht worden sein, überwiegend abgelehnt, da sich hier nicht die *Brandgefahr* verwirklicht habe[82]. Einigkeit besteht hingegen darüber, daß der Tod nicht nur durch Verbrennen,

---

[78] BGHSt. 7, 37.
[79] BGHSt. 20, 230.
[80] Siehe schon Schwurgerichtshof Kottbus (GA 1854, 130) zu § 285 Preuß. StGB, der diese Einschränkung nicht enthielt.
[81] RGSt. 5, 202.
[82] Vgl. *Jescheck*, AT, S. 425; *Arthur Kaufmann*, Schuldprinzip, S. 242; *Maurach / Zipf*, AT 1, S. 256; *Maurach / Schroeder*, BT 2, S. 16; *Niese*, JZ 1957, 665; *Oehler*, ZStW 69 (1957), 520; *Widmann*, Versuch, S. 53 ff.; zust. jedoch *Dreher / Tröndle*, § 307 Rdn. 3; *Schönke / Schröder / Cramer*, § 307 Rdn. 5; *Wolff*, LK, § 307 Rdn. 3.

sondern ebenfalls durch Herabstürzen eines Balkens, Begrabenwerden unter den Trümmern oder Ersticken eintreten kann[83]. Auch bei Todesherbeiführung durch den Rettungssprung des Opfers aus dem Fenster[84] oder unvorsichtige Maßnahmen der Feuerwehr[85] hält man durchweg den § 307 Nr. 1 StGB für verwirklicht. Heftig umstritten ist aber, ob auch der Tod aufgrund Erschreckens über das Feuer genügt[86]; *Olshausen*[87], der jeden — auch nur mittelbaren — Kausalzusammenhang berücksichtigen will, bejaht hier sogar die Strafbarkeit, wenn eine Schwangere infolge des Schrecks zu früh niederkommt und davon stirbt.

Nicht anwendbar ist § 307 Nr. 1 StGB jedoch beim Tod eines Mitglieds der Löschmannschaften im Zuge der Rettungsarbeiten; insoweit wird durch das Erfordernis, daß sich das Opfer zur Tatzeit in einer der in Brand gesetzten Räumlichkeiten befunden haben muß, die Problematik der spezifischen Verknüpfung zwischen Handlung und Erfolg teilweise bereits tatbestandlich aufgefangen[88]. Überdies will *Schaper*[89], der einen unmittelbaren ursächlichen Zusammenhang verlangt, folgende Todesfälle ausschließen: Überfahren durch Spritzenwagen, Ertrinken beim Wasserholen zum Löschen, Hinabstürzen in Mühlenfließe, in Gräben bei der Flucht sowie Einbrechen im Eise mit geretteten Sachen. Schließlich wird die Anwendbarkeit der Vorschrift abgelehnt im Falle des Erschlagenwerdens bei der anschließenden Plünderung[90].

6. Sonstige Vorschriften

Die übrigen erfolgsqualifizierten Delikte haben in Rechtsprechung und Schrifttum geringere Bedeutung erlangt. Für die *Aussetzung* mit schwerer Folge (§ 221 Abs. 3 StGB) wird unter Verweis auf die vergleichbare Problematik bei § 226 StGB ein spezifischer gefahrtypischer Zusammen-

---

[83] Vgl. *Frank*, § 307 Anm. I 1; *Kohlrausch / Lange*, § 307 Anm. III; *Maurach / Schroeder*, BT 2, S. 16; *Olshausen*, § 307 Anm. 4; *Wolff*, LK, § 307 Rdn. 3.

[84] *Frank*, § 307 Anm. I 1; *Maurach / Schroeder*, BT 2, S. 16; *Olshausen*, § 307 Anm. 4; *Schmidhäuser*, BT, 15/12; *Schönke / Schröder / Cramer*, § 307 Rdn. 5; *Welzel*, LB, S. 454; *Wolff*, LK, § 307 Rdn. 3.

[85] *Horn*, SK, § 307 Rdn. 3; *Schönke / Schröder / Cramer*, § 307 Rdn. 5.

[86] Bejahend: *Horn*, SK, § 307 Rdn. 3; *Maurach*, BT, S. 528; *Schönke / Schröder / Cramer*, § 307 Rdn. 5; *Welzel*, LB, S. 454; *Wolff*, LK, § 307 Rdn. 3; verneinend: *Frank*, § 307 Anm. I 1; *Kohlrausch / Lange*, § 307 Anm. III; *Schaper*, Holtz. HandB III, S. 885; *Ulsenheimer*, GA 1966, 268. Nach *Maurach / Schroeder* (BT 2, S. 16) fehlt es in der Regel an der Erkennbarkeit eines derartigen Kausalverlaufs.

[87] StGB, § 307 Anm. 4.

[88] Vgl. *Horn*, SK, § 307 Rdn. 4; ferner *Dreher / Tröndle*, § 307 Rdn. 3; *Lackner*, § 307 Anm. 2 a.

[89] Holtz. HandB III, S. 885.

[90] *Kohlrausch / Lange*, § 307 Anm. 3.

hang zwischen Grunddelikt und weitergehendem Erfolg verlangt[91]. Bei der qualifizierten *Vergiftung* läßt sich eine Einengung des Ursachenrahmens aus der Forderung herleiten, die schwere Folge müsse auf der Wirkung des beigebrachten Giftes (als solchem) *beruhen*[92]. Zu einer entsprechenden Begrenzung gelangt auch *Jakobs*[93] auf der Grundlage seiner Lehre von der „modellhaften Erfolgsverwirklichung": Für den Todeserfolg müsse gerade die erfahrungsgemäße Tödlichkeit des Giftes relevant sein. Eine Strafbarkeit entfalle daher, wenn der Vergiftete im Krankenhaus durch Blitzschlag umkommt oder sich das Opfer an der Giftpille verschluckt und daran erstickt.

Beim *Angriff auf den Luftverkehr* (§ 316 c Abs. 2 StGB) wird als typische Folge der Tat angesehen, daß ein älterer Passagier infolge der Bedrohung mit einem Revolver oder der Aufregung über die erzwungene Kursänderung zu Tode kommt[94]. Fraglich erscheine aber, ob die Kausalkette nicht unterbrochen sei, wenn bei der Entführung eines Flugzeugs nach Kuba ein Passagier, der sehr unangenehme Erinnerungen an dieses Land hat, einen Herzschlag erleidet. Dagegen sei leichtfertige Verursachung zu bejahen in dem Fall, daß sich ein Passagier bei einem Looping, den ein bedrohter Pilot dreht, das Genick bricht, weil er nicht angeschnallt ist[95]. Ausgehend von der Adäquanztheorie verneint *Maurach*[96] die Ursächlichkeit, wenn der Täter völlig ungeeignete Mittel einsetzt, der Todeserfolg gleichwohl eintritt. Als Beispiel nennt er Schreckschüsse mittels einer Kinderpistole, die Infarkt und Herztod eines Fluggastes zur Folge haben.

Erwähnt seien schließlich die übrigen gemeingefährlichen Straftaten, die eine Qualifizierung vorsehen. Ein Teil davon verlangt leichtfertige Todesverursachung, und zwar die Tatbestände der Explosion durch Kernenergie (§ 310 b Abs. 3 StGB), des Herbeiführens einer Sprengstoffexplosion (§ 311 Abs. 3 StGB) und des Mißbrauchs ionisierender Strahlen (§ 311 a Abs. 3 StGB). Die älteren Bestimmungen lassen Fahrlässigkeit im Sinne des § 18 StGB genügen; es sind Herbeiführung einer Überschwemmung (§ 312 StGB), Beschädigung wichtiger Anlagen (§ 318 Abs. 2 StGB) sowie gemeingefährliche Vergiftung (§ 319 StGB).

---

[91] Vgl. *Jähnke*, LK, § 221 Rdn. 25; ferner *Horn*, SK, § 221 Rdn. 18 (zur Frage des Versuchs).

[92] Vgl. *Hirsch*, LK, § 229 Rdn. 23; *Schönke / Schröder / Stree*, § 229 Rdn. 13; eingehend jetzt *Lüdeking-Kupzok*, Versuch, S. 133 ff.

[93] Studien, S. 93 ff.

[94] Vgl. *Dreher / Tröndle*, § 316 c Rdn. 13; *Kunath*, JZ 1972, 201; Prot. VI, S. 1170 f.

[95] Vgl. zu den vorg. Beispielen Prot. VI, S. 1167.

[96] Heinitz-Festschrift, S. 414.

7. Zweikampf (§ 206 StGB a. F.)

Abschließend soll noch auf den — im Jahre 1969 aufgehobenen[97] — Zweikampftatbestand hingewiesen werden, weil hier das Reichsgericht, auch mit terminologischen Anklängen an das Unmittelbarkeitsprinzip[98], zu einer Einschränkung des Ursachenrahmens durch restriktive Auslegung des Gesetzeswortlauts gelangt ist. Nach § 206 StGB a. F. wurde schärfend zu § 205 StGB a. F. bestraft, wer seinen Gegner im Zweikampf tötet. In einem Fall hatte sich das Opfer während einer Mensur bei dem Versuch, die ineinander verfangenen Klingen freizubekommen, tödlich verletzt. Das Reichsgericht[99] war der Auffassung, die Worte „im Zweikampf" könnten nur den Sinn „durch eine zur Ausführung des Zweikampfes vorgenommene Kampfhandlung" besitzen. Hiernach habe das Opfer die tödliche Verletzung zwar bei Gelegenheit des Zweikampfes, nicht aber *im* Zweikampf erlitten.

Einer weiteren Entscheidung lag der Sachverhalt zugrunde, daß die an sich unbedeutende Mensurwunde mit großer Wahrscheinlichkeit glatt verheilt wäre, wenn nicht das Opfer wiederholt mit ungewaschenen Händen in die Wunde gegriffen und dadurch den Heilverlauf schwer gestört hätte. Das freisprechende Urteil[100] stützt sich auf die These, daß der Gesetzgeber den Erfolg im Auge hatte, der aus der Zweikampfwunde für sich hervorgeht und nicht erst durch das Eingreifen eines fahrlässig oder vorsätzlich Handelnden mit herbeigeführt wird. A. *Schaefer*[101] hat diese Entscheidungen dahingehend kommentiert, die Rechtsprechung „presse" — um ungerechte Auswirkungen der v. Burischen Kausalitätstheorie abzubiegen — den Wortlaut des Gesetzes so, daß der Tod die unmittelbare Folge (!) eines Kampfaktes sein müsse.

---

[97] Durch das 1. StrRG vom 25. 6. 1969, BGBl. I, 645.
[98] So *Geilen*, Welzel-Festschrift, S. 671.
[99] RGSt. 63, 6.
[100] RGSt. 64, 143; schon das Schöffengericht hatte eine „Unterbrechung des Ursachenzusammenhanges" angenommen.
[101] LK (8. Aufl.), § 206 Anm. I 1.

V. Der unmittelbare Zusammenhang unter dem Blickwinkel allgemeiner Kausalitäts- und Zurechnungslehren

Nachdem der Meinungsstand im Hinblick auf den konkreten Einzelfall aufgezeigt wurde, ist nunmehr der theoretische Charakter des geforderten Zusammenhangs zu untersuchen. Die Verbindung zwischen Handlung und Erfolg wird im Strafrecht durch die Kategorie der Kausalität hergestellt, wobei neuerdings vielfach diese Verknüpfung in Gestalt der Lehre von der objektiven Zurechnung vorgenommen wird. Es fragt sich demnach, wie das Merkmal der Unmittelbarkeit in diesen Rahmen einzuordnen ist. Der BGH[1] hat im Rötzel-Fall von einer „engeren Beziehung", als sie ein Ursachenzusammenhang nach der Äquivalenztheorie voraussetzt, gesprochen und diese Art von Beziehung aus dem Sinn und Zweck des § 226 StGB geschlossen. Wenn er dadurch Folgen ausnehmen will, die erst durch das Eingreifen eines Dritten oder das Verhalten des Opfers selbst herbeigeführt werden, dann handelt es sich um Konstellationen, die herkömmlich unter dem Stichwort „Regreßverbot" diskutiert werden. So ist denn auch die Unmittelbarkeitsforderung des BGH in der Literatur als eine das Regreßverbot wiederbelebende These[2] und als neue Art von Regreßverbot[3] bezeichnet worden. Es soll daher im folgenden untersucht werden, ob sich eine Lösung der Problematik aus allgemeinen strafrechtlichen Grundsätzen herleiten läßt.

1. Äquivalenztheorie und Regreßverbot

Ungeachtet vielfältiger Angriffe[4] bildet die Äquivalenztheorie, die von der Gleichwertigkeit aller Bedingungen ausgeht, in ständiger Rechtsprechung[5] und herrschender Lehre[6] die Grundlage strafrechtlicher Er-

---

[1] NJW 1971, 152.

[2] *Horn*, SK, § 226 Rdn. 8.

[3] *Geilen*, Welzel-Festschrift, S. 656.

[4] Vgl. etwa *Birkmeyer*, Ursachenbegriff, S. 13 („dialektische Selbsttäuschung"); *G. Müller*, GS 50 (1895), 254 („logischer Salto mortale"); *Hardwig*, Zurechnung, S. 75 („Scheitern des Kausaldogmas"); *Jakobs*, ZStW 89 (1977), 6 („Vehikel der Zurechnung ohne Eigenwert").

[5] Von RGSt. 1, 373 bis 77, 17; fortsetzend BGHSt. 1, 332; 2, 20 (24); 7, 112 (114); 24, 31 (34).

[6] Grundlegend *v. Buri*, Causalität, S. 1 ff.; *v. Liszt / Schmidt* I, S. 161 ff.; vgl. heute *Baumann*, AT, S. 224 ff.; *Dreher / Tröndle*, Vor § 1 Rdn. 17; *Heimann-Trosien*, LK (9. Aufl.), Einl., Rdn. 91; außerdem die in Anm. 7 Genannten.

folgszurechnung. Teilweise wird sie heute in Gestalt der von *Engisch*[7] entwickelten Formel der gesetzmäßigen Bedingung vertreten. Danach ist ein Verhalten ursächlich für einen Erfolg, wenn sich an dieses Verhalten zeitlich nachfolgende Veränderungen in der Außenwelt angeschlossen haben, die mit der Handlung gesetzmäßig verbunden waren und sich als tatbestandsmäßiger Erfolg darstellen. Wegen ihrer uferlosen Weite wird der Äquivalenztheorie allerdings heute nur noch geringe praktische Bedeutung beigemessen; so bezeichnet *Welzel*[8] sie als „heuristische Formel", mit der nur die elementarste Voraussetzung und äußerste Grenze strafrechtlicher Haftung ermittelt werde. Die Kritiker der Bedingungstheorie weisen vor allem darauf hin, daß mit deren Hilfe lediglich etwas festgestellt werde, was ohnehin bekannt sei; man müsse nämlich zuvor schon die Kausalität kennen, um sagen zu können, ob ohne ein bestimmtes Verhalten der Erfolg entfiele[9].

Eine Einschränkung der Äquivalenztheorie hat vor allem *Frank*[10] mit seiner berühmten Lehre vom Regreßverbot versucht. Nach ihm sind nicht ursächlich die „Vorbedingungen" einer solchen Ursache, die von einem Dritten frei und bewußt auf die Herbeiführung des Erfolges gerichtet wird. So sei beispielsweise der Jäger, der sein geladenes Gewehr unvorsichtigerweise in eine Wirtschaft mitgenommen habe, nicht haftbar, wenn es ein anderer benutzt, um schuldhaft und vorsätzlich jemanden zu töten. Ebensowenig könne der Notzüchter nach § 178 StGB bestraft werden, wenn sich die Frauensperson aus Verzweiflung über die Schande das Leben nimmt. Dogmatisch fußt die Lehre vom Regreßverbot letztlich auf dem restriktiven Täterbegriff[11]. Danach ist Täter im Sinne des Gesetzes, wer die tatbestandsmäßige Handlung selbst vornimmt; die Strafbarkeit anderer ergibt sich darüber hinaus nur kraft ausdrücklicher gesetzlicher Anordnung, namentlich also für Anstifter und Gehilfen, woraus folge, daß fahrlässig handelnde „Teilnehmer" straflos gestellt sind.

---

[7] Kausalität, S. 21; ihm folgend *Burgstaller*, Fahrlässigkeitsdelikt, S. 92 ff.; *Jescheck*, AT, S. 227; *Rudolphi*, SK, Vor § 1 Rdn. 41; *Schönke / Schröder / Lenckner*, Vor § 13 Rdn. 76; *Schünemann*, JA 1975, 580.

[8] LB, S. 43, 45; ähnl. *Maurach / Zipf*, AT 1, S. 266 f.; *Rudolphi*, SK, Vor § 1 Rdn. 40.

[9] Vgl. nur *Arthur Kaufmann*, Eb.-Schmidt-Festschrift, S. 210; *Schmidhäuser*, AT, 8/58; *Stratenwerth*, AT I, Rdn. 219; *Walder*, SchwZStR 93 (1977), 137 f.; *E. A. Wolff*, Kausalität, S. 13 f. *Maiwald* (Kausalität, S. 5 mit weit. Nachw.) bezeichnet diese Erkenntnis sogar als „Allgemeingut" des strafrechtlichen Schrifttums.

[10] StGB, § 1 Anm. III 2 a.

[11] Vgl. *v. Liszt / Schmidt* I, S. 166, die deshalb das Problem in die Lehre von Täterschaft und Teilnahme verweisen. Allg. zu den Täterbegriffen *Gallas*, Beiträge, S. 78 ff.

In Rechtsprechung[12] und Literatur[13] wird die Annahme eines Regreßverbots durchweg als unvereinbar mit dem Wesen der Äquivalenzthorie abgelehnt. Man weist darauf hin, daß durch das Handeln des dazwischentretenden Dritten der Kausalzusammenhang nicht unterbrochen, sondern gerade erst vermittelt werde. Anerkannt wird allein ein „Abbruch" des Ursachenzusammenhangs, wenn die auf einen bestimmten Erfolg gerichtete Handlung des Täters nicht bis zum Eintritt dieses Erfolges fortwirkt, weil ein späteres Ereignis die Fortwirkung beseitigt und unabhängig von der Ersthandlung unter Eröffnung einer neuen Ursachenreihe den Erfolg herbeiführt[14]. Nicht zu verkennen ist allerdings in neuerer Zeit eine gewisse Renaissance des Regreßverbotsgedankens im Gewande der Theorie von der objektiven Zurechnung[15] (als Unterbrechung des Haftungs- oder Zurechnungszusammenhanges) sowie der Normzwecklehre[16], worauf sogleich noch zurückzukommen ist.

2. Adäquanz- und Relevanztheorie

Eine Begrenzung des als zu weit empfundenen Ursachenrahmens unternimmt die Adäquanztheorie. Sie will als Ursache für einen Erfolg nur solche Bedingungen ansehen, die nach der Lebenserfahrung generell geeignet sind, einen solchen Erfolg herbeizuführen[17]. Durch diese Korrektur soll eine möglichst frühzeitige Ausscheidung nicht strafrechtserheblicher Vorgänge aus dem Anwendungsbereich des Strafrechts erreicht werden. Für die Vertreter der Adäquanztheorie lassen sich Fälle des Regreßverbots systemimmanent lösen: Der Kausalzusammenhang

---

[12] Vgl. RGSt. 1, 373; 6, 249; 22, 173; 61, 318; 64, 316 u. 370; BGHSt. 4, 360; BGH VRS 56, 141; unklar BGH NJW 1966, 1823 mit abl. Anm. *Hertel*, NJW 1966, 2418.

[13] Exempl. *Jescheck*, LK, Vor § 13 Rdn. 53; *Rudolphi*, SK, Vor § 1 Rdn. 49; *Schmidhäuser*, AT, 8/73; *Schönke / Schröder / Lenckner*, Vor § 13 Rdn. 78 f.; *Welzel*, LB, S. 44; vgl. auch *Jakobs*, ZStW 89 (1977), 5 ff. Verteidigt wird das Regreßverbot hingegen von *Naucke*, ZStW 76 (1964), 409 ff.

[14] Vgl. RGSt. 69, 44; OGHSt. 2, 286 u. 352; BGHSt. 4, 360; BGH GA 1960, 111; OLG Braunschweig SJZ 1949, 130; OLG Stuttgart JZ 1980, 618; *Jescheck*, LK, Vor § 13 Rdn. 54; *Schönke / Schröder / Lenckner*, Vor § 13 Rdn. 80.

[15] Vgl. *Larenz*, NJW 1955, 1012; *H. Mayer*, AT, S. 138; *Lampe*, ZStW 71 (1959), 614 f.; *Naucke*, ZStW 76 (1964), 424 ff.; *Welp*, Handlungsäquivalenz, S. 299 ff.

[16] *Baumann*, AT, S. 229 Anm. 19; *Jakobs*, ZStW 89 (1977), 15 („verkapptes Regreßverbot"); *Roxin*, Honig-Festschrift, S. 144 Anm. 28. Vgl. auch *Schünemann*, JA 1975, 718, der die Regreßverbotsfälle durch eine „Analyse der konkreten Norm" entscheiden will.

[17] Grundlegend *v. Bar*, Lehre, S. 4 ff.; *v. Kries*, VJSchr. f. wiss. Phil. 12 (1888), 200 ff.; in neuerer Zeit vertreten von *Maurach*, AT, S. 203 ff.; GA 1960, 97 ff.; *Bockelmann*, AT, S. 66 ff.; für die Fahrlässigkeitsdelikte auch *Maurach / Gössel / Zipf*, AT 2, S. 68; *Welzel*, LB, S. 46.

2. Adäquanz- und Relevanztheorie

wird „unterbrochen" durch ein außergewöhnliches, regelwidriges, also inadäquates Ereignis, so daß es von vornherein an einem strafrechtlich zu berücksichtigenden Kausalzusammenhang fehlt[18]. Wenn sich auch die Adäquanztheorie als Kausallehre im Strafrecht nicht hat durchsetzen können, so findet doch der ihr zugrunde liegende Gedanke weiterhin Beachtung. In wachsendem Maße versteht man die Adäquanztheorie als „Zurechnungslehre", die den naturalistischen Äquivalenzzusammenhang durch normative Kriterien einschränkt[19].

Um eine wertende Betrachtungsweise geht es auch bei der von *Mezger*[20] begründeten Relevanztheorie, die die Lösung in der teleologischen Interpretation des objektiven Unrechtstatbestandes sucht: Auch wenn feststehe, daß die Handlung für den Erfolg kausal ist, könne der Handelnde nur dann bestraft werden, wenn der Zusammenhang relevant, das heißt rechtlich erheblich ist. Die Antwort auf die Frage nach dieser Relevanz müsse gefunden werden in den strafrechtlichen Tatbeständen selbst und ihrer sinngemäßen Auslegung. Aus der kausalen Gleichwertigkeit aller Glieder einer Ursachenreihe folge eben noch nicht ihre juristische Wertgleichheit. Gerade in den erfolgsqualifizierten Delikten sieht Mezger im übrigen eine Bestätigung seines Ausgangspunktes. Bei ihnen müsse ein im Rahmen der eigentümlichen Begünstigung von Erfolgen der schwereren Art gelegener Zusammenhang gefordert werden. Neuerdings zieht Mezgers Schüler *Blei*[21] die Entscheidung des BGH im „Rötzel-Fall" als Beleg für die These der Relevanztheorie heran, daß die Frage nach der notwendigen Beschaffenheit des tatbestandsmäßigen Geschehensablaufs mit den allgemeinen Auslegungsargumenten zu beantworten sei.

Gegen die vorgenannten Theorien wird im wesentlichen die Unbestimmtheit und Zufälligkeit ihrer Ergebnisse geltend gemacht[22]. Die Adäquanztheorie habe zudem nach Einführung des § 56 StGB (a. F.) ihre

---

[18] Vgl. *v. Bar*, Lehre, S. 65; *v. Rohland*, Kausallehre, S. 54; *Traeger*, Kausalbegriff, S. 179; *Wiechowski*, Str.Abh. 55, S. 30, 47.

[19] Vgl. *Larenz*, Zurechnungslehre, S. 84; *Honig*, Frank-Festgabe I, S. 182; *H. Mayer*, AT, S. 137; *Krauß*, ZStW 76 (1964), 43 Anm. 107; *Roxin*, Honig-Festschrift, S. 136; *Wolter*, GA 1977, 257; *Jescheck*, AT, S. 229; *Wessels*, AT, S. 46; abw. nehmen *Maurach / Zipf* (AT 1, S. 262) einen „Haftungsausschluß schon auf dem Gebiet des Ursächlichen" an.

[20] Strafrecht, S. 122 ff.; zust. *Blei*, AT, S. 80 ff.; *Wessels*, AT, S. 44; für die erfolgsqualifizierten Delikte auch *Nagel*, Delikt, S. 80 f. Das Grundanliegen der Relevanztheorie ist bereits deutlich bei *Beling* (Grundzüge, S. 36 f.) anzutreffen: Das strafrechtliche Problem sei überhaupt nicht das „Kausalitäts"-Problem als solches, sondern die Erfassung des Inhalts der einzelnen gesetzlichen Tatbestände, einer eigenartigen „tatbestandlichen Kausalität".

[21] AT, S. 82.

[22] Vgl. *Baumann*, AT, S. 235 ff.; *Dreher / Tröndle*, Vor § 1 Rdn. 16; *Rudolphi*, SK, Vor § 1 Rdn. 54 ff.; *Schönke / Schröder / Lenckner*, Vor § 1 Rdn. 91 ff.

Berechtigung im Strafrecht weitgehend verloren; auf der anderen Seite sei sie aber auch zu eng, um ihre Funktion als Prinzip der Haftungsbegrenzung in allen Fällen erfüllen zu können. Der Relevanztheorie wird ferner vorgeworfen, ihr fehle es an sachlichen Kriterien, nach denen bei den betreffenden Fallgruppen die Haftungsfrage zu beurteilen sei[23]. Allerdings werden heute die Ansätze der Adäquanz- und Relevanztheorie von der Dogmatik wieder aufgegriffen und in die Lehre von der objektiven Zurechnung integriert.

3. Objektive Zurechnungslehren

Ein Großteil der neueren Literatur versucht die problematischen Fallgestaltungen unabhängig von den verschiedenen Kausalitätstheorien unter dem Gesichtspunkt der normativen Erfolgszurechnung zu lösen[24]. Hinter diesem Begriff verbirgt sich indes eine Vielzahl uneinheitlicher Kriterien, die *Wessels*[25] folgendermaßen zusammenfaßt: „Die Lehre von den Voraussetzungen der objektiven Zurechnung begrenzt die strafrechtliche Haftung bei regelwidrigen Kausalverläufen und atypischen Schadensfolgen schon im Bereich des objektiven Unrechtstatbestandes. Sie sucht dort die Grenze zu bestimmen, an der aufgrund des Schutzzwecks der Norm und unter dem Blickwinkel der objektiven Vorhersehbarkeit und Vermeidbarkeit des tatbestandlichen Erfolges, der Beherrschbarkeit des Kausalgeschehens und der Verwirklichung des vom Täter geschaffenen oder gesteigerten Risikos eines Schadenseintritts die Zurechenbarkeit endet." Als einschlägig für die gegebene Problematik werden auch die erfolgsqualifizierten Delikte angesehen; bei ihnen müsse ein objektiver *Zurechnungszusammenhang* zwischen dem Erfolg des Grunddelikts und der schweren Folge bestehen[26].

Da die Diskussion stark im Fluß ist, kann von einer konsensfähigen Grundlage noch nicht gesprochen werden. Bei dem Versuch, die angeführten Gesichtspunkte zu systematisieren, lassen sich aber in etwa drei relativ eigenständige Varianten der normativen Lehren unterscheiden[27].

---

[23] Vgl. *Jescheck*, AT, S. 230.

[24] Vgl. *Jescheck*, AT, S. 230 ff.; *Maurach / Zipf*, AT 1, S. 266 ff.; *Otto*, AT, S. 73 ff.; *Rudolphi*, SK, Vor § 1 Rdn. 57 ff.; *Schmidhäuser*, AT, 8/47 ff.; *Schönke / Schröder / Lenckner*, Vor § 13 Rdn. 95 ff.; *Wessels*, AT, S. 47 ff.; zusammenfassend *Ebert*, Jura 1979, 591 ff.; früher schon *Larenz*, Zurechnung (1927), S. 60 ff.; *Honig*, Frank-Festgabe I (1930), S. 174 ff. Beachtlich der Hinweis von *Triffterer* (Bockelmann-Festschrift, S. 202), daß sich die zunehmende Anerkennung der Lehre von der objektiven Zurechnung parallel mit der wachsenden Anerkennung eines personalen Handlungsunrechts entwickelt habe.

[25] AT, S. 48.

[26] *Ebert*, Jura 1979, 562; vgl. auch *Jescheck*, AT, S. 232; ders., LK, Vor § 13 Rdn. 64; *Schaffstein*, Honig-Festschrift, S. 169 f.

3. Objektive Zurechnungslehren

a) Die Zusammenhangstheorien

Sie verlangen beim fahrlässigen Delikt einen Pflichtwidrigkeits-, Risiko- oder Rechtswidrigkeitszusammenhang zwischen Handlung und Erfolg[28]. Anders ausgedrückt bedeutet dies, daß sich im Erfolg gerade die besondere tatbestandliche Pflichtverletzung realisiert. Der naturalistische Kausalzusammenhang wird also normativ[29] dadurch eingeschränkt, daß eine Verursachung im Sinne der conditio-sine-qua-non nicht ausreicht, sondern der Verletzungseintritt auf der Sorgfaltswidrigkeit „beruhen" muß[30]. Der Täter ist demnach freizusprechen, wenn der Erfolg auch bei pflichtgemäßem Verhalten eingetreten wäre.

Gegen diese Lehren ist die Frage ins Feld geführt worden, welcher Art denn dieser (zweite Zusammenhang sein solle. Ein Kausalnexus komme nicht in Betracht, da etwas so Abstraktes und Irreales wie die „Pflichtverletzung", die „Verkehrswidrigkeit" oder dergleichen nicht kausal werden könne[31]. Demgegenüber hat *Seebald*[32] klargestellt, sicherlich könnten solche abstrakten Rechtsbegriffe nichts verursachen, wohl aber das reale konkrete Verhalten, das (und soweit es) eine objektive Pflichtwidrigkeit darstellt. Einen weiteren Streitpunkt bildet der zu fordernde Grad der Wahrscheinlichkeit, wenn die tatsächlichen Feststellungen keinen eindeutigen Schluß darüber zulassen, ob der Erfolg bei pflichtgemäßem Alternativverhalten mit Sicherheit ausgeblieben wäre[33]. An dieser Frage setzt die Risikoerhöhungstheorie an, die sich inzwischen zu einer eigenständigen Lehre entwickelt hat.

---

[27] Siehe auch die Einteilung in vier Stufen der Erfolgszurechnung bei *Schünemann*, JA 1975, 578 f. Ihrem sachlichen Gehalt nach weisen die genannten Theorien allerdings weithin Übereinstimmung auf; nach *Burgstaller* (Fahrlässigkeitsdelikt, S. 77) ist die Lehre vom Rechtswidrigkeitszusammenhang mit der These vom Schutzzweck der Norm sogar „schlechthin identisch".

[28] Vgl. *Burgstaller*, Fahrlässigkeitsdelikt, S. 96 ff.; *Eser*, StudK I, Nr. 6 A 5 ff.; *Hanau*, Kausalität, S. 23 ff.; *Hirsch*, LK, § 230 Rdn. 7; *Jescheck*, AT, S. 473 f.; *Samson*, SK, Anh. zu § 16 Rdn. 25 f.; *Schönke / Schröder / Cramer*, § 15 Rdn. 160 ff.; *Schroeder*, LK, § 16 Rdn. 188; *Schünemann*, JA 1975, 582 ff., 647 ff.; *Welzel*, Verkehrsdelikte, S. 21; krit. dazu *Kahrs*, Vermeidbarkeitsprinzip, S. 221 ff.; *Roxin*, ZStW 74 (1962), 419 ff.; *Ulsenheimer*, Verhältnis, S. 106 ff.

[29] *Eser* und *Jescheck* (siehe Anm. 28) weisen ausdrücklich darauf hin, daß es um ein Problem der objektiven Zurechnung gehe; auch *Burgstaller*, *Cramer* und *Samson* (a. a. O.) betonen die Normativität dieser Frage.

[30] Weniger klar formuliert BGHSt. 11, 1 (7) die Fragestellung dahingehend, „ob die Bedingung nach rechtlichen Bewertungsmaßstäben für den Erfolg bedeutsam war"; siehe ferner BGHSt. 21, 59; 24, 31; BGH NJW 1982, 292.

[31] Vgl. *Exner*, Frank-Festgabe I, S. 583 f.; *Arthur Kaufmann*, Eb.-Schmidt-Festschrift, S. 219 f.; *Ulsenheimer*, Verhältnis, S. 107.

[32] GA 1969, 205; vgl. auch *Welzel*, LB, S. 136.

[33] Zum Streitstand siehe *Schönke / Schröder / Cramer*, § 15 Rdn. 170 ff. Die h. M. verlangt dabei eine an Gewißheit grenzende Wahrscheinlichkeit, vgl. *Hirsch*, LK, § 230 Rdn. 7 mit weit. Nachw.

b) Das Prinzip der Risikoerhöhung

Nach der von *Roxin*[34] begründeten Theorie der Risikoerhöhung ist zu prüfen, ob bei der konkreten Sachgestaltung die Chance des Erfolgseintritts durch das unkorrekte Täterverhalten gegenüber dem erlaubten Risiko erhöht worden ist. In diesem Fall liege eine tatbestandserfüllende Pflichtverletzung vor und es sei eine Bestrafung wegen fahrlässiger Tat geboten, selbst dann, wenn möglicherweise der Erfolg auch bei fehlerfreiem Verhalten eingetreten wäre. Fehle hingegen eine Risikosteigerung, so könne dem Handelnden der Erfolg nicht zur Last gelegt werden, und er müsse insoweit freigesprochen werden. Dem Risikoerhöhungsprinzip wird neuerdings von *Otto*[35] die Funktion zugeschrieben, die überkommenen Kausallehren vollends zu ersetzen.

Von ihren Kritikern wird der Risikoerhöhungstheorie vor allem vorgeworfen, sie verwandle Verletzungs- in Gefährdungsdelikte und verstoße überdies gegen den Grundsatz in dubio pro reo[36]. Zum einen verkenne sie das Wesen der fahrlässigen Erfolgsdelikte, denen Verletzungs- und nicht Gefährdungsverbote zugrunde lägen. Es gehe also nicht um die Frage der Risikoerhöhung, sondern der Risikoverwirklichung. Zum anderen wirke sich diese Theorie in den Fällen contra reum aus, in denen nicht feststehe, ob auch das pflichtgemäße Alternativverhalten eine ebensolche Gefahr mit sich gebracht hätte. Die „Kausalität der Pflichtwidrigkeit" (*Hanau*) müsse aber dem Täter nach allgemeinen strafprozessualen Grundsätzen konkret nachgewiesen werden.

c) Die Lehre vom Schutzzweck der Norm

Die Normzwecklehre stammt ursprünglich aus dem Zivilrecht, wo sie die Adäquanztheorie, die vielfach als unzureichend für die Beschränkung der Haftung angesehen wird, ergänzen oder gar ersetzen soll[37]. Da-

---

[34] ZStW 74 (1962), 430 ff.; ZStW 78 (1966), 217 ff.; zust. *Burgstaller*, Fahrlässigkeitsdelikt, S. 139 ff.; *Otto*, NJW 1980, 417 ff.; *Rudolphi*, SK, Vor § 1 Rdn. 66 ff.; *Schaffstein*, Honig-Festschrift, S. 171; *Stratenwerth*, AT, Rdn. 224 f.; *ders.*, Gallas-Festschrift, S. 227 ff.; *Walder*, SchwZStR 93 (1977), 161 ff.; für das fahrl. Delikt auch *Jescheck*, AT, S. 443, 469; *Lackner*, § 15 Anm. III 1 a bb; einschr. *Schünemann*, JA 1975, 649 ff.

[35] NJW 1980, 417, 423.

[36] Abl. daher *Baumann*, AT, S. 284; *Ebert*, Jura 1979, 352 f.; *Fincke*, Arzneimittelprüfung, S. 42 ff.; *Hirsch*, LK, § 230 Rdn. 7; *Jakobs*, Studien, S. 96 Anm. 185; *ders.*, Teheran-Beiheft, S. 29; *Samson*, Kausalverläufe, S. 151 ff.; *ders.*, SK, Anh. zu § 16 Rdn. 27 a; *Schroeder*, LK, § 16 Rdn. 190; *Ulsenheimer*, Verhältnis, S. 134 ff.; *ders.*, JZ 1969, 366 f.; krit. auch *Krümpelmann*, Bockelmann-Festschrift, S. 462 ff. In der Rechtsprechung bezieht ausdrücklich das OLG Koblenz (OLGSt. 2, S. 67 zu § 222 StGB) gegen die Risikoerhöhungslehre Stellung.

[37] Aus der umfangreichen Literatur vgl. exempl. *Esser / Schmidt*, SchuldR I 2, S. 184 ff.; *Grunsky*, Münch.Komm., Vor § 249 Rdn. 42 ff.; *Huber*, JZ 1969,

bei geht es um die Frage, ob die jeweilige Haftungsnorm die Aufgabe hat, gerade den eingetretenen Schaden zu verhindern. Auch im Strafrecht gewinnt diese Lehre zunehmend an Boden[38]. Sie will einen Erfolg dem Täter nur dann zurechnen, wenn die verletzte Sorgfaltspflicht zumindest auch den Sinn hat, Erfolge dieser Art zu vermeiden. Ansonsten habe sich nicht die vom Täter geschaffene, rechtlich mißbilligte, sondern eine andere Gefahr verwirklicht. Praktisch werde dies vor allem, wenn das pflichtgemäße Verhalten (nur) eine zeitliche oder räumliche Verschiebung bewirkt hätte, durch die für das verletzte Rechtsgut eine völlig andere Situation entstanden wäre[39]. In diesen Fällen tritt also, mit anderen Worten, die Rechtsgutsverletzung nur *gelegentlich* der Pflichtwidrigkeit ein.

Gegen die Normzwecklehre wird eingewandt, es fehle häufig an jedem gesetzlichen Anhaltspunkt, anhand dessen dieser Schutzzweck festgestellt werden könnte[40]. Vom Schutzbereich der Norm her zu argumentieren sei allenfalls dort möglich, wo die Norm ein spezifisches Risiko erfaßt, etwa im Verkehrsstrafrecht. Wenn diese Eingrenzung nicht gegeben sei, so führe der Gedanke des Normzwecks nicht weiter. Dies werde offensichtlich, wenn die gleichen Fälle unterschiedlich entschieden würden, obwohl man vom selben Normzweck her argumentiere[41].

4. Stellungnahme

Es kann nicht Aufgabe der vorliegenden Untersuchung sein, die dargestellten Theorien einer grundsätzlichen und abschließenden Würdigung zu unterziehen. Vielmehr soll nur geprüft werden, ob sie neben

---

677; *H. Lange*, JZ 1976, 198; *Palandt / Heinrichs*, BGB, Vor § 249 Anm. 5 c. Auch die Rechtsprechung hat sich nach anfänglicher Skepsis (siehe BGHZ 26, 217, 224) der Normzwecklehre angeschlossen, vgl. die Nachweise bei *H. Lange*, JZ 1976, 198 Anm. 3, 4; zuletzt OLG Karlsruhe, Die Justiz 1981, 14.

[38] Vgl. *Rudolphi*, JuS 1969, 549 ff.; *Roxin*, Gallas-Festschrift, S. 241 ff.; *Schünemann*, JA 1975, 715 ff.; *Samson*, SK, Anh. zu § 16 Rdn. 28; *Schönke / Schröder / Lenckner*, Vor § 13 Rdn. 101 f.; *Schönke / Schröder / Cramer*, § 15 Rdn. 173 ff.; siehe auch *Gimbernat Ordeig*, ZStW 80 (1968), 923; ferner *Ulsenheimer*, JZ 1969, 364 ff., der trotz seiner Distanzierung an anderer Stelle (Verhältnis, S. 127 f.) der Sache nach eine Normzwecklehre vertritt. In der Rspr. neuerdings OLG Köln VRS 59, 422 (424); OLG Hamm MDR 1980, 1036.

[39] *Schönke / Schröder / Cramer*, S. 15 Rdn. 165.

[40] Vgl. *Otto*, Maurach-Festschrift, S. 98 Anm. 28; *ders.*, NJW 1980, 419; *Ulsenheimer*, Verhältnis, S. 127; im Zivilrecht *Larenz*, SchuldR I, S. 368 f. Auch *Burgstaller* (Fahrlässigkeitsdelikt, S. 108) konstatiert trotz grundsätzlicher Bejahung der Normzwecklehre einen „beträchtlichen Unsicherheitsfaktor".

[41] Vgl. *Otto*, Maurach-Festschrift, S. 98 Anm. 28 unter Hinweis auf die kontroversen Ergebnisse bei *Rudolphi* (JuS 1969, 556 f.) einerseits und *Roxin* (Honig-Festschrift, S. 140 ff.) andererseits.

dem bereits herausgearbeiteten Aspekt der tatbestandsspezifischen Gefahr[42] einen weiterführenden Lösungsweg für die problematischen Fälle bieten.

Als unergiebig erweist sich zunächst der Gedanke des Regreßverbotes, da der Kausalzusammenhang in Wahrheit nicht unterbrochen, sondern psychisch vermittelt wird, indem der „Zweittäter" an die Handlung des Erstverursachers anknüpft. Es ist im übrigen sinnwidrig, von einer „Unterbrechung" des Kausalzusammenhangs zu sprechen, denn es gibt nur die Alternative, daß ein solcher entweder besteht oder nicht besteht[43]. Insbesondere bei den Fällen des Opferverhaltens (Flucht, Todessprung) läßt sich ein Konnex im Sinne der conditio-sine-qua-non-Formel nicht leugnen, da ohne das vorherige Täterverhalten diese Reaktion nicht eingetreten wäre. Anderenfalls hätte dort auch keine Verurteilung wegen fahrlässiger Tötung erfolgen können.

Bei den sich ähnelnden Überlegungen der Relevanztheorie und der Lehre vom Schutzzweck der Norm handelt es sich der Sache nach lediglich um eine sinngemäße Auslegung des jeweiligen Straftatbestandes. Dies wird auch von *Blei*[44] für die Relevanztheorie sowie von *Frisch*[45] bezüglich der Normzwecklehre ausdrücklich zugestanden. Überhaupt läuft, nach Ansicht von *Baumann*[46], die neue „Zurechnungslehre" im Ergebnis auf eine bessere teleologische Interpretation der Tatbestände hinaus. Im Hinblick auf die zivilrechtliche Doktrin vom Schutzbereich der Norm betont ferner *Münzberg*[47], es gehe letztlich um nichts anderes als eine vernünftige und zweckgerechte Auslegung von Haftungs- und Strafbestimmungen, die methodisch als „teleologische Reduktion bzw. Restriktion" bezeichnet werden könne. Demgegenüber greift auch der Einwand nicht durch, es sei unmöglich, den Inhalt einer Rechtsnorm zweifelsfrei zu ermitteln[48]. Dieses Bedenken mag für die allgemeinen Fahrlässigkeitsdelikte gelten, weil dort beliebige Handlungsweisen zum Erfolg führen können. Bei den erfolgsqualifizierten Delikten hingegen ist ein umrissener, auslegungsfähiger Grundtatbestand vorhanden.

---

[42] Dazu oben S. 32.

[43] So ausdrücklich *H. Mayer*, AT, S. 138 (der diese Erkenntnis als „Binsenwahrheit" bezeichnet); *M. E. Mayer*, Causalzusammenhang, S. 94 (ein unterbrochener Kausalzusammenhang sei ein „hölzernes Eisen"); *Pomp*, Str. Abh. 134, S. 65; *Schmidhäuser*, AT, 8/73.

[44] AT, S. 82.

[45] GA 1972, 335.

[46] AT, S. 213 Anm. 62.

[47] Verhalten, S. 125 Anm. 248; ferner S. 137.

[48] Diesen Einwand erhebt insbes. *Ulsenheimer*, Verhältnis, S. 117, 127; ähnl. *Jescheck*, AT, S. 230 (zur Relevanztheorie); *Otto*, Maurach-Festschrift, S. 98 Anm. 28 (zum Schutzzweck der Norm).

4. Stellungnahme

Ebenso keinen zusätzlichen Gewinn bringt der Gedanke eines Adäquanz- oder Risikozusammenhanges, denn dabei geht es um die für jede fahrlässige Erfolgsherbeiführung zu berücksichtigende Gefahrrealisierung. Da dieser Zusammenhang bereits durch § 18 StGB gewährleistet ist, muß es sich beim Unmittelbarkeitsgrundsatz um „etwas Engeres" als das auf der Fahrlässigkeitsebene Gemeinte handeln[49]. Sofern im Rahmen der Adäquanztheorie die Vorhersehbarkeit des Erfolgs verlangt wird, entspricht dieses Merkmal der objektiven Fahrlässigkeit, findet also ebenfalls schon durch § 18 StGB Beachtung[50]. Gänzlich ungeeignet ist schließlich das Prinzip der Risikoerhöhung, da die Begehung eines vorsätzlichen Grunddelikts in jedem Fall ein unerlaubtes Risiko darstellt, das im Vergleich zum erlaubten Verhalten die Chance des Erfolgseintritts erhöht. Dies folgt zwingend aus der anerkannten Voraussetzung, daß sich die tatbestandsspezifische (gefahrenträchtige) Begehungsweise in dem Erfolg realisieren muß. Das „verbotene Risiko" bei den erfolgsqualifizierten Delikten liegt also gerade in der Vornahme des Grunddelikts, ohne die der Eintritt der schweren Folge schon begrifflich nicht denkbar ist, so daß ein Vergleich mit dem erlaubten Risiko (Nichtvornahme des Grunddelikts!) ins Leere geht.

Demnach führen die vorgenannten Kausalitäts- und Zurechnungslehren nicht weiter, da einerseits die Ursächlichkeit des Täterverhaltens nicht geleugnet werden kann, zum anderen die normative Betrachtungsweise entweder nur den Blick auf die bereits vom BGH hervorgehobene Bedeutung der tatbestandlichen Ausgestaltung[51] lenkt oder aber die Eigenart der erfolgsqualifizierten Delikte außer acht läßt. Als nächstes stellt sich somit die Aufgabe, die speziell zu diesen Delikten angebotenen Lösungsvorschläge einer Betrachtung zu unterziehen. Dabei ist allerdings zu beachten, daß diese Lösungen vor allem anhand der Vorschrift des § 226 StGB entwickelt worden sind, so daß sie möglicherweise nicht durchweg für die gesamte Gruppe der erfolgsqualifizierten Delikte anwendbar erscheinen werden.

---

[49] Darauf weist mit Recht bereits *Geilen* (Welzel-Festschrift, S. 657, 675) hin.
[50] Bedenklich hingegen die Ansicht von BGHSt. 24, 213, wonach bei den erfolgsqualifizierten Delikten das alleinige Kriterium der Fahrlässigkeit die subjektive Voraussehbarkeit des Erfolges sei; abl. auch *Hirsch*, GA 1972, 73 Anm. 44 a; *Rudolphi*, SK, § 18 Rdn. 3; bestätigend jedoch BGH NStZ 1982, 27.
[51] Vgl. BGH NJW 1971, 152 (153); zust. *Lackner*, § 18 Anm. 4.

VI. Besondere Lösungsvorschläge zu den erfolgsqualifizierten Delikten

1. Abweichung des Kausalverlaufs

In seiner ablehnenden Anmerkung zum „Rötzel-Fall" hat *Schröder*[1] die Ansicht vertreten, die richtige Lösung müsse mit Hilfe der Regeln gefunden werden, die für den Vorsatz bei Abweichung vom vorgestellten Kausalverlauf gelten. Wesentlich sei allein, ob der eingetretene Tod, als bloße Körperverletzung gedacht, sich noch als vom Täter vorsätzlich herbeigeführte Körperverletzung darstelle, ob also eine wesentliche oder unwesentliche Abweichung des Kausalverlaufs vorliege. In den streitigen Fällen könne die Antwort sicherlich nur im Sinne einer unwesentlichen Abwandlung lauten. Wer auf das Bein schießt, aber das Herz trifft, erfülle demnach die Voraussetzungen des § 226 StGB; ebenso derjenige, der den Tod des Opfers dadurch verursache, daß dieses dem Schlag ausweicht und dabei stürzt.

Demgegenüber stellt sich jedoch die Frage, inwieweit das von Schröder vorgeschlagene Kriterium neben dem nach § 18 StGB ohnehin erforderlichen Fahrlässigkeitsmerkmal noch eigenständige Bedeutung zu erlangen vermag. Denn Schröder muß selbst zugestehen, daß sich die Maßstäbe der Fahrlässigkeit und die für die wesentliche oder unwesentliche Abweichung des Kausalverlaufs „weitgehend entsprechen", so daß in einem solchen Fall ein fahrlässiges Handeln gegeben sei[2]. Umgekehrt ist dann zu folgern, daß bei Fahrlässigkeit auch immer eine nur unwesentliche Abweichung vorliegt. Damit läßt sich aber keine Einschränkung des Anwendungsbereichs der erfolgsqualifizierten Delikte erreichen, und es wird zudem die Grenze zwischen Vorsatz und Fahrlässigkeit verwischt: Der Täter, der fahrlässig eine zum Tode führende Durchgangskörperverletzung verursacht, müßte nach dieser Lösung aus § 226 StGB bestraft werden!

Infolgedessen erhebt sich die Frage, ob der Vorschlag Schröders mit den allgemein für die Kausalabweichung geltenden Grundsätzen in Einklang zu bringen ist. Nach ganz herrschender Ansicht sind solche Abweichungen von dem vorgestellten Kausalverlauf unbeachtlich, die sich im Rahmen des nach der Lebenserfahrung Voraussehbaren halten und kei-

---

[1] JR 1971, 206; zust. *Blei*, BT, S. 50; *Maurach / Schroeder*, BT 1, S. 105.
[2] *Schröder*, JR 1971, 208.

ne andere Bewertung der Tat rechtfertigen[3]. Bei einem auf Körperverletzung gerichteten Vorsatz kann indes nicht davon ausgegangen werden, daß der Vorsatz sämtliche Folgen mitumfaßt; vielmehr ist zu berücksichtigen, welche Grenzen der Täter selbst durch die Art der Tatausführung, insbesondere durch Auswahl und konkrete Anwendung des Tatmittels abgesteckt hat[4]. Dies sei am schon erwähnten „Pistolenfall" verdeutlicht: Will jemand eine Pistole zum Schlagen einsetzen und löst sich dabei unbeabsichtigt ein Schuß, so besteht zwischen der Schlag- und der Schußwirkung eine zu große Verletzungsdifferenz, um diesen Erfolg noch als vorsätzlich gewollten zu werten. Denn der Täter zeigt gerade durch den — vom „Normalgebrauch" abweichenden — Einsatz der Schußwaffe als Schlagwerkzeug, daß eine Schußverletzung nicht seinem Willen entspricht. Demgegenüber führt die Konstruktion von Schröder zu einer Art abstrakt-generellen Vorsatzes unter Außerachtlassung der konkreten Ausführungsweise im Einzelfall. Insofern überdehnt er den Vorsatzbegriff, so daß seiner Auffassung nicht gefolgt werden kann[5].

2. Ausschaltung außertatbestandlicher Gefährdungsmomente

Geilen[6] gelangt im Rahmen einer eingehenden Analyse der Rechtsprechung zu folgendem Ergebnis: Deren Formel von der dem Grundtatbestand eigentümlichen spezifischen Gefahrverwirklichung bedeute letztlich, daß eine Isolierung auf die Tatbestandsmerkmale des Grunddelikts vorgenommen und die Gefahrentwicklung unter Ausschaltung außertatbestandlicher Gefährdungsmomente beurteilt werden müsse. Deshalb wäre die letzte Konsequenz aus der Rötzel-Entscheidung, den § 226 StGB als praktisch wichtigsten Fall auf die Fälle einer unmittelbaren Verletzungs-„Letalität" zu beschränken[7]. Weiterhin müßte bei-

---

[3] Vgl. RGSt. 70, 257; BGHSt. 7, 325; 10, 312; 14, 193; 23, 133; BGH GA 1955, 123; *Baumann*, AT, S. 405; *Jescheck*, AT, S. 250; *Maurach / Zipf*, AT 1, S. 346; *Rudolphi*, SK, § 16 Rdn. 31; *Schönke / Schröder / Cramer*, § 15 Rdn. 55; *Welzel*, LB, S. 73.

[4] Vgl. OLG Düsseldorf (Z) NJW 1977, 587; *Schönke / Schröder / Cramer*, § 15 Rdn. 55. Zu diesem Ergebnis müßte auch die in der Begründung abweichende Auffassung von *Schroeder* (LK, § 16 Rdn. 29) gelangen, der auf die Tauglichkeit des ins Auge gefaßten Angriffsmittels abstellt: Eine als Schlagwerkzeug eingesetzte Schußwaffe besitzt bei dieser Anwendungsart grundsätzlich nicht die Eignung, den Todeserfolg herbeizuführen, ist also insoweit „untauglich".

[5] Ebenso *Hirsch*, LK, § 224 Rdn. 5; *Geilen*, Welzel-Festschrift, S. 682; *Horn*, SK, § 226 Rdn. 9; krit. auch *Gössel*, Lange-Festschrift, S. 233 Anm. 67; *Herzberg*, ZStW 85 (1973), 871. Früher hat schon *Stree* (GA 1960, 291) Einwände gegen eine solche Lösung erhoben. Vgl. außerdem *R. Schmitt*, JZ 1962, 393 zur Frage der wesentlichen Abweichung bei einem im Tötungsvorsatz enthaltenen Körperverletzungsvorsatz.

[6] Welzel-Festschrift, S. 655, 681 f.

[7] Zust. *Hirsch*, LK, § 226 Rdn. 4.

spielsweise der beim Notzuchtversuch versehentlich losgegangene tödliche Schuß als erfolgsqualifizierend behandelt werden, jedoch nicht mehr — weil durch außertatbestandliche Gefährdungsfaktoren vermittelt — die tödlich endende Flucht auf dem Eisenbahngleis. Dieses Endergebnis bestehe zwar in einer gewissen Formalisierung, auf einem anderen Wege lasse sich aber eine wirklich einheitliche Lösung nicht erzielen. Letztlich gehe es auch darum, durch eine möglichst enge Tatbestandsbindung des Kausalverlaufs die Affinität zwischen Qualifikationserfolg und Vorsatz zu verstärken.

Den Überlegungen Geilens ist insoweit zuzustimmen, als er den Blick besonders auf die tatbestandsspezifischen Gefahrenmomente lenkt. Denn nur von daher kann entschieden werden, wann sich das Risiko der Begehung des Grunddelikts in der schweren Folge realisiert. Andererseits fehlt es aber an begründeten Kriterien, wann dies im Einzelfall zu bejahen ist. Namentlich daß der Verletzungserfolg auf der dem Grundtatbestand eigentümlichen Gefahr, unter Ausklammerung externer Geschehnisse — Eingreifen eines Dritten oder Verhalten des Opfers —, beruhen müsse, hat schon der Bundesgerichtshof selbst im „Rötzel-Fall" ausgesprochen. Ungeklärt bleibt hingegen weiterhin, worauf dieser Unmittelbarkeitsgedanke in concreto zurückzuführen ist. Anders ausgedrückt: Erforderlich ist nicht eine negative Ausklammerung, sondern die positive Feststellung der jeweiligen tatbestandlichen Gefahrenelemente.

3. Kenntnis der Risikofaktoren

Ausgehend von den Überlegungen Schröders und Geilens kommt *Horn*[8] zu folgendem Vorschlag: Die neueren Tendenzen gingen offenbar dahin, die Strafbarkeit wegen eines erfolgsqualifizierten Delikts von einem Verletzungsvorsatz abhängig zu machen, der „zur Qualifikationsfolge in etwa paßt". Dieser Vorsatz entfalle immer schon dann, wenn der Täter bei Vornahme der Körperverletzungshandlung diejenigen Umstände nicht kennt, die die Grundlage für das auf den Todeseintritt bezogene, objektive Sorgfaltswidrigkeitsurteil bilden. An einer entsprechenden Kenntnis werde es häufig fehlen in den Fällen, in denen erst durch das Eingreifen Dritter oder auch durch ein besonderes Verhalten des Verletzten die letzte Ursache zum Todeseintritt gesetzt wurde. Kenne jedoch der Täter bei Begehung der Körperverletzung die wesentlichen Umstände, auf denen das Urteil „sorgfaltswidrig hinsichtlich des Lebens des Opfers" beruhe, so sei immer auch § 226 StGB anzunehmen.

---

[8] SK, § 226 Rdn. 11; ähnlich *Lüdeking-Kupzok*, Versuch, S. 93 ff. Für einen „Ausbau" des § 223 a im Hinblick auf die lebensgefährliche Behandlung de lege ferenda auch *Jescheck*, Ndschr. II, S. 247; *R. Lange*, Ndschr. II, S. 256.

§ 226 StGB beschreibe danach die gleiche Handlung wie § 223 a StGB in der Alternative der lebensgefährlichen Behandlung; der Unterschied bestehe lediglich darin, daß sich die mit dieser Handlung verbundene Gefahr dort nicht, hier aber tatsächlich in einem Todeserfolg realisiert habe.

Gegen die Konzeption Horns spricht allerdings schon, daß nach geltendem Recht für § 226 StGB die Verwirklichung des Grundtatbestandes gemäß § 223 StGB ausreicht; ein Fall des § 223 a StGB, noch dazu in einer bestimmten Begehungsform, braucht nicht vorzuliegen[9]. Darüber hinaus übersieht er, daß sich das Gesetz im Falle fahrlässiger Erfolgsherbeiführung mit dem bloßen Erkennen*können* auch der Risikofaktoren zufriedengibt[10]. Für die erfolgsqualifizierten Delikte kann insofern nichts anderes gelten; ihre Besonderheit muß vielmehr mit Hilfe objektiver Gesichtspunkte Rechnung getragen werden. Schließlich begibt sich Horn mit seiner Auffassung in die bedenkliche Nähe einer Präsumtion, die an die umstrittene Konstruktion des dolus indirectus erinnert: *Horn*[11] will nämlich durch § 226 StGB diejenigen Fälle auffangen, in denen der Beweis für den Tötungsvorsatz zwar nicht geführt werden kann, der Rückgang auf fahrlässige Tötung sich aber deshalb verbiete, weil der Täter Tatsachenkenntnisse aufweise, die „normalerweise" bereits die Annahme eines (bedingten) Tötungsvorsatzes tragen würden.

Nach alledem bietet also die Ansicht Horns kein tragfähiges Lösungskonzept für § 226 StGB, erst recht nicht für die übrigen erfolgsqualifizierten Delikte.

4. Grunddeliktsadäquates und zwangsläufiges Todesrisiko

In jüngster Zeit hat *Wolter*[12] versucht, die vorliegende Problematik mit Hilfe kumulativ anzuwendender Kriterien zu bewältigen. Zunächst verlangt er eine grunddeliktsadäquate Handlung des Täters. Diese erforderliche Grunddeliktsadäquanz könne man nur bejahen, wenn der

---

[9] Allgemeine Auffassung; vgl. *Blei*, BT, S. 49; *Dreher / Tröndle*, § 226 Rdn. 1; *Hirsch*, LK, § 226 Rdn. 1; *Maurach / Schroeder*, BT 1, S. 150; *Schönke / Schröder / Stree*, § 226 Rdn. 1. Daran ändert auch nichts die Tatsache, daß in der Praxis dem § 226 „regelmäßig" eine das Leben gefährdende Behandlung zugrunde liegen dürfte (dies nimmt jedenfalls der BGH [Strafverteidiger 1981, 179] an). Andererseits kann das Vorgehen mit lebensbedrohender Gewalt ein Indiz dafür sein, daß der Täter die Gefahr einer Tötung seines Opfers erkannte und den Erfolg billigend in Kauf nahm, also mit Tötungsvorsatz handelte (BGH 2 StR 407/79 vom 31. 10. 1979).

[10] Zutr. *Wolter*, JuS 1981, 171. Allg. zur Erkennbarkeit bei fahrlässigem Handeln siehe *Schroeder*, LK, § 16 Rdn. 138.

[11] SK, § 226 Rdn. 11 a. E.

[12] JuS 1981, 168, 176 f.

78   VI. Lösungsvorschläge zu den erfolgsqualifizierten Delikten

Durchschnittsbetrachter die Ungefährlichkeit gerade der Grundhandlung für die Todesfolge zweifelsfrei ausschließe. Hinzu kommen müsse aber, daß das geschaffene Risiko spezifisch gefährlich, besonders naheliegend und erheblich ist. Diese Frage sei alternativ zu beantworten: Das Todesrisiko ist spezifisch gefährlich entweder dann, wenn es nach objektivem Urteil mit an Sicherheit grenzender Wahrscheinlichkeit, nachgerade notwendig und zwangsläufig zum Qualifikationserfolg führt, oder dann, wenn die möglicherweise nur schlicht adäquate Todesgefahr für den Täter unbeherrschbar und die Qualifikationsfolge deshalb besonders naheliegend geworden ist. Demnach habe etwa in folgenden Sachverhalten zu gelten: Betätigt der Täter im Pistolenfall beim Schlag mit der Pistole fahrlässig den Abzug, dann bleibe ihm nicht die geringste Rücktrittschance; das Todesrisiko ist unbeherrschbar geworden, dem Täter gleichsam aus der Hand geglitten und ihm somit zuzurechnen. Im Rötzel-Fall müsse man zwar den tödlichen Absturz auf das Konto der brutalen vorsätzlichen Körperverletzung buchen, die Erfolgsqualifikation scheitere jedoch an der fehlenden Zwangsläufigkeit und Unbeherrschbarkeit des Todesrisikos.

Dem Gedanken der von Wolter so bezeichneten „Grunddeliktsadäquanz" ist vom Ansatz her beizupflichten, weil sich hierin die Frage nach dem tatbestandsspezifischen Risiko des betreffenden erfolgsqualifizierten Delikts widerspiegelt. Jedoch wird dieser zutreffende Ausgangspunkt nicht konsequent weiterverfolgt. Nur beiläufig erwähnt *Wolter*[13] die entscheidende Überlegung, daß nämlich diese Grunddeliktsadäquanz nur durch Auslegung des jeweiligen Straftatbestandes abschließend geklärt werden kann. Die weiter angeführten Kriterien erscheinen allzu kasuistisch, um damit eine grundsätzliche Lösung zu ermöglichen. Auch in den Einzelergebnissen kann Wolter nicht gefolgt werden: Im Pistolenfall übersieht er, daß gerade die vorsätzliche Schlagverletzung nicht zum Tode geführt hat, während die tödliche Schußverletzung nicht vom Vorsatz umfaßt ist. Beim Rötzel-Fall hingegen stellt sich schon vor der Untersuchung der Unbeherrschbarkeit des Todesrisikos die Frage, ob die Flucht mit tödlichem Ausgang auf der Gefährlichkeit der (begangenen) Körperverletzung *als solcher* beruht. Letztlich bieten also auch die Ausführungen Wolters keine abschließende Problemlösung.

5. Objektive Gefährlichkeit

Nach ganz überwiegender Ansicht liegt die Besonderheit der erfolgsqualifizierten Delikte in der objektiven Gefahrenträchtigkeit der vor-

---
[13] JuS 1981, 176 Anm. 135 unter Berufung auf *Rudolphi* (SK, § 18 Rdn. 7), der allerdings dort zur Frage des Versuchs Stellung nimmt.

5. Objektive Gefährlichkeit

sätzlichen Grundhandlung[14]. Da diese die generelle Tendenz besitze, den schweren Erfolg herbeizuführen, müsse sich in ihm auch die spezifische Gefährlichkeit der Tat realisieren. Das Herbeiführen der Folge bedeute also, in einer treffenden Formulierung von *Boldt*[15], „die Aktualisierung der in dem vorsätzlichen Grunddelikt typisch vorhandenen potentiellen Gefährdung".

Zutreffend ist der Ausgangspunkt der herrschenden Meinung: Da sich Erfolgsqualifizierungen nicht bei allen Straftaten finden, muß den erfolgsqualifizierten Delikten ein bestimmtes Prinzip zugrunde liegen. Eine Betrachtung der betreffenden Tatbestände zeigt auch, daß es durchweg um Gewaltakte gegen eine Person oder die Auslösung von Gemeingefahren geht. Solche Handlungen tragen nach allgemeiner Erfahrung die Gefahr gewisser Weiterungen in sich. Dieser Grundgedanke wird nur dann gewahrt, wenn auch im konkreten Einzelfall der tatbestandsspezifische Konnex[16] gegeben ist. Die Probleme setzen aber bei der Frage ein, wann es sich denn jeweils um die Realisierung der *typischen* Gefahr handelt. Die Ursache für die kontroversen Ergebnisse im Einzelfall ist darin zu sehen, daß die These von der spezifischen Gefährlichkeit des Grunddelikts nicht konsequent verfolgt wird. Wenn es nämlich um die besondere *tatbestandliche* Gefahrenträchtigkeit geht, dann muß durch *Auslegung* herausgefunden werden, welche Tatbestandselemente das Risiko des Eintritts der schweren Folge in sich bergen. Dieser Ansatz ist also für die eigene Lösung aufzugreifen und folgerichtig weiterzuentwickeln.

---

[14] Vgl. *Boldt*, ZStW 55 (1936), 50; *Cohn*, StrAbh. 112, S. 85; *Engisch*, Kausalität, S. 70; *Frisch*, GA 1972, 332; *Gössel*, Lange-Festschrift, S. 232; *Gosch*, Teilnahme, S. 22 ff.; *Hänle*, Teilnahme, S. 52; *R. Hassemer*, JuS 1980, 417; *Hirsch*, ZStW 83 (1971), 161; GA 1972, 71; *Hruschka*, GA 1967, 42; *Jakobs*, Teheran-Beiheft, S. 37; *Jescheck*, AT, S. 209, 463; *Arthur Kaufmann*, Schuldprinzip, S. 243; *Koffka*, Ndschr. V, S. 50; *Krey / Schneider*, NJW 1970, 641; *Küper*, NJW 1976, 546; *Lackner*, § 18 Anm. 1; *Lang-Hinrichsen*, GA 1957, 7; *Maurach / Zipf*, AT 1, S. 259, 496; *M. L. Müller*, Kausalzusammenhang, S. 61 ff.; *Müller-Dietz*, Grenzen, S. 14 ff.; *Oehler*, ZStW 69 (1957), 513 f.; *Otto*, AT, S. 180; *Rudolphi*, SK, § 18 Rdn. 1; *Schmidhäuser*, AT, 10/122 Anm. 82; *Seebald*, Täterschaft, S. 22; *Stree*, GA 1960, 292; *Ulsenheimer*, GA 1966, 266 f.; Bockelmann-Festschrift, S. 413. Kritisch zum Gefährdungsgedanken jedoch *Schubarth*, ZStW 85 (1973), 766 ff.; *Widmann*, Versuch, S. 37 ff., 48 f.; *Lorenzen*, Rechtsnatur, S. 40 ff.

[15] ZStW 68 (1956), 356.

[16] Treffend *Küper*, NJW 1976, 546.

VII. Grundlegung der eigenen Auffassung: Die Unmittelbarkeit als Tatbestandsproblem

Die bisherigen Überlegungen haben gezeigt, daß es sich bei der Frage des unmittelbaren Zusammenhangs weder um ein Kausalitäts- noch um ein Fahrlässigkeitsproblem (im Sinne des dort geforderten Rechtswidrigkeitszusammenhanges) handelt. Die durch das Unmittelbarkeitsprinzip angesprochene „engere Beziehung" zwischen Grunddelikt und schwerer Folge muß vielmehr auf der Tatbestandsebene hergestellt werden. Dies ergibt sich als Konsequenz der tatbestandlichen Ausgestaltung der dem qualifizierenden Erfolg zugrunde liegenden Pflichtwidrigkeit. Die deliktstypische Gefahr ist demnach durch Interpretation zu ermitteln, als deren Basis vorab die anerkannten Auslegungsmethoden auf ihren Stellenwert für die vorliegende Thematik untersucht werden sollen.

1. Grammatikalische Auslegung

Als erstes Mittel der Auslegung kommt der Wortlaut in Betracht, dessen Bedeutung besonders darin gesehen wird, daß er die äußerste Grenze einer möglichen Auslegung darstellt[1]. Im Hinblick auf die erfolgsqualifizierten Delikte wird seine Aussagekraft in der Literatur allerdings unterschiedlich beurteilt. So vertritt einerseits *Lüdeking-Kupzok*[2] die These von der grundsätzlichen Unbeachtlichkeit des Wortlautes. Dessen Wahl durch den Gesetzgeber erscheine oftmals als eher willkürlich und nicht so sehr als das äußerlich sichtbare Ergebnis einer wohl durchdachten Entscheidung. Auf der anderen Seite hat *Deubner*[3] in der Pistolenfall-Entscheidung des Bundesgerichtshofs sogar einen Verstoß gegen Art. 103 GG gesehen, weil die Vorschrift des § 226 StGB vom Tod des „Verletzten" spreche. Jedenfalls bietet der Wortlaut — was im einzelnen noch aufzuzeigen sein wird — zum Teil wichtige Anhaltspunkte. Zuzugeben ist allerdings, daß er dann nicht weiterhilft, wenn das Gesetz, wie zum Beispiel in § 178 Abs. 3 StGB, nur allgemein von der „Tat" spricht. Hier erlangen Sinn und Zweck des Gesetzes besondere Bedeutung, für deren Erforschung die Entstehungsgeschichte und der Zusam-

---
[1] Vgl. BGHSt. 10, 157 (160); *Jescheck*, AT, S. 126; *Schönke / Schröder / Eser*, § 1 Rdn. 40 a; *Tröndle*, LK, § 1 Rdn. 43; *Zippelius*, Methodenlehre, S. 57 f.
[2] Versuch, S. 23 ff.
[3] NJW 1960, 1068.

menhang der Vorschriften unter sich und mit anderen Bestimmungen zu beachten sind[4].

2. Historische Entwicklung

„Jedes Gesetz ist das Ergebnis eines geschichtlichen Werdeprozesses und bleibt mit diesem, solange es besteht, organisch verbunden[5]." So gibt die Entstehungsgeschichte von Gesetzesvorschriften oftmals Auskunft hinsichtlich der Normvorstellungen des Gesetzgebers. Dabei ist über die aus den Gesetzesmaterialien zu erschließende Entstehung von Bestimmungen hinaus auf die geschichtliche Entwicklung der betreffenden Rechtsmaterie zurückzugreifen[6]. Auch die Rechtsprechung hat oftmals der historischen Auslegungsmethode erhebliches Gewicht beigemessen, wenn aus ihr — vor allem wenn *nur* aus ihr — Wesentliches für die Interpretation zu entnehmen war und keine Änderungen in den tatsächlichen Verhältnissen zu einem Abrücken von den ursprünglichen Grundgedanken Anlaß gaben[7].

Gerade die erfolgsqualifizierten Delikte beruhen auf einer oben dargestellten[8] langen Normentradition, die bei ihrer Auslegung nicht unberücksichtigt bleiben kann. Vergleicht man ihre Entwicklung nach der für das heutige Recht maßgeblichen Kodifizierung im Preußischen StGB, so ist folgende Parallelität zu konstatieren: Das (echte) erfolgsqualifizierte Delikt hat in seinem Werdegang noch einmal die gleichen historischen Stufen wie zuvor durchlaufen. Es begann mit der reinen Erfolgshaftung für unerlaubtes Verhalten (entsprechend dem versari in re illicita), setzte sich fort mit der von der herrschenden Meinung befürworteten Anwendung der Adäquanztheorie (dolus indirectus) und endete mit der Einführung des Fahrlässigkeitserfordernisses (culpa dolo determinata). Würde man nun letztere Einschränkung für abschließend und ausreichend halten, so bestünden die betreffenden Delikte lediglich aus verbotenem Verhalten (Grunddelikt) mit objektiv vorhersehbarem Ausgang und fahrlässig verursachtem qualifizierenden Erfolg. Es fände dann aber das „Zwischenstück" der ursprünglichen Entwicklung, nämlich der dolus indirectus, zu wenig Beachtung. Zwar ist er in seiner Ausgestaltung

---

[4] Zusammenfassend zu den Auslegungsmethoden RGSt. 62, 369 (373).
[5] *Mezger*, LK (8. Aufl.), Einl. I 1 b.
[6] Vgl. *Bartholomeyczik*, Gesetzesauslegung, S. 53 ff.; *Ebert*, ZStW 90 (1978), 380 ff.; *Heimann-Trosien*, LK (9. Aufl.), Einl., Rdn. 3; *Larenz*, Methodenlehre, S. 317.
[7] Vgl. exempl. BGHSt. 28, 224 (230) zum Begriff „auf frischer Tat" in § 252 StGB, unter Rückgriff auf das Preuß.StGB und das StGB für den Nordd. Bund; ferner BGHSt. 14, 116 (119 ff.); 27, 27 (28 f.); 27, 45 (48 f.); 27, 52 (54 f.); BGHZ 46, 74 (79 ff.).
[8] S. 14 ff.

als Vorsatzvermutung heute unhaltbar, sein Wert liegt aber in der Berücksichtigung der objektiv gefährlichen Tendenz der Handlung, aus der an sich und unmittelbar die schwere Folge hervorgehen mußte. In diesem Sinne entspricht er dem Adäquanzprinzip, sofern es als Merkmal der verbotenen Handlung aufgefaßt wird[9]. Ein so verstandener Adäquanzgedanke soll demnach nicht die Kausallehre vom typischen Geschehensablauf wiederbeleben; vielmehr geht es hier um die Frage der bereits im Tatbestand angelegten spezifischen Begehungsweise[10]. Im Rahmen der vorliegenden Problematik bedeutet dies: Tatbestandlich relevant hinsichtlich des Eintritts der schweren Folge ist nur die Verwirklichung solcher Umstände, die das Gesetz im Auge hat, wenn es für bestimmte Delikte eine Erfolgsqualifizierung vorsieht, also solcher Gefahrenmomente, der sie ihre Qualifizierbarkeit verdanken[11]. Für die einzelnen, heute meist zu weitgefaßten Tatbestände folgt daraus, daß bei ihrer Auslegung frühere Fassungen — insbesondere unter dem Einfluß des dolus indirectus entstandene — zu berücksichtigen sind, die den Grundgedanken des Gesetzgebers besser verdeutlichen.

3. Systematische Gesichtspunkte

Der Wert der systematischen Auslegungsmethode ist umstritten. Zum Teil wird der Gesetzessystematik eine besondere Wichtigkeit zugesprochen[12], während andere vor ihrer Überschätzung warnen[13]. Dabei ist indes zu beachten, daß sich die systematische Betrachungsweise nicht darin erschöpft, eine Vorschrift von ihrer Stellung in einem bestimmten Gesetzesabschnitt her zu interpretieren. Vielmehr geht es darüber hin-

---

[9] Diese Auffassung vertreten *Gimbernat Ordeig*, Problematik, S. 153; *Kohlrausch / Lange*, § 56 Anm. III; *Sauer*, Strafrechtslehre, S. 65; früher schon *Engisch*, Kausalität, S. 46; *Radbruch*, Verursachung, S. 65; Rümelin, Causalbegriffe, S. 131; ähnl. neuerdings *Jescheck*, AT, S. 229 („Sinn der Verbotsnorm").

[10] Auch *Oehler* (ZStW 69 [1957], 514 Anm. 28) betont ausdrücklich den Unterschied zwischen der Forderung nach besonderer Gefahr und typischem Kauslaverlauf. Desgleichen warnt *Gössel* (Lange-Festschrift, S. 233) vor der Verquickung von Kausalitätsfragen und Problemen der Tatbestandseinschränkung.

[11] Ebenso *Radbruch*, Verursachung, S. 65.

[12] Vgl. *Baumann*, AT, S. 153; *Klug*, Logik, S. 139. In der Rechtsprechung hat BGHSt. 3, 241 (245) der Stellung des § 132 StGB innerhalb der Vorschriften über den Schutz der öffentlichen Ordnung besondere Bedeutung für die Auslegung beigemessen; siehe ferner BGHSt. 2, 99 (102 f.) zu § 252 StPO. Allg. zum Wert der Legalordnung *Oehler*, Wurzel, S. 207 ff.; *Wach*, VDA VI, S. 8 ff.

[13] Vgl. *Bockelmann*, BT 1, S. 1; *Larenz*, Methodenlehre, S. 333; *Maurach / Zipf*, AT 1, S. 125; *Schönke / Schröder / Eser*, § 1 Rdn. 41; *Tröndle*, LK, § 1 Rdn. 45.

aus auch darum, die Bezüglichkeit eines Rechtssatzes auf andere Bestandteile der betreffenden Rechtsordnung festzustellen, ihn also in den Sinnzusammenhang des Ganzen einzufügen. Insofern handelt es sich gleichzeitig um eine teleologische Sichtweise durch Abstimmung der Einzelnorm mit dem Gesamtsystem[14].

Für die erfolgsqualifizierten Delikte betrifft der systematische Aspekt im letztgenannten Sinne vor allem den Gedanken der „spezifischen" Gefährlichkeit des Grunddelikts. Welchen besonderen Gefahren der Gesetzgeber mit der Aufstellung des jeweiligen Tatbestandes entgegentreten wollte, kann verschiedentlich durch einen Vergleich mit solchen Tatbeständen ermittelt werden, die zwar teilweise die Merkmale eines erfolgsqualifizierten Delikts, aber selbst keine entsprechende Qualifizierung zum Inhalt haben. So setzt sich etwa der Raub aus Diebstahl und Nötigung zusammen; bei diesen beiden Delikten fehlt es jedoch an einer Regelung im Sinne des § 251 StGB, obwohl schwere Folgen jedenfalls denkbar sind. Erwähnt sei nur der von Eb. *Schmidt*[15] zitierte literarische Fall, wo einer alten Dame der Lieblingsmops gestohlen wurde und sie sich hierüber so grämte, daß sie starb. Die Erfolgsqualifikation des § 251 StGB muß demnach mit den Besonderheiten des Raubes in Beziehung gebracht werden.

Des weiteren sind die erfolgsqualifizierten Delikte selbst untereinander zu vergleichen um festzustellen, welche Grundhandlung gerade für das eine oder das andere Delikt *art*spezifisch ist. Auch eine solche Gegenüberstellung kann wertvolle Aufschlüsse über den jeweiligen Anwendungsbereich einer bestimmten Vorschrift erbringen.

4. Restriktive Auslegung

Für alle erfolgsqualifizierten Delikte hat einheitlich zu gelten, daß wegen der verbleibenden Zweifel an ihrer Schuldangemessenheit, insbesondere im Hinblick auf die hohen Strafrahmen, als „erkenntnisleitendes Interesse" der Auslegung nur eine restriktive Interpretation in Betracht kommt[16]. Die theoretische Rechtfertigung liegt darin, daß dem Ausnahmecharakter der betreffenden Deliktsgruppe zu entnehmen ist, sie solle nur in möglichst begrenztem Ausmaß zur Anwendung

---

[14] So vor allem *Engisch*, Einführung, S. 77 ff.; *Klug*, Logik, S. 139 ff.; ferner *Enneccerus / Nipperdey*, AT 1, S. 334; *Zippelius*, Methodenlehre, S. 64.

[15] Ndschr. V, S. 51.

[16] Treffend *Jakobs*, Teheran-Beiheft, S. 38; für restriktive Auslegung auch BGHSt. 22, 362; mit zust. Anm. *Faller*, LM § 249 Nr. 31; BGH NJW 1971, 152; *Geilen*, Welzel-Festschrift, S. 679; *Hirsch*, LK, § 226 Rdn. 4; *Maurach*, JR 1970, 71; *Wolter*, JuS 1981, 169; vgl. zuvor schon *Rümelin*, Causalsbegriffe (1900), S. 130 f.; *M. L. Müller*, Bedeutung (1912), S. 63.

VII. Die Unmittelbarkeit als Tatbestandsproblem

kommen[17]. Insofern läuft der Unmittelbarkeitsgrundsatz letztlich auf eine teleologische Reduktion der erfolgsqualifizierten Delikte hinaus.

Nachdem damit die anzuwendenden Kriterien grundsätzlich festgelegt sind, kann nunmehr die Einzelinterpretation der Deliktstatbestände in Angriff genommen werden.

---

[17] Vgl. zu dieser Begründung *Klug*, Logik, S. 140; allg. zur Argumentationsfigur der „teleologischen Reduktion" siehe *Larenz*, Methodenlehre, S. 377 ff.

VIII. Die Auslegung der einzelnen Delikte

1. Die Körperverletzung mit schwerer Folge (§§ 226, 224 StGB)

a) Körperverletzung mit Todesfolge

Bei der Betrachtung der einzelnen Tatbestände soll wiederum mit der meistdiskutierten Vorschrift, nämlich der Körperverletzung mit Todesfolge, begonnen werden.

aa) Die tödliche Körperverletzung als Tötungsdelikt

Für die historische Entwicklung dieser Strafbestimmung ist zunächst von Interesse, daß sie bis Mitte des 19. Jahrhunderts als Fall der Tötung aufgefaßt, systematisch also unter die Tötungsvorschriften eingereiht wurde. Es handelte sich um ein Delikt, bei dem die Tötungsabsicht (dolus directus) nicht nachzuweisen war. Auch die Entwürfe zum Preußischen StGB bezeichneten die tödliche Körperverletzung teilweise ausdrücklich als Totschlag[1]. Im Entwurf 1845 erhält der Tatbestand eine der heutigen Fassung ähnelnde Formulierung[2], ohne daß allerdings seine Stellung unter den Tötungsdelikten aufgehoben wurde. Erst der Entwurf 1850 löste die Verbindung mit den Tötungen und wies die Tat den Körperverletzungen zu[3]. Aus dem Preußischen StGB ging diese Regelung dann ins RStGB über.

bb) Die Letalitätslehre

Der zweite beachtenswerte Aspekt ist die Lehre von der Letalität (Tödlichkeit) der zum Tode führenden Verletzung[4], die auf eine lange

---

[1] So beispielsweise § 281 E 1833. Siehe im einzelnen zu den Entwürfen des Preuß.StGB *Wachenfeld*, Mord und Totschlag, S. 150 ff. In § 140 ö.StG findet sich eine solche Regelung bis zum Jahre 1975.

[2] § 216 E 1845 lautete: „Ist der Tod eines Menschen durch vorsätzliche Körperverletzung oder Mißhandlung, ohne die Absicht zu töten, verursacht worden, so soll Strafarbeit oder Zuchthausstrafe von drei bis zu fünfzehn Jahren eintreten."

[3] Vgl. *v. Liszt*, VDB V, S. 20 f.; *Goldt. Mat.* II, S. 369. Diese Entwicklung beruht wohl auf dem Vorgang des code pénal und der Gönner'schen Entwürfe zum Bayer.StGB. Krit. dazu *Wachenfeld*, Mord und Todschlag, S. 286 ff.: Die durch vorsätzliche Verletzung bewirkte Tötung sei als eigenartiges Tötungsdelikt anzusehen; die Schwere der beabsichtigten Verletzung könne nur innerhalb des gewöhnlichen Strafrahmens Berücksichtigung finden.

[4] Auch *Gimbernat Ordeig* (Problematik, S. 172) hat darauf hingewiesen, daß aus der Doktrin über die Letalität der Wunde wertvolle Aufschlüsse gezogen werden können, ohne dies allerdings näher auszuführen.

Geschichte zurückblicken kann. Sie besagt, daß die Verantwortlichkeit für den Todeserfolg nur gegeben ist, wenn dieser durch die *Verwundung als solche* eingetreten ist. Schon das germanische und fränkische Recht stellten auf die Verletzungsletalität ab, wobei deren Feststellung teilweise recht formal getroffen wurde. So endete beispielsweise die Haftung für den tödlichen Ausgang, wenn die Wunde vernarbt oder der bettlägerige Verletzte zuvor wieder aufgestanden war[5]. Im Mittelalter wurde eine strafbare Tötung vielfach dann angenommen, wenn der Verletzte innerhalb einer bestimmten Frist starb. Einzelne Bestimmungen gaben aber diese schematische Art der Erfolgszurechnung bereits auf und fragten danach, ob der Tod *infolge d*er Verletzung eingetreten war[6]. Auch die italienische Wissenschaft hatte die Tödlichkeit der Wunde (vulnus lethale) zur Voraussetzung des Vorliegens einer Tötung gemacht und darunter verstanden, daß die Verletzung *alleinige und unmittelbare Ursache* für den Tod gewesen sein müsse; dieser dürfe insbesondere nicht durch eine Vernachlässigung der Wunde von seiten des Verletzten oder ein Verschulden Dritter mitverursacht worden sein[7]. Eine ausdrückliche Regelung der Letalitätsfrage findet sich in Art. 147 der Carolina (1532). Diese Bestimmung enthielt Beweisregeln für den Fall „so einer geschlagen wurt und stirbt, und man zweyfelt, ob er an den Wunden gestorben sey". Hier sollten Wundarzt und Sachverständige gehört werden; von Bedeutung war außerdem, wie sich der Verletzte nach der Tat verhalten und wie lange er noch gelebt hatte.

Ihre Fortbildung findet die Letalitätslehre bei *Carpzov*[8], der sich eingehend mit dieser Frage beschäftigte; auch er wollte bei eingetretenem Tod, aber fehlender Letalität der Wunde nur wegen Körperverletzung bestrafen. Hierzu führte er zwei Fallgruppen an: Erstens Tötung auf eine solche Art und Weise, die nur äußerst selten den Tod zur Folge haben. Zum zweiten jene Tötungen, die erst durch außerhalb der Handlung des Täters liegende Umstände — wie Sturz nach dem Schlag, Vernachlässigung der Wundpflege — verursacht wurden[9]. Eine zusammenfassende Darstellung der gemeinrechtlichen Lehre des 18. Jahrhunderts hat dann *Quistorp*[10] erbracht. Er unterschied zwischen schlechterdings tödlichen (absolute lethale) und nur zufällig tödlichen (per accidens lethale) Verletzungen. Nur erstere wurden mit der Todesstrafe geahndet. Sie setzten ein Zusammentreffen vom Umständen voraus, welche in

---

[5] *His,* Karolina, S. 121. Einen historischen Abriß der Letalitätslehre gibt auch *Mittermaier,* in: Feuerbach, Lehrbuch, § 209 a.

[6] *His,* Mittelalter II, S. 75 f.

[7] Vgl. *Schaffstein,* Lehren, S. 49 f.

[8] Practica Nova, Qu. XXVI.

[9] *Carpzov,* Practica Nova, Qu. I Nr. 62, 63; dazu *Wachenfeld,* Mord und Totschlag, S. 26.

[10] Grundsätze, §§ 219 ff.

der getöteten Person lagen und alle Rettung unmöglich machten. Dabei spielte es keine Rolle, ob die Wunde allgemein (vulnus universaliter lethale) oder individuell (vulnus individualiter lethale) tödlich war; dem Täter konnte also ein besonderer Körperzustand des Verletzten nicht zugute kommen. Entscheidend war allein, daß die Wunde in ihrer Beschaffenheit den Tod notwendig nach sich ziehen mußte.

Das Preußische Allgemeine Landrecht (1794) stellte eine Vermutung zur Feststellung der Letalität auf: Alle Verletzungen, auf welche der Tod *unmittelbar* erfolgt, sind als Ursache des Todes anzusehen, wenn nicht das Gegenteil wahrscheinlich ist. Eine nur mittelbare Verursachung nahm die Praxis beim Hinzutreffen äußerer Umstände an, so wenn ein Schlag das Opfer zu Fall brachte und erst dieser Sturz den tödlichen Ausgang herbeiführte[11]. Regelungen über die Letalität der Verletzung enthielten auch die Partikulargesetzbücher[12] des 19. Jahrhunderts; es fand sich dort vielfach der Ausdruck, die Verwundung müsse als „wirkende Ursache" den Tod des Beschädigten hervorgebracht haben. Allen Vorschriften gemeinsam war im übrigen die Unbeachtlichkeit der jeweiligen Leibesbeschaffenheit des Opfers. Ein Bruch in dieser jahrhundertelangen Kontinuität erfolgte nun durch das Preußische StGB. Zwar fand sich dort noch ein Letalitätsparagraph (§ 185) im Rahmen der Tötungsdelikte. Da aber jetzt die Körperverletzung mit Todesfolge den Körperverletzungsdelikten zugeordnet war, ging insoweit der historische Zusammenhang verloren. In das StGB für den Norddeutschen Bund wurde dann die Vorschrift des § 185 Preuß.StGB nicht mehr aufgenommen. Dies wird jedoch in den Motiven nicht etwa mit der Fehlerhaftigkeit des Gedankens begründet, sondern man ging vielmehr davon aus, daß er den deutschen Juristen so in Fleisch und Blut übergegangen sei, daß es einer ausdrücklichen Regelung nicht mehr bedürfe[13].

cc) Ergebnis der historischen Untersuchung

Die Körperverletzung mit Todesfolge ist ihrer Entstehungsgeschichte nach eine Tötung[14] durch unmittelbar (immediate) letale Verwundung. Dabei bedeutet Unmittelbarkeit, daß sich das in der Verletzung selbst angelegte Todesrisiko ohne Hinzutreten äußerer Umstände verwirklicht. Die spezifische Gefährlichkeit des Grunddelikts liegt also darin, daß sich die zugefügte Verletzung *als solche* zum Tode hin entwickeln,

---

[11] Vgl. *Klee*, GA 62 (1916), 403.
[12] Vgl. Art. 143—145 Bayer.StGB (1813); Art. 148—150 Old.StGB (1814); Art. 120 Sachs.-Alt.CrimGB (1838); § 154 Braunschw.StGB (1840); Art. 226 Hann. CrimGB (1840); Art. 251 Hess.StGB (1841).
[13] Vgl. *John*, Motive, S. 454 ff.
[14] Genau besehen: Eine nach heutiger Sichtweise fahrlässige Tötung, die durch die Präsumtion des dolus indirectus als vorsätzliche behandelt wurde.

gleichsam „verschlimmern" kann[15]. Dies setzt nicht unbedingt eine zeitliche Distanz voraus, sondern kann naturgemäß auch auf der Stelle eintreten[16]. Entscheidend ist nur, daß gerade der durch die Verletzung ausgelöste „pathologische Prozeß" zum Tode führt[17]. Eine solche Auslegung trägt auch dem Wortlaut des § 226 StGB in besonderem Maße Rechnung, der immerhin von Todesverursachung durch die Körper*verletzung* spricht. Klarer wäre noch die sich in einigen preußischen Entwürfen findende Formulierung, daß die Körperverletzung „tödlich geworden" ist[18]. Kommt also das Opfer durch die Schläge des Täters zu Fall und stirbt an dessen Folgen, dann ist nur die durch den Sturz hervorgerufene Verletzung letal. In der Todesfolge manifestiert sich hier nicht das medizinische Wundrisiko des Schlagens, weil dies unmittelbar nur dazu führt, daß das Opfer den Halt verliert. Für die Anwendbarkeit des § 226 StGB kommt es demnach darauf an, ob die zum Tode führende Sturzverletzung vom Eventualvorsatz des Täters umfaßt war[19]. Hierdurch wird auch der von *Geilen*[20] geforderten „Vorsatznähe" für die Erfolgsqualifikation Rechnung getragen. Der Oberste Gerichtshof[21] hat somit zu Recht differenziert, ob der Tod durch den Schlag mit der Holzlatte oder den Sturz auf den Fußboden eingetreten ist. Dagegen fehlt es im Pistolenfall an einer vorsätzlichen (Durchgangs-)Körperverletzung, so daß § 226 StGB ausscheidet.

dd) Systematische Betrachtung

Das Ergebnis der historischen Auslegung ist weiterhin daran zu messen, wie die vorliegenden Problemfälle im Gesamtzusammenhang des Strafgesetzbuches einzuordnen sind. In dem vielfach erwähnten Fall,

---

[15] Im Ergebnis auch *Geilen*, Welzel-Festschrift, S. 681; *Hirsch*, LK, § 226 Rdn. 4. Dagegen stellt es keinen sachlich begründeten Einwand dar, wenn *Wolter* (JuS 1981, 175) diese Auffassung als „Extremposition" ablehnt; im übrigen befürwortet auch er eine erhebliche Verschärfung und Konkretisierung der Unrechts- und Schuldvoraussetzungen der erfolgsqualifizierten Delikte (169).

[16] Vgl. *Hirsch*, LK, § 226 Rdn. 4; *Schröder*, LK, § 18 Rdn. 16, der es für „zweifellos absurd" hält, die Qualifizierung nur anzunehmen, wenn die schwere Folge erst später eintritt. Nicht recht verständlich ist daher auch die Forderung des BGH (NJW 1971, 152) nach einer besonderen Körperverletzung neben der „Durchgangsverletzung"; es kommt vielmehr nur darauf an, ob letztere vom Vorsatz umfaßt war (*Hirsch*, a.a.O.), da auch nach Meinung der Rspr. jede Tötung das Stadium einer Körperverletzung durchläuft (vgl. BGHSt. 16, 122).

[17] Treffend *Frank*, § 1 Anm. III 2 b.

[18] Vgl. § 217 E 1845; § 228 E 1847 Preuß.StGB. Siehe ferner Art. 170 Sächs. StGB (zitiert bei *John* GA 25 [1877], 408), wonach der Tod „in Folge einer vorsätzlich zugefügten Körperverletzung" eingetreten sein muß.

[19] So auch *Hirsch*, LK, § 226 Rdn. 4.

[20] Welzel-Festschrift, S. 680.

[21] OGHSt. 3, 35.

1. Die Körperverletzung mit schwerer Folge

daß der liegengebliebene Verletzte von Naturkräften getötet oder, in moderner Version, von einem Auto überfahren wird, realisiert sich nicht die Gefahr der Verletzung selbst, sondern die der hilflosen Lage, in der sich das Opfer befindet. Es handelt sich daher in Wahrheit um die Situation der Aussetzung[22]. Da für die Verlassensalternative des § 221 StGB alle Formen der Garantenstellung in Frage kommen, geht es dabei um Ingerenz durch pflichtwidriges vorangegangenes Tun[23]. Im Gegensatz zum Anwendungsbereich des § 226 StGB entwickelt sich gerade nicht die Verletzung tödlich weiter, sondern äußere Momente führen zum Tode. Auch bei Flucht des Opfers vor weiteren Schlägen scheidet § 226 StGB aus. Hier mangelt es nicht nur an der erforderlichen Verletzungsletalität, sondern darüber hinaus ist auch unter systematischem Aspekt nicht ersichtlich, daß gerade die Körperverletzung, im Vergleich zu anderen Delikten, typischerweise das Risiko der tödlichen Flucht in sich birgt. Es fehlt also das Merkmal der *spezifischen* Gefahrverwirklichung. Für den erwähnten „KZ-Fall"[24] gilt daher: Hat der Täter die Erschießung des Verfolgten in Kauf genommen, so kommt vorsätzliche, ansonsten lediglich fahrlässige Tötung in Betracht. Richtig entschieden ist somit im Ergebnis auch der „Rötzel-Fall". Andererseits muß aber nicht jedes Opferverhalten zum Ausschluß des § 226 StGB führen. Unterläßt etwa der Verletzte eine erforderliche Behandlung und stirbt, so hat die Verwundung selbst den Tod gebracht. Eine Einschränkung der strafrechtlichen Verantwortlichkeit des Täters kann daher allenfalls aus generellen Überlegungen erfolgen, die jenseits der Auslegungsproblematik anzusiedeln sind[25].

ee) Die Fahrlässigkeit (§ 18 StGB)

Für das Anwendungsgebiet der Fahrlässigkeit verbleiben diejenigen Fälle, die auch bei engstmöglicher Interpretation des objektiven Tatbestandes dem § 226 StGB unterfallen und lediglich in subjektiver Hinsicht eingeschränkt werden können. Hier geht es vor allem um die Voraussehbarkeit des tödlichen Erfolges in solchen Sachverhalten, in denen

---

[22] Darauf weist schon *Geilen* (Welzel-Festschrift, S. 681), hin. Auch *Jähnke* (LK, § 221 Rdn. 25) will diesen Fall offenbar der Vorschrift des § 221 Abs. 3 unterstellen, wobei er „Berührungen" mit § 226 annimmt.

[23] Vgl. *Schönke / Schröder / Eser*, § 221 Rdn. 9. In der Aussetzungsvorschrift des § 272 GE 1911 wurde übrigens ausdrücklich der Fall erwähnt, daß jemand „eine Person, die er schuldhaft verletzt hat, hilflos läßt". Damit sollte die Bestimmung des § 22 Abs. 2 Kraftfahrzeuggesetz verallgemeinert werden (vgl. GE 1911, Begründung S. 259). Das „Imstichlassen eines Verletzten" findet sich heute als besondere Strafvorschrift in § 94 ö.StGB und § 128 schw.StGB. Im Unterschied zur Aussetzung ist hierbei kein Vorsatz der Lebensgefährdung erforderlich (vgl. *Leukauf / Steininger*, ö.StGB, § 82 Anm. IV 4).

[24] BGH 4 StR 378/53 bei Dallinger, MDR 1954, 150; zum Sachverhalt siehe oben S. 47.

[25] Dazu noch unter c) S. 91 ff.

zwar die Verletzung selbst zum Tode führt, aber dabei die individuelle körperliche Verfassung des Opfers eine Rolle spielt. Schon die dargestellte Letalitätslehre enthielt den Grundsatz, daß besondere Körperfaktoren keinen Einfluß auf die Beurteilung der Tödlichkeit der Wunde hatten. Ebenso war allen Partikulargesetzbüchern gemeinsam die Unbeachtlichkeit der eigentümlichen Leibesbeschaffenheit des Opfers[26]. Dies stimmt mit dem Sinn des § 226 StGB überein, denn eine Körperverletzung ist gerade auch deshalb gefährlich, weil sie den Menschen in seiner besonderen *Verletzlichkeit* trifft, die jeweils konstitutionell mitbedingt ist. Demnach sind auch solche Verletzungshandlungen tatbestandlich einzubeziehen, die vom äußeren Tatbild her nicht den Eindruck einer lebensgefährlichen Mißhandlung machen. Bei ihnen ist aber besonderes Augenmerk auf die Vorhersehbarkeit zu richten, die um so eher zu bejahen ist, je mehr dem Täter die vorliegenden persönlichen Defekte des Opfers bekannt sind[27].

b) Schwere Körperverletzung

Die im Hinblick auf § 226 StGB entwickelten Grundsätze gelten auch für die parallel strukturierte Vorschrift des § 224 StGB[28]. Dies folgt schon aus einem argumentum a maiore ad minus, denn wenn schon die Todesfolge nur unter engen Voraussetzungen dem Täter zuzurechnen ist, dann erst recht der weniger intensive Erfolg des schweren Körperschadens. Hinzu kommt, daß hier im Unterschied zu § 226 StGB, wo nur von Verursachung die Rede ist, schon in der Strafbestimmung selbst von einer Folge der Verletzung gesprochen wird[29]. Demnach muß die schwere Folge im Sinne des § 224 StGB eine Weiterung der vorsätzlich beigebrachten Körperverletzung darstellen, also aus der Verletzung als solcher hervorgehen. Büßt etwa das Opfer sein Augenlicht dadurch ein, daß es von einem Schlag getroffen auf einen spitzen Pfahl fällt[30], so manifestiert sich in dem Verlust des Auges nicht die im Schlage angelegte „unmittelbare" Gefahr, die allenfalls in einer möglichen Prellung besteht. Es kommt hier also wiederum darauf an, ob die Verletzung durch den Pfahl vom Eventualvorsatz des Täters umfaßt war. Entspre-

---

[26] Vgl. *John*, Motive, S. 454.
[27] Zur Fahrlässigkeits-Rechtsprechung des BGH in bezug auf § 226 StGB siehe die Entscheidungen bei Dallinger MDR 1966, 198; 1972, 386; 1973, 18; 1976, 16.
[28] Vgl. *Hirsch*, GA 1972, 75; ders., LK, § 224 Rdn. 6; *Lackner*, § 224 Anm. 1; *Oehler*, ZStW 69 (1957), 513; *Ulsenheimer*, GA 1966, 271; *Wessels*, BT 1, S. 45.
[29] Darauf weist *Hirsch* (LK, § 224 Rdn. 6) hin. In § 149 E 1962 wurde im übrigen für Tod und schwere Schädigung gleichlautend formuliert, daß die Tat den qualifizierenden Erfolg „zur Folge" hat; vgl. dazu auch Ndschr. VII, S. 160 ff.
[30] Beispiel von *Hirsch*, LK (9. Aufl.), § 224 Rdn. 6.

chend sind sonstige Fälle anhand der zu § 226 StGB aufgeführten Beurteilungskriterien zu entscheiden.

c) Die Selbstgefährdung des Opfers

aa) Grundproblematik

Eine bereits über den Unmittelbarkeitsgedanken hinausführende Problematik ergibt sich, wenn das verletzte Opfer — etwa durch Ablehnung eines erforderlichen Heileingriffs — selbst zum Todeserfolg beiträgt. Es erhebt sich dann die Frage, inwieweit ein solches Verhalten der Strafbarkeit des Täters aus der Erfolgsqualifizierung Grenzen setzt. Diese Konstellation findet ihre Parallele in dem umstrittenen Problem der Suizidbeteiligung. Der BGH[31] hat bekanntlich für den Fall der fahrlässigen „Teilnahme" an einer Selbsttötung entschieden, jene könne nicht bestraft werden, da der Selbstmord keine Straftat und somit selbst die vorsätzliche Beteiligung straflos sei. Die hier in Rede stehenden Sachverhalte unterscheiden sich davon insoweit, als daß bereits eine Verletzung von seiten des Täters erfolgt ist. Deshalb braucht das Opfer nicht selbst Hand an sich zu legen, sondern kann schon aufgrund rein passiven Verhaltens die Todesfolge eintreten lassen. Bei *Jescheck*[32] heißt es dazu sogar, daß das Opfer einer Körperverletzung sich durch Ablehnen einer (lebensrettenden) Operation „selbst den Tod zufügt". Auch für die erfolgsqualifizierten Delikte ist demnach die Abgrenzung von Fremd- und Selbstbeschädigung von Bedeutung, allerdings erst wenn festgestellt ist, daß der eingetretene Erfolg überhaupt eine unmittelbare Folge der betreffenden Verletzung darstellt[33]. Zunächst muß also die tatbestand-

---

[31] BGHSt. 24, 342 mit Anm. *van Els*, NJW 1972, 1476 und *Welp*, JR 1972, 426. Zust. *Schönke / Schröder / Eser*, Vor § 211 Rdn. 35: Fahrlässige Mitverursachung sei straflos, wenn sie bei vorsätzlicher Begehung als Anstiftung oder Beihilfe zu werten wäre. Vgl. auch *Horn*, SK, § 212 Rdn. 21; *Lackner*, Vor § 211 Anm. 3 a; *Maurach / Schroeder*, BT 1, S. 19 f.; *Wessels*, BT 1, S. 12. Bei den übrigen einschlägigen Entscheidungen (BGHSt. 2, 150; 6, 147; 13, 162; ferner BayObLG JZ 1973, 319; OLG Düsseldorf OLGSt. § 212 S. 1) steht die Frage der „Teilnahme" durch Unterlassen im Vordergrund. Krit. zur Entwicklung der Rechtsprechung *Geilen*, JZ 1974, 145 ff.

[32] AT, S. 232; ähnl. *Otto*, JuS 1974, 709. Vgl. schon den von *Klee* (GA 62 [1916], 409) mitgeteilten Fall aus dem Jahre 1799, wo das KG dem Verletzten vorwirft, er habe sich durch Fahrlässigkeit bei Behandlung der Wunde sowie Unterlassung der erforderlichen Trepanation „selbst den Tod gegeben". Abw. jedoch RGSt. 6, 249 (Verunreinigung der Wunde); 22, 173 (Verweigerung einer lebensrettende Amputation).

[33] Schon *Geilen* (Welzel-Festschrift, S. 662) weist darauf hin, daß die bei § 222 StGB — insbes. bei der Verursachung fremder Selbsttötung — zu berücksichtigende Abgrenzung der Verantwortungsbereiche bzw. die Forderung nach zusätzlichen Tatherrschaftsmomenten konsequenterweise auch auf der Ebene der Erfolgsqualifizierung weitergeführt werden müsse, was dann neben dem tatbestandsspezifischen Gefährdungszusammenhang eine *weitere* Einschränkungsmöglichkeit ergebe. In dieser Richtung auch *Schroeder*, LK, § 18 Rdn. 18.

liche Relevanz des Täterverhaltens zu bejahen sein, bevor weitere Aspekte in die Untersuchung einfließen können. Daher geht die von Otto[34] an der Rötzel-Entscheidung geäußerte Kritik im methodischen Ansatz fehl: Er stellt auf den Nötigungsnotstand des Opfers ab, so daß von einem freien, eine eigenständige Gefahr begründenden Entschluß, der den „Zurechnungszusammenhang" des Geschehens unterbrochen hätte, keine Rede sein könne. Der von ihm herangezogene Gesichtspunkt ist in diesem Fall jedoch bezüglich § 226 StGB ohne Belang, da sich von vornherein nicht die tatbestandsspezifische Gefahr der Körperverletzung als solcher realisiert hat.

Die Opferseite erlangt ebenfalls bei § 224 StGB Bedeutung, namentlich für die Frage, ob die Möglichkeit einer operativen Beseitigung der schweren Folge die Anwendbarkeit des qualifizierenden Tatbestandes ausschließt. Die jetzt herrschende Lehre[35] verneint das Merkmal einer dauernden Schädigung[36], wenn nach ärztlicher Erfahrung der Eingriff die schwere Folge beheben würde und er keine besonderen Risiken für Leben oder Gesundheit mit sich bringt. Ulsenheimer[37] leitet dieses Ergebnis sogar direkt aus dem Unmittelbarkeitsprinzip her: Wenn der Verletzte wider alle Vernunft die sichere Möglichkeit der völligen Beseitigung der Entstellung nicht nutze, stelle ein solches Verhalten im Einzelfall schon eine quasi „schikanöse" Ausübung des Selbstbestimmungsrechts dar und dürfe sich im Ergebnis nicht zuungunsten des Täters auswirken, weil sie nicht mehr als Niederschlag der dem Grunddelikt innewohnenden typischen Gefährlichkeit gewertet werden könne. Jedoch wird damit der Unmittelbarkeitsgrundsatz überstrapaziert. In der selbständigen Entwicklung der Verletzung zu einer schweren Folge (oder zum Tode) realisiert sich gerade die spezifische Gefahr des Grunddelikts. Vor allem wenn ein Schaden bereits eingetreten ist und es nur noch um dessen Beseitigung geht, kann der unmittelbare Zusammenhang nicht verneint werden. Daß dieser Erfolg dem Täter nicht in jedem Falle angelastet wird, muß sich hingegen aus anderen Kriterien ergeben, nämlich aus den allgemeinen Überlegungen, die zur Frage der Selbstschädigung des Opfers angestellt werden.

---

[34] BT, S. 77.
[35] Vgl. *van Els*, NJW 1974, 1073; *Hanack*, JR 1972, 474; *Hirsch*, LK, § 224 Rdn. 13, 20; *Horn*, SK, § 224 Rdn. 4; *Lackner*, § 224 Anm. 3, 4; *Schönke / Schröder / Stree*, § 244 Rdn. 3, 5; für das Merkmal der dauernden Entstellung auch *Blei*, BT, S. 47; *Dreher / Tröndle*, § 224 Rdn. 8; *Otto*, BT, S. 75; *Wessels*, BT 1, S. 44. In BGHSt. 24, 315 (317) wird § 224 StGB für den Fall verneint, daß der Schaden (Verlust der Schneidezähne) bereits äußerlich behoben worden ist.
[36] Das Element der *Dauer* ergibt sich jeweils aus den Tatbestandsmerkmalen „verliert, dauernd entstellt wird, verfällt"; zusammenfassend *Jakobs*, Konkurrenz, S. 107.
[37] JZ 1973, 67 f.

1. Die Körperverletzung mit schwerer Folge

Uneinheitlich ist die dogmatische Begründung der Straflosigkeit des Täters bei fremder Selbstschädigung oder -gefährdung. In der Literatur wird dabei zum Teil eine Abgrenzung nach „Verantwortungsbereichen" vorgenommen[38]. Diese Lehre ist besonders von *Stratenwerth*[39] im Hinblick auf die Arbeitsteilung bei ärztlicher Heilbehandlung entwickelt worden; sie soll aber darüber hinaus generell zur Risikoverteilung bei gefährlichem Opfer- oder Drittverhalten dienen. Nach Stratenwerth wird die strafrechtliche Verantwortung primär begründet durch die Beherrschung des (tatbestandserfüllenden) Geschehensablaufs und nur durch sie. Dabei kennzeichne der Begriff der *Tatherrschaft* das Verhältnis des Handelnden zu einem in der Sachwelt sich vollziehenden Geschehen; die Grenzen des primären Verantwortungsbereichs und die Grenzen tatbeherrschenden Verhaltens seien identisch. Bei den Fahrlässigkeitsdelikten liege eine entsprechende Abgrenzung der Verantwortungsbereiche nahe: Hier bezeichne die *Beherrschbarkeit* (Vorhersehbarkeit und Vermeidbarkeit) eines Geschehensablaufs die Grenze des primären Verantwortungsbereichs ebenso, wie bei den Vorsatzdelikten die Tatherrschaft. Das bedeute, daß die unmittelbare strafrechtliche Verantwortung ausscheide, wenn der Geschehensablauf von einer anderen eigenverantwortlichen Person, die ihn ihrerseits zu beherrschen vermag, weitergeführt wird.

Gegen diese Konzeption hat *Roxin*[40] eingewandt, daß die „Beherrschbarkeit" ein in doppelter Weise untaugliches Kriterium sei: Weder entspreche sie der Tatherrschaft bei den Vorsatzdelikten, noch liefere sie überhaupt das für die fahrlässige Täterschaft in allen Fällen entscheidende Merkmal. Der Verantwortungsbereich des einzelnen werde durch die Summe seiner Sorgfaltspflichten ausgefüllt. Demnach sei das der Tatherrschaft bei den vorsätzlichen Delikten entsprechende Merkmal die Pflicht — und sonst nichts. Später hat *Roxin*[41] seinen Standpunkt revidiert: Die Eigenschaft der Fahrlässigkeitstatbestände als „Pflichtdelikte" treffe nur auf fahrlässige Sonderdelikte mit speziellen Tätervoraussetzungen, nicht aber schlechthin zu. Allerdings hält er weiterhin das Kriterium der Tatherrschaft für unanwendbar; die fahrlässige Herbeiführung von Selbsttötungen, -verletzungen oder -gefährdungen werde vielmehr vom Schutzzweck des § 222 StGB nicht erfaßt[42].

---

[38] Vgl. *Jakobs* ZStW 89 (1977), 13 ff.; *Maurach / Zipf*, AT 1, S. 267 f.; *Otto*, JuS 1974, 705; *Rudolphi*, JuS 1969, 555; *Schönke / Schröder / Cramer*, § 15 Rdn. 146 ff.; *Stratenwerth*, AT I, Rdn. 1162 ff.; *Welp*, JR 1972, 429; *Wolter*, JuS 1981, 174; ferner *Roth-Stielow*, NJW 1971, 180.

[39] Eb. Schmidt-Festschrift, S. 390 ff. Umfassend zu diesem Problemkreis jetzt Hans *Kamps*, Ärztliche Arbeitsteilung und strafrechtliches Fahrlässigkeitsdelikt, Berlin 1981.

[40] Täterschaft, S. 558.

[41] Gallas-Festschrift, S. 241 Anm. 3.

VIII. Die Auslegung der einzelnen Delikte

Die vorgenannte Stellungnahme, die an der Sorgfaltspflicht bzw. am Schutzzweck der Norm ansetzt, gibt Anlaß zu der Frage, ob die Kategorie des Verantwortungsbereichs einen eigenen sachlichen Gehalt aufweist. Wenn etwa *Lenckner*[43] sagt, nur soweit der Verantwortungsbereich des einzelnen reiche, habe er auch Sorgfaltspflichten, dann zeigt dies, daß es hier im Grunde um die bei jedem fahrlässigen Delikt erforderliche Pflichtwidrigkeit geht. Da kein Verbot existiert, fremde eigenverantwortliche Selbstgefährdungen herbeizuführen, ist bei der Selbstschädigung des Opfers die tatbestandliche *Sorgfaltswidrigkeit* zu verneinen[44]. Dies folgt schon aus der fehlenden Strafbarkeit der Selbstmordteilnahme, ohne daß es der Etikettierung als „Verantwortungsbereich" bedarf. Andererseits gilt dieser Grundsatz nur für frei verantwortliche, also nicht vom Täter beherrschte Selbstschädigungen. Entgegen der Meinung Roxins müssen daher durchaus Aspekte der Tatherrschaft in die Bestimmung der Pflichtenstellung einfließen. Von diesem Ansatz her ist die Grenze zu suchen, ab der die Fremd- in eine Selbstschädigung umschlägt.

bb) Freiverantwortlichkeit

Untersucht man die Fälle, in denen es um die strafrechtliche „Risikoverteilung" zwischen Täter und Opfer geht, so steht der Gesichtspunkt der Freiwilligkeit oder Unfreiwilligkeit des Opferhandelns im Vordergrund. Dies zeigt sich bereits in verschiedenen älteren Entscheidungen. Das Preußische Obertribunal hat etwa eine Fremdtötung bejaht, wenn das Opfer unter dem Druck seiner Verfolger in einen See zurückwich und ertrank[45]; ebenfalls bei Abgabe von Branntwein an einen Trunksüchtigen, der an Alkoholvergiftung starb[46]. Hier beruhe der Erfolg auf einer Einwirkung auf den Willen des Verletzten, die den Charakter eines Zwanges habe. Andererseits hat das LG München[47] den Direktor einer Filmfabrik, der zur Aufnahme eines Sensationsfilms einen Artisten zum Sprung aus 60 m Höhe vom Flugzeug aus in den Starnberger

---

[42] *Roxin*, Gallas-Festschrift, S. 243 ff.; ebenso *Jescheck*, AT, S. 232; *Rudolphi*, SK, Vor § 1 Rdn. 79.

[43] Engisch-Festschrift, S. 506.

[44] Ebenso *Dreher / Tröndle*, Vor § 211 Rdn. 4; *van Els*, NJW 1972, 1476; *Hirsch*, LK (9. Aufl.), Vor § 51 Rdn. 101; JR 1979, 430; siehe auch *Rudolphi*, JuS 1969, 557; *Welp*, JR 1972, 428; krit. zu dieser Begründung *Otto*, JuS 1974, 705; *Schroeder*, LK (9. Aufl.), § 59 Rdn. 203.

[45] GA 8 (1860), 780.

[46] GA 15 (1866), 533.

[47] JW 1920, 922 mit Anm. *Kitzinger*, nach dessen Ansicht dieser Fall bei eingehender Prüfung in „Abgründe konstruktiver Jurisprudenz" führen würde. Siehe zu der Entscheidung auch *Jakobs*, ZStW 89 (1977), 25.

1. Die Körperverletzung mit schwerer Folge

See engagierte, wobei der Darsteller zu Tode kam, vom Vorwurf der fahrlässigen Tötung entlastet: Das Opfer habe die tödliche Handlung selbst freiwillig vorgenommen und sei von dem Angeschuldigten dazu in keiner Weise gedrängt worden; dieser habe vielmehr nur die Gelegenheit gegeben, den Todessprung zu wagen.

In jüngster Zeit stellt sich die Problematik vor allem bei Todesfällen durch die Abgabe von Rauschgift an Drogenkonsumenten[48]. Hier ist die Rechtsprechung noch zu keiner einheitlichen Argumentation gelangt. Der BGH[49] hat bei Verordnung von Suchtmitteln an einen drogenabhängigen Patienten auf die „Garantenstellung" des Arztes abgestellt. Wenn jedoch das positive Tun (Ermöglichen einer Selbsttötung) nicht pönalisiert ist, dann ist es das auch nicht beim Vorliegen der formalen Voraussetzungen einer Garantenstellung. Und da die vorsätzliche Begehung nicht mit Strafe bedroht wird, gilt dies erst recht für die fahrlässige Begehung[50]. Andererseits hat das OLG Celle[51] argumentiert, die Pflichtwidrigkeit werde nicht dadurch aufgehoben, daß das Opfer das Heroin freiwillig genommen hat; eine „Einwilligung" sei hier rechtlich bedeutungslos. Neuerdings hebt das OLG Stuttgart[52] als wesentlichen Gesichtspunkt das „Prinzip der Selbstverantwortung erwachsener Menschen" hervor: Die strafrechtliche Haftung Dritter für die Einnahme von Rauschmitteln müsse jedenfalls so lange verneint werden, als eigenverantwortliches Handeln des Gefährdeten nicht ausgeschlossen sei.

Entscheidend ist allein das letztgenannte Kriterium, da bei Freiverantwortlichkeit des Opferverhaltens eine pflichtwidrige Fremdschädigung entfällt. Dem steht auf der anderen Seite das Handeln unter (psy-

---

[48] Vgl. BGH JR 1979, 429 mit krit. Anm. *Hirsch*; BGH 1 StR 324/79 bei Körner, NStZ 1981, 18; BGH 1 StR 121/81 bei Holtz MDR 1981, 684 mit Besprechung *Schünemann*, NStZ 1982, 60; OLG Celle MDR 1980, 74; OLG Stuttgart NJW 1981, 182 mit zust. Anm. *Sonnen*, JA 1981, 260. In diesen Fällen kann meist nicht die Vorhersehbarkeit verneint werden, wie es die Rechtsprechung sonst verschiedentlich bei „grobem Verschulden" des Opfers getan hat, vgl. etwa RGSt. 73, 370 (373); BGHSt. 4, 172 (187); 12, 75 (78). Zur Frage der Vorhersehbarkeit beim Zusammenwirken von Heroin mit Alkohol und Tabletten siehe BayObLG Strafvert. 1982, 73.

[49] JR 1979, 429.

[50] Das „Teilnahmeargument" gilt also entsprechend auch für das fahrlässige Delikt, vgl. nur *Schönke / Schröder / Eser*, Vor § 211 Rdn. 35 mit weit. Nachw.; abw. *Schilling*, JZ 1979, 159; gegen ihn *Hirsch*, JR 1979, 431.

[51] MDR 1980, 74. Die Entscheidung dürfte allerdings im Ergebnis richtig sein, da es hier — worauf *Sonnen* (JA 1981, 260) mit Recht hinweist — entscheidend auf das Alter des (15jährigen!) Opfers ankommt.

[52] NJW 1981, 182. Im übrigen ist jetzt die neue Vorschrift des § 30 Abs. 1 Nr. 3 BtMG vom 28.7.1981 (BGBl. I, 681) zu beachten. Danach wird mit Freiheitsstrafe nicht unter zwei Jahren bestraft, wer Betäubungsmittel abgibt, einem anderen verabreicht oder zum unmittelbaren Verbrauch überläßt und dadurch leichtfertig dessen Tod verursacht.

chischem) Zwang entgegen. Diese Abgrenzungsmerkmale entsprechen denen für die mittelbare Täterschaft im Falle des tatbestandslos agierenden Werkzeugs. Dort wird die Tatherrschaft des Hintermannes bejaht, wenn er den Tatmittler infolge von Täuschung, Nötigung sowie mangelnder Einsicht oder Willenskraft in der Hand hat[53]. Nun gibt es zwar nach herrschender Auffassung keine fahrlässige mittelbare Täterschaft[54], und in bezug auf die schwere Folge handelt es sich beim erfolgsqualifizierten Delikt um eine Fahrlässigkeitstat, bei der der Einheitstäterbegriff gilt. Jedoch schlägt im Falle der Selbstschädigung die erforderliche Differenzierung entsprechend durch, wobei sich die Parallele zur Vorsatztat durch die Prüfung herstellen läßt, ob bei vorsätzlichem Handeln eine die mittelbare Täterschaft begründende Situation vorläge[55]. Ansonsten wird der Tatherrschaft des Täters, die sich als Element jeder Deliktsverwirklichung begreifen läßt[56], durch die Eigenverantwortung des Opfers Grenzen gesetzt. Diesem kommt dann das entscheidende Kriterium der Tatherrschaft zu, nämlich das „In-den-Händen-Halten des Geschehensablaufs"[57].

Täter des fahrlässigen Delikts ist demnach derjenige, der das Opfer beherrscht, dessen voraussehbare Selbstschädigung aber nicht in seinen Willen aufgenommen hat. Bei eigenverantwortlicher Selbstverletzung oder Herbeiführung einer wesentlichen Verschlechterung hingegen endet die strafrechtliche Verantwortlichkeit des Täters.

---

[53] Vgl. *Cramer*, Bockelmann-Festschrift, S. 397; *ders.*, in: *Schönke / Schröder*, § 25 Rdn. 8 ff.; *Gerland*, VDA II, S. 509; *Jescheck*, AT, S. 542; *Lackner*, § 25 Anm. 1 b; *Roxin*, Täterschaft, S. 158 ff.; *ders.*, in: LK, § 25 Rdn. 45, 49 ff.; *Samson*, SK, § 25 Rdn. 30; *Stratenwerth*, AT, Rdn. 773; *Welzel*, LB, S. 102 f.; *Wessels*, AT, S. 124; weitergehend *Bockelmann*, AT, S. 182; *Maurach*, AT, S. 632; *Schroeder*, Täter, S. 120 ff.

[54] Vgl. *Baumann*, JuS 1963, 92; *Busch*, LK (9. Aufl.), § 47 Rdn. 33; *Jescheck*, AT, S. 541; *Maurach / Gössel / Zipf*, AT 2, S. 198; *Samson*, SK, § 25 Rdn. 41; *Schönke / Schröder / Cramer*, § 25 Rdn. 59 f.; a. A. *Exner*, Frank-Festgabe I, S. 570; *Mezger*, LK (8. Aufl.), § 47 Anm. 9 a; *Kohlrausch / Lange*, § 47 Anm. I B 3; *Roxin*, Täterschaft, S. 538 ff.; *Schmidhäuser*, AT, 14/36.

[55] So ausdr. *Rudolphi*, SK, Vor § 1 Rdn. 79; ebenso im Erg. *Hirsch*, LK, § 230 Rdn. 10; JR 1979, 432; *Maurach / Schroeder*, BT, 1, S. 19 f.; *Schönke / Schröder / Eser*, Vor § 211 Rdn. 37; *Welp*, JR 1972, 429; nach *Spendel* (JuS 1974, 752), liegt hier nicht mittelbare, sondern sogar unmittelbare Täterschaft vor.

[56] Zur Tatherrschaft als allgemeines Kriterium der vorsätzlichen Täterschaft vgl. etwa *Welzel*, ZStW 68 (1939), 537 ff.; LB, S. 100; *R. Lange*, ZStW 53 (1951), 471; *Hirsch*, ZStW 74 (1962), 98; *Jescheck*, AT, S. 531. *Lampe*, ZStW 71 [1969], 615) will den Tatherrschaftsgedanken auch für das fahrlässige Delikt fruchtbar machen; früher schon *H. Bruns*, Kritik, S. 70 ff. Zwar kann es bei der Fahrlässigkeit keine finale Tatherrschaft geben, ihre Grundsätze beschränken aber entsprechend die tatbestandliche Sorgfaltspflicht.

[57] Formulierung bei *Maurach*, AT, S. 659; ebenso *Maurach / Gössel / Zipf*, AT 2, S. 191; *Wessels*, AT, S. 118; ähnl. *Samson*, SK, § 25 Rdn. 18.

cc) Zumutbarkeit

Fraglich ist weiterhin, welche Anforderungen an das dem Geschädigten abverlangte Verhalten zu stellen sind. Denn es erscheint ja „durchaus ungewöhnlich und an sich auch systemfremd, die Nichtanwendung eines Straftatbestandes von der Schadenswiedergutmachung oder -minderung durch den Verletzten abhängig zu machen"[58]. Im Falle des § 224 StGB fordert die h. M.[59] daher neben der Ausführbarkeit die Zumutbarkeit des potentiellen Eingriffs: Nur eine zumutbare Maßnahme zur Beseitigung der schweren Folge soll die dauernde Schädigung und damit die Anwendbarkeit der Qualifizierung entfallen lassen. Dieser Gedanke kann ebenso auf § 226 StGB übertragen werden, bei dem man gleichsam von einem „ewigen" Dauerschaden sprechen könnte. Ist also eine aussichtsreiche Heilbehandlung möglich und zumutbar, wird sie aber vom Opfer zurückgewiesen (Beispiel: Bluttransfusion bei Zeugen Jehovas), dann findet in bezug auf den tödlichen Erfolg eine „Risikoabnahme"[60] zugunsten des Täters statt. Es wäre auch nicht einzusehen, wieso der Täter freigesprochen würde, wenn das Opfer keine kosmetische Operation vornehmen lassen will, aber auf der anderen Seite wegen der Todesfolge verurteilt würde, wenn der Verletzte den sich geradezu aufdrängenden lebensrettenden Eingriff verweigert. Im übrigen ist gerade § 226 StGB als Beleg für den umgekehrten Fall herangezogen worden, daß trotz Vorliegens einer „an sich" tödlichen Verletzung dem Täter die Rettung zustatten kommt, um zu zeigen, daß für § 224 StGB nichts anderes gelten könne[61].

dd) Ergebnis

Die Durchführung erfolgversprechender und zumutbarer Maßnahmen im eigenen wohlverstandenen Interesse gehört zur Eigenverantwortung des Opfers, die den Pflichtenkreis des Täters begrenzt. Der Täter wird daher von solchen Folgen entlastet, die das Opfer freiverantwortlich selbst herbeiführt (bewußtes Vernachlässigen der Wundpflege) oder nicht abwendet (Unterlassen einer erforderlichen Operation), wobei bereits die realen Rettungs- oder Heilungs*chancen* Bedeutung erlangen.

---

[58] Hanack, JR 1972, 474.
[59] Vgl. *Blei*, BT, S. 47; *Dreher / Tröndle*, § 224 Rdn. 8; *van Els*, NJW 1974, 1076; *Hanack*, JR 1972, 474; *Hirsch*, LK, § 224 Rdn. 20; *Horn*, SK, § 224 Rdn. 4; *Krey*, BT 1, S. 87; *Lackner*, § 24 Anm. 3, 4; *Schönke / Schröder / Stree*, § 224 Rdn. 3; *Wessels*, BT 1, S. 44.
[60] Begriff von *Roxin*, Honig-Festschrift, S. 143; zust. *Wolter*, ZStW 89 (1977), 654 Anm. 22; JuS 1981, 174.
[61] Vgl. OLG Hamm GA 1976, 304 (306); *H.-J. Wegner*, NJW 1966, 1849; *Hirsch*, LK § 244 Rdn. 13; *Horn*, SK, § 224 Rdn. 4.

2. Die Anwendung von Gewalt oder Drohung (§§ 177, 251 StGB)

Vergewaltigung und Raub weisen in ihrer tatbestandlichen Struktur enge Parallelen auf. Der E 1845 Preuß.StGB hatte die entsprechende Notzuchtbestimmung sogar in ihrem Wortlaut ausdrücklich an den Raubtatbestand angeglichen, um die Analogie der Vorschriften herauszustellen[1]. Beide Delikte haben gemeinsam, daß der Täter mit Gewalt gegen eine Person[2] oder durch Drohung mit gegenwärtiger Gefahr für Leib oder Leben vorgeht, wobei diese Angriffsmittel jeweils einem weitergehenden Ziel dienen. Die Erfolgsqualifizierung läßt in ihrer heutigen Ausgestaltung einen weiten Anwendungsspielraum zu. Es wird lediglich verlangt, daß der Tod „durch die Tat" (§ 177 Abs. 3 StGB) oder „durch den Raub" (§ 251 StGB) leichtfertig verursacht wird. Es fragt sich jedoch, ob dieser Wortlaut nicht einer sinngemäßen Einschränkung bedarf. Auch hier ist zunächst ein Blick auf frühere Fassungen zu werfen.

a) Vergewaltigung mit Todesfolge

Die Geschichte der Vergewaltigung (Notzucht) zeigt, daß durchweg das gewalttätige Vorgehen des Täters, der rücksichtslos den Widerstand des Opfers brechen will, den tragenden Gedanken der Bewertung ihrer Strafwürdigkeit bildete. Im germanischen Strafrecht gelten Notzucht und Frauenraub als nahe verwandt, da in beiden Fällen der Frau wider ihren Willen Gewalt angetan wird; teilweise wird die Bezeichnung „raptus" selbst dort gebraucht, wo eigentlich nur von Notzucht die Rede ist. Das Mittelalter stellt den durch rohe Gewalt an der schwächeren und wehrlosen Frau begangenen Friedensbruch in den Vordergrund, ähnlich die gemeinrechtliche Doktrin[3]. Eine ausdrückliche Regelung der erfolgsqualifizierten Notzucht findet sich dann im Preußischen ALR[4]; sie setzt voraus, daß der Tod „durch die gewaltsame Mißhandlung verursacht worden" ist. Desgleichen verlangten die Partikulargesetzbücher[5], daß die genotzüchtigte Person an den oder durch die (erlittenen) *Miß*-

---

[1] Vgl. Goldt. Mat. II, 299. Schon in Art. 119 CCC wurde der Notzüchter „eynem Rauber gleich" bestraft.

[2] Zwar spricht der Wortlaut des § 177 StGB — im Unterschied zu dem des § 249 StGB — nur von „Gewalt". Es ist jedoch allgemein anerkannt, daß sich auch bei § 177 StGB die Gewalt gegen eine Person richten muß; vgl. *Dreher / Tröndle*, § 177 Rdn. 3; *Lackner*, § 177 Anm. 4 a; *Maurach / Schroeder*, BT 1, S. 155; *Mösl*, LK (9. Aufl.), § 177 Rdn. 3; *Schönke / Schröder / Lenckner*, § 177 Rdn. 4 Zum Begriff der Gewalt in §§ 177, 178 siehe noch BGH 2 StR 742/80 bei Holtz MDR 1981, 630, der darauf hinweist, daß trotz der allgemeinen Ausweitung des strafrechtlichen Gewaltbegriffs weiterhin eine physische Krafteinwirkung erforderlich ist.

[3] Eingehend zur historischen Entwicklung *Hälschner*, System II, S. 289 ff.

[4] § 1056 (II. Teil, 20. Titel).

[5] Vgl. Art. 189 Bayer.StGB; Art. 194 Old.StGB; Art. 295 Württ.StGB; Art. 271 Hann.CrimGB.

2. Die Anwendung von Gewalt oder Drohung

handlungen gestorben war. Die Gefahr des tödlichen Ausgangs wurde also offenbar in der rüden Vorgehensweise des Täters gesehen. Dieser Grundgedanke kommt aber schon in § 144 Preuß. StGB, der weniger präzise von Todesverursachung durch das Verbrechen spricht, nicht mehr klar zum Ausdruck. Die dortige Regelung der Notzucht ist im übrigen insgesamt mißglückt, weil dieses Delikt, in Anlehnung an den code pénal, nicht mehr als eigenständige Straftat normiert ist, sondern in einem allgemeinen Tatbestand der Notzucht mit Gewalt aufgeht[6]. Das RStGB räumte der Notzucht wieder die Stellung eines gesonderten Delikts ein. Die Qualifizierungsvorschrift des § 178 StGB a. F. erforderte Todesverursachung durch eine der in § 176 (sexuelle Nötigung) und § 177 (Notzucht) bezeichneten „Handlungen".

Aus der durchgängigen Behandlung als Gewalttat, die bereits in früheren Fassungen der Erfolgsqualifikation ihren ausdrücklichen Niederschlag gefunden hat, ist zu schließen, daß nur die Todesverursachung durch die *Tatmittel* unter die schwere Folge fällt. Dazu zählt neben der Gewalt heute auch die Drohung, die sich auch dadurch auszeichnet, daß sie mit einer Gefahr für Leib oder Leben verbunden sein muß. Ein Beispiel bietet der vom BGH[7] entschiedene Fall, wo sich bei der Bedrohung des Opfers mit einer Pistole der tödliche Schuß löst. Hier realisiert sich die Gefahr, die in der Verwendung einer geladenen Schußwaffe als Drohmittel liegt. Dagegen werden Folgen der *Beischlafshandlung*, sofern sie nicht auf der dabei angewandten Gewalt beruhen, von der Qualifizierung nicht erfaßt. Mit Recht hat *Geilen*[8] die „geradezu fossilartige Fassung" des § 178 StGB a. F. moniert, nach dessen Wortlaut auch die Unzucht (in damaliger Diktion) selbst als Fall der Lebensgefährdung aufgefaßt werden konnte. Die Unhaltbarkeit einer solchen Auslegung zeigt sich gleichfalls bei systematischer Betrachtung: Würde man den Beischlaf als solchen für gefährlich im Hinblick auf die Todesfolge erachten, so hätte in letzter Konsequenz auch bei Erschleichung außerehelichen Beischlafs (§ 179 StGB a. F.) oder Verführung Minderjähriger (§ 182 StGB) eine Erfolgsqualifizierung vorgesehen werden müssen, da eine hierdurch hervorgerufene Schwangerschaft nicht ungefährlicher sein kann als eine solche infolge erzwungenen Beischlafs. Aus dem Anwendungsbereich von § 177 Abs. 3 StGB hat demnach der in der Literatur umstrittene Beispielsfall auszuscheiden, daß die Vergewaltigte an den Folgen der Entbindung stirbt.

Die Beschränkung auf die gefahrenträchtigen Tatmittel hat außerdem eine weitere tatbestandliche Eingrenzung zur Folge: Die Ursache des

---

[6] Zur Kritik vgl. *Schwarze*, Holtz. HandB III, S. 302 f. mit weit. Nachw.
[7] BGHSt. 20, 269.
[8] JZ 1970, 524 Anm. 41.

Todes muß, wie es *Schwarze*[9] schon früher gefordert hat, „in der Tat selbst" liegen. Die Vorschrift des § 177 Abs. 3 StGB findet also keine Anwendung, wenn der Tod des Opfers durch Selbstmord, etwa aus Schamgefühl, oder auf der Flucht eintritt, weil sich darin nicht die *gefährliche Begehungsweise* der Tat realisiert. Gleiches hat für § 178 Abs. 3 StGB zu gelten. Beim sexuellen Mißbrauch von Kindern (§ 176 StGB) verlangt das Gesetz zwar nicht die Anwendung von Gewalt oder Drohung. Die Gefahr der Todesfolge dürfte hier aber in der Regel im gesetzlich selbst aufgeführten besonders schweren Fall der schweren Mißhandlung (§ 176 Abs. 3 Nr. 2 StGB) liegen. Dort wird im übrigen die Leichtfertigkeit eher zu bejahen sein, da ein solches Vorgehen gegen einen körperlich noch nicht ausgereiften Menschen erkennbar die Möglichkeit des tödlichen Ausgangs in sich birgt.

b) Raub mit Todesfolge

Ganz entsprechende Überlegungen wie zu § 177 Abs. 3 StGB gelten für den Tatbestand des § 251 StGB. Auch hier sah das deutsche Recht seit jeher die Gewalttätigkeit als das wesentliche Moment des Delikts an und behandelte ihn als Friedensbruch, der mit öffentlicher Strafe bedroht war[10]. Die gemeinrechtliche Praxis stufte die Bestrafung nach der Art der Gewalt und dem Maß der Mißhandlungen ab; nur in den schwersten Fällen wurde die Todesstrafe verhängt[11]. Das Preuß. ALR[12] kodifizierte diese Grundsätze; die Todesstrafe fand Anwendung, wenn der Tod des Beraubten durch die zugefügten Mißhandlungen eintrat. Als Begehungsweisen zählte das ALR exemplarisch Binden, Knebeln und Schläge auf. Auch die Partikulargesetzbücher stellten auf die Gewalthandlung[13] oder die verübte Mißhandlung[14] als Grundlage einer Qualifizierung ab. Die Vorschrift des § 233 Preuß.StGB verlangte Todesverursachung bei dem Raub „durch Mißhandlung oder Körperverletzung", und noch gemäß § 251 StGB a. F. war nur die verübte Gewalt ausreichend. Wenn die herrschende Meinung aus der Neufassung der Vorschrift schließt, daß nunmehr auch der Tod als Folge der Wegnahme genüge[15], so verläßt sie die anerkannte Prämisse von der *spezifischen*

---

[9] StGB, S. 476; *ders.*, in: Holtz. HandB III, S. 313.
[10] Zur Geschichte des Raubes siehe *Hälschner*, System II, S. 520 ff.
[11] Vgl. *Quistorp*, Grundsätze, § 402; *Tittmann*, Handbuch II, § 484.
[12] §§ 1189—1192 (II. Teil, 20. Titel); der Raub mit Todesfolge findet sich in § 1191.
[13] Art. 312 Württ.StGB.
[14] Art. 239 Bayer.StGB; Art. 244 Old.StGB.
[15] Vgl. oben S. 58. Auf die Gefahr einer solchen extensiven Auslegung im Hinblick auf die Neufassung hat schon *Geilen* (JZ 1970, 524 Anm. 41) vor der Gesetzesänderung aufmerksam gemacht (siehe aber auch *ders.*, Jura 1979, 502). Die Materialien (vgl. BT-Drucks. 7/550, S. 248; Prot. VII, S. 195) lassen

Gefahr des Grunddelikts. Da der Gesetzgeber den Diebstahl, bei dem etwa die Wegnahme eines lebenswichtigen Medikaments ebenso denkbar ist, nicht qualifiziert hat, muß der entscheidende Grund der Qualifizierung in dem liegen, was den Raub vom Diebstahl unterscheidet, also in der Form des Angriffs[16]. Auf der anderen Seite ergeben sich keine Friktionen mit der im Raub enthaltenen, aber für sich nicht qualifizierten Nötigungsvorschrift des § 240 StGB, weil der Raubtatbestand überhaupt nur durch eine besonders gravierende Form der Nötigung erfüllt wird, nämlich Gewalt gegen eine Person oder Drohung mit gegenwärtiger Gefahr für Leib oder Leben. Erschwerend kommt außerdem das mit dieser Nötigung erstrebte, von der Rechtsordnung von vornherein mißbilligte Ziel des Eigentumsangriffs hinzu.

Da das zur Qualifizierung führende spezifische Risiko des Raubes in der Art der Begehung zu sehen ist, müssen auch Todesfälle ausscheiden, die ihre Ursache nicht in der gefährlichen Verwirklichung des Grunddelikts haben. Zu Recht hat schon der BGH[17] für § 251 StGB a. F. eine Beschränkung auf die *tatbestandliche* Gewalt vorgenommen. Nicht erfaßt werden demnach die in der Literatur genannten Sachverhalte, daß ein Passant auf der Flucht des Täters überfahren wird oder gar durch Fehlschüsse der Polizei zu Tode kommt. § 251 StGB greift vielmehr nur ein, wenn die zur Wegnahme — im Falle des gleich auszulegenden § 252 StGB zur Erhaltung der Beute — eingesetzte Gewalt oder Drohung die Todesfolge bewirkt. Gerade die tatbestandliche Fassung des § 252 StGB bestätigt dieses Ergebnis. Eigentliche Tathandlungen sind hier, daß der Täter „Gewalt verübt" oder gefährliche „Drohungen anwendet". Die Vorschrift des § 252 StGB ist also im Zusammenhang mit § 251 StGB richtigerweise wie folgt zu lesen: Verursacht der Täter durch die Verübung der Gewalt oder die Anwendung der Drohungen den Tod eines anderen, so ist ... zu bestrafen.

3. Das Verbringen in eine räumliche Zwangslage (§§ 221, 239 StGB)

Die Delikte der Aussetzung und Freiheitsberaubung werden vorliegend unter dem Gesichtspunkt zusammengefaßt, daß in beiden Fällen das Opfer in eine Situation verbracht wird, in der ihm die Möglichkeit

---

jedenfalls keinen Schluß auf einen entsprechenden Willen des Gesetzgebers zu; dort wird lediglich auf die Änderung durch Einführung des Merkmals „leichtfertig" hingewiesen.

[16] Zutr. *Blei*, JA 1974, 236; wohl auch *Lackner*, § 251 Anm. 1; *Otto*, BT, S. 199; unklar *Lüdeking-Kupzok* (Versuch, S. 32, 266), die die tatbestandsspezifische Gefahr zwar auch in der gewaltsamen Ausführung sieht, aber Ausnahmefälle doch für denkbar hält.

[17] BGHSt. 22, 362.

selbständiger Daseinsvorsorge entzogen ist. Vor allem *Widmann*[18] hat in der Freiheitsberaubung, gleichsam als „Einsetzung", geradezu das Gegenstück zur Aussetzung gesehen. Beide Tatbestände sehen als qualifizierte Folgen Tod oder schwere Körperverletzung vor. Hinzu kommt bei der Freiheitsberaubung die über eine Woche dauernde Freiheitsentziehung. Auch dabei handelt es sich nach ganz herrschender Ansicht um eine echte Erfolgsqualifikation, so daß § 18 StGB Anwendung findet[19]; im Hinblick auf den Unmittelbarkeitsgrundsatz wirft dieser Fall jedoch keine besonderen Probleme auf[20].

a) Aussetzung mit schwerer Folge

In der deutschen Gesetzgebung ging es bei dem Tatbestand der Aussetzung bis zum Beginn des 19. Jahrhunderts um die Aussetzung eines neugeborenen Kindes durch seine Mutter, wobei das Delikt in engem Zusammenhang mit der Kindestötung gesehen wurde[21]. Art. 157 Bambergensis (1507) und Art. 132 Carolina regelten den Sachverhalt in etwa unter der Bezeichnung „gefährliches Weglegen" und differenzierten in der Strafdrohung, ob das Kind gerettet wird oder stirbt. Beide Vorschriften waren zwischen den Strafbestimmungen für Kindestötung und Abtreibung eingeordnet. Das Allgemeine Landrecht[22] behielt den engen Anwendungsbereich bei; die Aussetzung mit Todesfolge stand an der Spitze der entsprechenden Bestimmungen, so daß die nicht zum Tode führende Tat nur einen Ausnahmefall bildete. Im gemeinen Recht dehnte man den Schutzbereich zum Teil auf alle erwachsenen Deszendenten aus, sofern sie wegen Krankheit oder anderer Gebrechen hilfsbedürftig waren, teilweise auch auf alle hilflosen Personen. Bezüglich der Handlung wurde das gefährliche Verlassen (Weggehen) dem Aussetzen (Wegsetzen) gleichgestellt; beide Tatalternativen erforderten die Lebensgefährdung des Opfers[23]. Eine gesetzliche Erweiterung des ge-

---

[18] Versuch, S. 39 Anm. 1. Siehe früher schon *v. Buri* (GS 27 [1875], 533), nach dem im Falle der Freiheitsberaubung ein Abhängigkeitsverhältnis widerrechtlich begründet, bei der Aussetzung ein solches aufgelöst wird.

[19] Vgl. BGHSt. 10, 306; *Dreher / Tröndle*, § 239 Rdn. 11; *Horn*, SK, § 239 Rdn. 14; *Maurach / Schroeder*, BT 1, S. 137; *Schäfer*, LK (9. Aufl.), § 239 Rdn. 33; *Schönke / Schröder / Eser*, § 239 Rdn. 13; *Welzel*, LB, S. 329; *abw*. noch *Maurach*, BT, S. 123 (Vorsatz erforderlich).

[20] Ebenso eindeutig beantwortet sich der Fall der vorsätzlichen Tötung des der Freiheit Beraubten, denn eine intensivere Form der „Behandlung" i. S. d. § 239 Abs. 3, 2. Alt. ist kaum vorstellbar; überkonstruiert erscheint daher BGHSt. 28, 18, der in diesem Sachverhalt einen unmittelbaren inneren Zusammenhang zwischen Freiheitsentziehung und Tötungshandlung verlangt.

[21] Zur Geschichte siehe *Radbruch*, VDB V, S. 185 ff.

[22] §§ 969—971 (II. Teil, 20. Titel).

[23] Vgl. *Hälschner*, System II, S. 15; *Tittmann*, Handbuch I, §§ 202, 203. Das Begriffspaar Wegsetzen/Weggehen macht übrigens deutlich, daß jedenfalls aus historischer Sicht die Verlassensalternative eine *räumliche Trennung* er-

3. Das Verbringen in eine räumliche Zwangslage

schützten Personenkreises brachten die Partikulargesetzbücher, die nunmehr auch kranke oder gebrechliche Personen einbezogen. Hinsichtlich der Bestrafung stuften sie meist nach der Gefahr ab, die die Art, der Ort oder die Umstände der Aussetzung für das Leben des Opfers mit sich brachte oder nach der Wahrscheinlichkeit, mit der dessen Rettung zu erwarten war[24]. In § 183 Preuß.StGB entfallen diese Unterschiede, es ist allerdings eine Qualifizierung vorgesehen, wenn „in Folge der Handlung" der Tod eintritt.

Ihrer Dogmengeschichte nach handelt es sich bei der Aussetzung um ein Delikt der *Lebensgefährdung;* dafür spricht heute auch die systematische Stellung des § 221 StGB sowie die Problematik der Erweiterung strafrechtlicher Haftung auf den ansonsten straflosen Bereich der versuchten Körperverletzung[25]. In der schweren Folge des Absatzes 3 muß sich die Hilflosigkeit des Opfers realisieren, die darin besteht, daß es in der vom Täter geschaffenen Lage unfähig ist, drohende Lebensgefahren von sich aus abzuwehren. Es scheiden von daher die Fälle aus, in denen die besondere Situation des Opfers noch nicht entstanden oder schon wieder aufgehoben ist, wenn also beispielsweise der Tod auf dem Weg zum oder vom Aussetzungsort eintritt. Nicht umsonst spricht auch der Wortlaut der Vorschrift vom Tod der „ausgesetzten oder verlassenen" Person[26]. Hinzu kommt, daß wegen des (ungeschriebenen) Tatbestandsmerkmals der konkreten Lebensgefährdung auf subjektiver Seite ein *Gefährdungsvorsatz* erforderlich ist. Er muß neben dem Bewußtsein der hilflosen Lage des Opfers auch die mögliche Lebensgefährdung umfassen, wobei dolus eventualis genügt[27]. Dies bedeutet im Hinblick auf die schwere Folge, daß hierfür im Unterschied zu sonstigen erfolgsqualifizierten De-

---

fordert; dafür auch heute *Dreher / Tröndle,* § 221 Rdn. 6; *Hirsch,* ZStW 84 (1972), 381 f.; *Horn,* SK, § 221 Rdn. 7; *Jähnke,* LK, § 221 Rdn. 14; *Lange,* LK (9. Aufl.), § 221 Rdn. 6; offenlassend BGHSt. 21, 44 (47). Nach der Gegenmeinung soll ein „Imstichlassen" genügen, vgl. *Blei,* BT, S. 59; *Maurach / Schroeder,* BT 1, S. 55 f.; *Schönke / Schröder / Eser,* § 221 Rdn. 7; *Welzel,* LB, S. 296.; *Wessels,* BT 1, S. 31.

[24] Vgl. Art. 174—177 Bayer.StGB; Art. 179—182 Old.StGB; Art. 131 Sachs.-Alt.CrimGB; Art. 257—259 Würt.StGB; Art. 240 Hann.CrimGB; § 156 Braunschw.StGB.

[25] Wie hier *Blei,* BT, S. 59; *Frank,* § 221 Anm.; *Krey,* BT 1, S. 54; *Lange,* LK (9. Aufl.), § 221 Rdn. 1; *Maurach / Schroeder,* BT 1, S. 53; *Otto,* BT, S. 52; *Schmidhäuser,* BT, 2/20; *Schönke / Schröder / Eser,* § 221 Rdn. 1; *Wessels,* BT 1, S. 30 f.; ebenso § 139 E 1962; *a. A.* (Leibesgefährdung ausreichend) BGHSt. 4, 113 (115); 21, 44 (48); 25, 218 (220); 26, 35 (36); RGSt. 75, 68 (74); KG JR 1973, 72; OLG Hamm VRS 19, 431; *Bockelmann,* BT 2, S. 70; *Dreher / Tröndle,* § 221 Rdn. 1; *Lackner,* § 221 Anm. 1; *Welzel,* LB, S. 296; einschr. *Horn,* SK, § 221 Rdn. 3; *Jähnke,* LK, § 221 Rdn. 4 (schwere Leibesgefahr i. S. d. § 224 StGB).

[26] Gegen das Wortlautargument jedoch *Horn,* SK, § 221 Rdn. 18.

[27] *Lange,* LK (9. Aufl.), § 221 Rdn. 8; *Schönke / Schröder / Eser,* § 221 Rdn. 11; vgl. auch RG DR 1941, 193. Allg. zum Begriff des Gefährdungsvorsatzes siehe BGHSt. 22, 67 (73 f.).

likten nur die bewußte Fahrlässigkeit ausreicht[28]. Darin liegt jedoch kein Widerspruch, sondern es folgt daraus, daß bei der Aussetzung der objektive Tatbestand schon höhere Anforderungen an die Gefahrenlage stellt, die sich auf subjektiver Ebene entsprechend widerspiegeln müssen.

b) *Freiheitsberaubung mit schwerer Folge*

In der Geschichte der Freiheitsberaubung war der Tod als qualifizierender Erfolg nicht durchgängig vorgesehen. Dies mag daran liegen, daß das Grunddelikt in verschiedenen Perioden nicht als eigenständige Straftat, sondern als Unterfall der Injurie aufgefaßt wurde[29]. Das Preuß. ALR[30] sah eine Qualifizierung bei dem Spezialfall des Verbringens in ein Privatgefängnis vor: Hatte jemand dadurch Leben, Verstand oder Gesundheit verloren, so kamen die Strafbestimmungen für vorsätzliche Beschädigungen zur Anwendung. Dauerte eine sonstige Freiheitsberaubung jedoch über drei Tage, dann waren ebenfalls die in Ansehung der Privatgefängnisse aufgestellten Regelungen einschlägig. Das Gesetz sah also offenbar einen Zusammenhang zwischen der Dauer der Freiheitsberaubung und der Gefahr der schweren Folge. Die Gesetzbücher der deutschen Teilstaaten[31] stuften die Strafdrohung vor allem nach dem Zeitraum der Gefangenhaltung ab; berücksichtigt wurden auch Ort und Art der Freiheitsberaubung sowie die damit verbundenen Leiden. Das Preuß.StGB (§ 210) schärfte die Strafe, wenn die Freiheitsentziehung eine schwere Körperverletzung zur Folge gehabt oder über einen Monat gedauert hatte. Der Todeserfolg taucht als qualifizierendes Moment erst wieder in § 158 Abs. 2 StGB für den Norddeutschen Bund auf[32].

Die in den früheren Strafgesetzbüchern zu einer Straferhöhung führenden Modalitäten weisen die schon angesprochenen Parallelen zum Tatbestand der Aussetzung auf: Das Opfer befindet sich in einer Situation, in der es dem Täter „auf Gedeih und Verderb" ausgeliefert und der Möglichkeit beraubt ist, selbst für seine Lebensbedürfnisse zu sor-

---

[28] Bei Vorsatz hinsichtlich des Todeserfolgs wird § 221 Abs. 3 durch die §§ 211 ff. verdrängt (allg. Ansicht). Würde man also den Gefährdungsvorsatz mit eventuellem Verletzungsvorsatz gleichsetzen, so wäre ein Fall des § 221 Abs. 3 gar nicht denkbar.

[29] Vgl. *Hälschner*, System II, S. 185; *Tittmann*, HandB I, § 189; zur gemeinrechtlichen Doktrin siehe *Rosenfeld*, VDB V, S. 397 ff.; *Than*, Freiheitsdelikte, S. 37 ff. Noch im Preuß.ALR ist der 13. Abschnitt (II. Teil, 20. Titel) mit „von Beleidigungen der Freiheit" überschrieben; auch in Art. 192 ff. Bayer.StGB wird der seiner Freiheit Beraubte als „der Beleidigte" bezeichnet.

[30] § 1082 (II. Teil, 20. Titel).

[31] Vgl. Art. 194 Bayer.StGB; Art. 199 Old.StGB; Art. 155 Sachs.-Alt.CrimGB; Art. 170 Braunschw.StGB; Art. 249 Hann.CrimGB; Art. 299 Hess.StGB; § 276 Bad.StGB.

[32] Siehe dazu *John*, Motive, S. 494 f.

3. Das Verbringen in eine räumliche Zwangslage

gen. Diese besondere Lage verschärft sich um so mehr, je länger sie aufrechterhalten wird. Besonders deutlich kommt der Grundgedanke in der erwähnten Regelung des Preuß.ALR zum Ausdruck, wo ein Zusammenhang zwischen der Dauer der Freiheitsentziehung und den sich daraus ergebenden schweren Schädigungen hergestellt wird. Entsprechend hat die Herbeiführung der qualifizierenden Folge auf dieser Gefahrensituation zu beruhen; der Wortlaut des § 239 Abs. 3 StGB berücksichtigt dies immerhin insoweit, als daß der Todeserfolg *durch* die Freiheitsentziehung — oder die während derselben widerfahrenen Behandlung — verursacht sein muß[33]. Der eigentlich typische Fall sieht demnach so aus, daß das Opfer infolge mangelnder Versorgung oder der Beschaffenheit des Aufenthaltsortes zu Tode kommt, also etwa verhungert, erstickt oder erfriert.

Besonders umstritten ist demgegenüber die Frage der Todesverursachung durch Flucht des Opfers. Für diesen Fall hatte der BGH, wie gesehen, die Anwendbarkeit der Erfolgsqualifikation bei § 239 Abs. 3 StGB bejaht[34], bei § 226 StGB hingegen verneint[35]. Diesem Ergebnis ist dann zuzustimmen, wenn es sich auf einen entscheidenden Unterschied der beiden Grunddelikte zurückführen läßt (systematische Betrachtungsweise): Die Freiheitsberaubung ist ein typisches Dauerdelikt, das erst beendet ist, wenn die Freiheitsentziehung wieder aufgehoben wird[36]. Das Wesen des Dauerdelikts besteht in der Aufrechterhaltung des vom Täter geschaffenen rechtswidrigen Zustands. Dieser ist bei dem Versuch des Eingesperrten, die Freiheit zu erlangen, noch nicht beendet. Denn gerade das Ergebnis zeigt, daß er seine Fortbewegungsfreiheit nicht wiedergewonnen hatte[37]. Sein Handeln entspringt somit dem Trachten nach Aufhebung derjenigen Situation, der das Gesetz mit Schaffung der Vorschrift des § 239 StGB entgegentreten wollte, bildet also eine typische (und in der Regel vorhersehbare) Folge der Einsperrung. Der Zusammenhang endet allerdings dann, wenn die spezifische Lage des Opfers endgültig beendet ist.

---

[33] Dem Wortlaut mißt *Widmann* (Versuch, S. 65) enscheidende Bedeutung bei.
[34] BGHSt. 19, 382.
[35] BGH NJW 1971, 152.
[36] Vgl. BGHSt. 20, 227 (228); RGSt. 25, 147 (149); *Blei*, BT, S. 71; *Maurach / Schroeder*, BT 1, S. 136 f., *Schäfer*, LK (9. Aufl.), § 239 Rdn. 31; allg. zum Dauerdelikt *Schönke / Schröder / Stree*, Vor § 52 Rdn. 81 ff.
[37] Ebenso *Schäfer*, LK (9. Aufl.) § 239 Rdn. 41 a. E. Nach *Geilen* (Welzel-Festschrift, S. 673) ist die Flucht bei Freiheitsberaubung „typischer" als bei Körperverletzung, weil man die Flucht bei Freiheitsberaubung als eine besonders adäquate Reaktion empfinde. Aber auch er meint, daß es ggf. bei einer sich in der bloßen Freiheitsberaubung erschöpfenden Handlungsweise unbillig sein könne, § 239 Abs. 3 anzuwenden.

Den Bedenken von *Widmann*[38], daß die Strafdrohung des § 239 Abs. 3 StGB in manchen Fällen unangemessen sein könne, ist auf zweifache Art zu begegnen. In dem von ihm angeführten Beispiel, daß jemand vielleicht nur aus Schabernack eine Tür versperrt und das Opfer aus dem Fenster steigt und dabei abstürzt, kann es zunächst schon am Tatbestand der Freiheitsberaubung fehlen. Denn es ist anerkannt, daß ganz unerhebliche Beeinträchtigungen für die Verwirklichung des § 239 StGB nicht ausreichen[39]. Aber selbst wenn die für eine Freiheitsberaubung erforderliche zeitliche Dimension erreicht wird, muß dies bei tödlicher Flucht des Opfers nicht ohne weiteres zur Strafbarkeit des Täters aus der Qualifizierungsvorschrift führen. Es handelt sich dabei um Sachverhalte, in denen die Fluchtreaktion des Eingesperrten nicht „situationsadäquat" ist, sich in seinem Verhalten also nicht die Gefahr realisiert, die in dem Abgeschnittensein von eigener Daseinsvorsorge besteht. Auch *Schäfer*[40], der den Tod beim Fluchtversuch grundsätzlich dem § 239 Abs. 3 StGB unterstellen will, spricht dabei ausdrücklich von dem Bestreben des Opfers, sich einer „entwürdigenden oder gefährlichen" Freiheitsberaubung zu entziehen. Als Gegenbeispiel mag der Fall des eingeschlossenen Arbeitskollegen dienen, der sich auf andere Weise — etwa durch einen Telefonanruf — aus seiner mißlichen Lage befreien könnte. Zwar ist hier das Grunddelikt begrifflich verwirklicht, jedoch nicht in solcher Weise, wie sie der Gesetzgeber im Hinblick auf die Erfolgsqualifikation im Auge hatte[41].

c) Das Eingreifen Dritter

Bei Aussetzung und Freiheitsberaubung stellt sich das besondere Problem, daß das in der jeweiligen Zwangslage befindliche Opfer nicht nur dem Einfluß von Naturgewalten, sondern gegebenenfalls auch den Angriffen Dritter preisgegeben ist. Dies wirft die Frage auf, ob der Täter des Grunddelikts ebenfalls für Folgen verantwortlich gemacht werden kann, die jene dritten Personen herbeiführen. Als vergleichbarer Fall aus der Rechtsprechung mag eine Entscheidung des BGH[42] dienen: A

---

[38] MDR 1967, 973.

[39] Vgl. RGSt. 2, 292 (297); *Dreher / Tröndle*, § 239 Rdn. 2; *Schäfer*, LK, § 239 Rdn. 21; *Schönke / Schröder / Eser*, § 239 Rdn. 4; *Than*, Freiheitsdelikte, S. 121; *Welzel*, LB, S. 328; differenzierend nach der Intensität der Freiheitsentziehung OLG Hamm JMBlNRW 1964, 31. Siehe ferner OLG Hamm NJW 1980, 2537 zu dem allgemeinen Grundsatz, daß ganz geringfügige Rechtsgutsbeeinträchtigungen den Tatbestand einer Strafnorm nicht erfüllen.

[40] LK (9. Aufl.), § 239 Rdn. 41.

[41] Die ratio legis ist hier also enger als die tatbestandliche Fassung; vgl. zu diesem Verständnis der restriktiven Auslegung *Enneccerus / Nipperdey*, AT 1, S. 344 ff.; *Hirsch* ZStW 74 (1962), 126 f. mit verschiedenen Beispielen aus dem strafrechtlichen Bereich.

[42] BGH 5 StR 453/55 bei Dallinger MDR 1956, 526.

3. Das Verbringen in eine räumliche Zwangslage

schoß das Opfer in die Brust; es sank zu Boden und röchelte, worauf ihm B den „Gnadenschuß" gab. Der BGH verurteilte A wegen vollendeter Tötung, weil der Schuß des A das Verhalten des B veranlaßt habe. Der Sachverhalt läßt sich für die vorliegende Untersuchung dahingehend abwandeln, daß ein Dritter das in hilfloser Lage ausgesetzte Opfer tötet[43]. Die Verbindung zwischen Erst- und Folgetat liegt hier — worauf auch der BGH abstellt — in der Veranlassung (psychischen Vermittlung) des Drittverhaltens.

Im Zivilrecht besteht eine ähnliche Problematik bei den „Grünstreifenfällen", wo es darum geht, daß Dritte bei Umgehung einer Unfallstelle einen Flurschaden anrichten. Hier differenziert die Rechtsprechung[44] danach, ob der durch den Erstschädiger verursachte Unfall nur äußerer Anlaß für das Verhalten Dritter war oder ob deren Dazwischentreten durch das Ereignis herausgefordert bzw. nahegelegt worden ist. Ferner hat der BGH[45] im Falle deliktischer Anschlußtat darauf abgestellt, ob dem unmittelbar geschädigten Rechtsgut eine Schutzfunktion zukam, die durch seine Verletzung ausfiel, oder daß seine Ausschaltung jedenfalls zu rechtswidrigem Tun verleiten konnte. Es soll dann das Handeln Dritter noch dem Verantwortungsbereich des Erstschädigers zugerechnet werden. Auch die Literatur fordert als Haftungsvoraussetzung die Schaffung einer besonderen Gefahrenlage für das betroffene Rechtsgut, die das Eingreifen des Dritten wenigstens tendenziell begünstigt hat[46].

Im strafrechtlichen Schrifttum besteht über die anzuwendenden Kriterien keine Einigkeit. Zum Teil wird dem Unrechtsgehalt des Dritthandelns entscheidende Bedeutung beigemessen. So umfaßt nach *Welp*[47] der Verantwortungsbereich einer Person niemals das vorsätzliche Verhalten eines Dritten. Eine Einschränkung macht er allerdings, wenn das

---

[43] Da der BGH in dem entschiedenen Vorsatzfall eine nur unwesentliche Abweichung des Kausalverlaufs annimmt (zust. *Dreher / Tröndle*, § 16 Rdn. 7), müßte er erst recht in einem entsprechenden Fahrlässigkeitsfall die Voraussehbarkeit bejahen, weil sich dort die Erkennbarkeit nur auf den Erfolg im Endergebnis beziehen muß (krit. zu dieser Unterscheidung *Schroeder*, LK, § 16 Rdn. 26). In manchen Fällen hat er allerdings die Vorhersehbarkeit des Verhaltens Dritter verneint, vgl. BGHSt. 3, 62 (64); BGH GA 1960, 111; 1969, 246.
[44] BGHZ 58, 162; vgl. auch OLG Celle (Z) NJW 1979, 723; näher zur „Herausforderungsformel" *Zimmermann*, JZ 1980, 10.
[45] BGH (Z) NJW 1979, 712: Diebstahl von Kühen als Folge der Zerstörung eines Weidezaunes.
[46] Vgl. *Esser / Schmidt*, SchuldR I 2, S. 181; *Grunsky*, Münch. Komm., Vor § 249 Rdn. 57; *H. Lange*, JZ 1976, 206; zusätzlich verlangt *Lüer* (Begrenzung, S. 150), daß die unerlaubte Handlung die Stellung des Verletzten bedeutend geschwächt hat.
[47] Handlungsäquivalenz, S. 279 ff., 301; JR 1972, 429; zust. *Ebert*, Jura 1979, 570.

Wirken des Ersttäters die zum Schutz des angegriffenen Gutes geschaffenen Vorkehrungen mindert. Andere ziehen die Grenze bei der groben Fahrlässigkeit, während die Begründung im einzelnen wiederum unterschiedlich ausfällt: Bei grob fahrlässigem Fehlverhalten eines Dritten fehle der Risikozusammenhang zwischen dem Erfolg und der ursprünglichen Sorgfaltspflichtverletzung[48]; der Erfolg habe seinen Grund in einer anderen als der vom Ersttäter begründeten und von ihm steuerbaren Gefahr[49]; grobe Fahrlässigkeit eines Dritten falle nicht mehr in den Verantwortungsbereich des Ersttäters, auch wenn sie im Einzelfalle im Rahmen des Vorhersehbaren liege[50]. Dagegen will *Schünemann*[51] an die Stelle einer „schematischen" Berücksichtigung des Drittverschuldens die individuell-fallbezogene Prüfung treten lassen, ob der Folgeschaden die typische Konsequenz einer durch die Ersturnsache hervorgerufenen Gefährdung ist oder nur gelegentlich der Ersttat eintritt. Im letzteren Falle verwirkliche sich der Erfolg nur als Ausdruck des allgemeinen Lebensrisikos[52]. Für *Rudolphi*[53] ergibt sich als Konsequenz des Vertrauensgrundsatzes, daß die Eröffnung der Möglichkeit von Drittschädigungen beim Fehlen besonderer auf sie hinweisender Umstände von der Rechtsordnung nicht mißbilligt werde. Eine umfassende Pflicht, fremde Pflichtwidrigkeiten nicht zu ermöglichen, widerspreche dem Grundsatz der Eigenverantwortlichkeit des Menschen und laufe im Ergebnis auf eine Bejahung der Lehre vom versari in re illicita hinaus. Schließlich wird auch der Gedanke der Tatherrschaft herangezogen: Die Sphäre der Verantwortlichkeit werde durch die Tatherrschaft begrenzt und die Verbindung der Tat zu solchen — durch eine vollverantwortlich handelnde, tatmächtige Person begangenen — Handlungen unterbrochen, die sich außerhalb dieser Sphäre befinden[54]. Durch das Eingreifen des Dritten könne die Tatherrschaft auf ihn übergehen, so daß er zum Täter werde[55].

Im vorliegenden Zusammenhang muß Ansatzpunkt der Lösung das spezifische Gefahrenmoment der hier behandelten Delikte sein. Das ausgesetzte oder eingesperrte Opfer ist seiner sozialen Schutzzone entzogen worden und befindet sich in einer besonderen Zwangssituation, die es den Angriffen Dritter ausliefert. Macht sich ein anderer nunmehr diese Risikolage des Opfers zunutze, um es zu töten, dann stellt sich das Dritthandeln lediglich als Verschärfung der bereits durch das Grunddelikt

---

[48] *Burgstaller*, Fahrlässigkeitsdelikt, S. 119.
[49] *Otto*, JuS 1974, 709.
[50] *Wolter*, JuS 1981, 174.
[51] JA 1975, 719.
[52] Vgl. auch *Jakobs*, Studien, S. 93 ff.
[53] SK, Vor § 1 Rdn. 73; JuS 1969, 555 f.
[54] *Lampe*, ZStW 71 (1959), 615.
[55] Vgl. *Dreher / Tröndle*, Vor § 1 Rdn. 17 c.

geschaffenen Gegebenheiten dar. Der tödliche Erfolg bewegt sich damit im Rahmen des durch die Ersttat herbeigeführten „Ausgangsrisikos"[56]. Entscheidend ist hier also die bereits in den allgemeinen Lösungsvorschlägen verschiedentlich angesprochene[57], das Eingreifen des Dritten begünstigende oder herausfordernde Gefährdung, während es nicht darauf ankommt, ob der Dritte vorsätzlich oder fahrlässig handelt. Es ist auch nicht möglich, zugunsten des Ersttäters mit dem Vertrauensgrundsatz zu operieren[58], denn ein solches „Vertrauen" kann derjenige nicht in Anspruch nehmen, der sich selbst pflichtwidrig verhält[59].

Aus der spezifischen Gefahrenträchtigkeit der Grunddelikte Aussetzung und Freiheitsberaubung folgt demnach, daß ein die durch das Grunddelikt geschaffene Situation ausnutzendes Drittverhalten, das die schwere Folge verursacht, zur Strafbarkeit des Ersttäters aus der Erfolgsqualifikation führt[60].

4. Das Einsetzen (gemein)gefährlicher Tatmittel (§§ 229, 307, 310b, 311, 311a, 312, 318, 319 StGB)

Bei einer Reihe von erfolgsqualifizierten Delikten — überwiegend gemeingefährliche Straftaten des 27. Abschnitts — erfordert der Grundtatbestand die Anwendung besonderer Tatmittel (wie Gift, Feuer, Sprengstoff), denen naturgemäß die Gefahr möglicher Weiterungen anhaftet. Ihr gemeinsamer Nenner impliziert bereits die Forderung, daß die schwere Folge auf der typischen Wirkung des jeweiligen Mittels *beruhen* müsse. Dieser Gedanke klingt bei einem Teil der Vorschriften auch an: So muß etwa „der Brand" (§ 307 Nr. 1 StGB) oder „die Überschwemmung" (§ 312 StGB) den Tod verursacht haben. Zumeist stellt allerdings der Wortlaut nur auf die Tat (vgl. § 310b Abs. 3, § 311 Abs. 3, § 311a Abs. 3 StGB) oder auf die Handlung (vgl. § 319 StGB) ab.

---

[56] Treffender Begriff von OLG Stuttgart, JZ 1980, 618, das im gegebenen Fall (ärztlicher Kunstfehler) eine „die Ersttatsache suspendierende Neueröffnung einer vom Ausgangsrisiko unabhängigen Ursachenkette" verneint und auch die Vorhersehbarkeit bejaht. Siehe in Fortführung dieser Entscheidung OLG Stuttgart NJW 1982, 295.

[57] Vgl. oben S. 107 f.

[58] So aber *Rudolphi*, SK, Vor § 1 Rdn. 73; siehe auch *Roxin*, Gallas-Festschrift, S. 257 f.

[59] Vgl. BGHSt. 9, 92 (93); 12, 81 (83); 17, 299 (301); BGH VRS 13, 225 (226); 14, 294 (295); 15, 123 (124); 33, 368 (370); 35, 114 (116); *Maurach / Gössel / Zipf*, AT 2, S. 101; *Schönke / Schröder / Cramer*, § 15 Rdn. 150; *Stratenwerth*, AT I, Rdn. 1161; *Welzel*, LB, S. 133; einschr. *Schroeder*, LK, § 16 Rdn. 174.

[60] Dieses Ergebnis ist hingegen nicht auf andere erfolgsqualifizierte Delikte übertragbar: Tötet etwa ein Dritter das verletzte Opfer, so scheidet § 226 StGB aus, weil die Ursprungsverletzung nicht letal geworden ist.

Die Zusammenfassung der gemeingefährlichen Delikte zu einer einheitlichen Gruppe hat sich geschichtlich erst relativ spät durchgesetzt[61]. Erstmals das Preuß.ALR[62] enthielt einen Abschnitt mit der Bezeichnung „Von Beschädigungen mit gemeiner Gefahr". Aufgegriffen wurde dieser Gedanke vom Sachs.-Alt.CrimGB[63] und Hann.CrimGB[64]. Es handelte sich dort um Brandstiftung, Überschwemmung und gemeingefährliche Vergiftung. Im Preuß.StGB kamen die Delikte der gefährlichen Eingriffe in den Verkehr (§ 294) sowie der Beschädigung wichtiger Anlagen (§ 301) hinzu. Die erwähnten Tatbestände forderten in der Regel, daß das Leben oder die Gesundheit anderer Personen „in Gefahr gesetzt" wurde. Nach den Motiven zum RStGB geht es bei den strafbaren Handlungen des 27. Abschnitts um solche, mit deren Begehung die Wahrscheinlichkeit einer allgemeinen Gefahr für Menschen oder Sachen gegeben ist[65].

Besondere Beachtung verdient die Entstehungsgeschichte der schweren Brandstifung, weil hierbei das Abstellen auf das gefährliche Mittel am deutlichsten zum Ausdruck kommt. Frühere Gesetzbücher verlangten den Tod eines Menschen „durch das entstandene Feuer" (Art. 171 Sachs.-Alt.CrimGB) oder als „Folge des erregten Brandes" (Art. 183 Hann.CrimGB). Bei der Abfassung des Preuß.StGB lehnte man es ausdrücklich ab, die im preußischen Landrecht sich findende Formulierung „durch den Brand oder bei Gelegenheit desselben" aufzunehmen. Diese Fassung wurde als zu allgemein befunden und auf die Worte „durch den Brand" beschränkt, um deutlicher auszudrücken, daß der Tod unmittelbar durch die Feuersbrunst herbeigeführt sein müsse[66]. Das Reichsgericht[67] nahm diese Entwicklung zum Anlaß, bei Todesverursachung durch den brennenden Zündstoff die Qualifizierung zu verneinen.

Lange umstritten war der Begriff der *Gemeingefahr* im Sinne des 27. Abschnitts. Nach der „Individualisierungstheorie" des Reichsgerichts[68] genügte im konkreten Fall die Gefährdung nur einer bestimmbaren oder bestimmten Person. Diese Auffassung legte demnach den Schwerpunkt auf die gefährliche Handlungstendenz, durch die Kräfte in Gang gesetzt wurden, die dem Steuerungsvermögen des Täters entrückt sind. Demgegenüber stellte die „Repräsentationstheorie" des Bundesgerichts-

---

[61] Zur historischen Entwicklung siehe *Kitzinger*, VDB IX, S. 1 ff.
[62] Teil II Titel 20 Abschnitt 17.
[63] Siebentes Kapitel: Von gemeingefährlichen Handlungen.
[64] Viertes Capitel: Vom Verbrechen wider die öffentliche Sicherheit im Staate.
[65] Motive, S. 179; zitiert nach *Kitzinger*, VDB IX, S. 4.
[66] Vgl. Goltd. Mat. II, S. 650; *Widmann*, Versuch, S. 52 f.
[67] RGSt. 40, 321 (324).
[68] RGSt. 5, 309; siehe ferner RGSt. 53, 212; 56, 96. Vgl. im übrigen die Darstellung des Theorienstreits bei *Maurach*, BT (4. Aufl.), S. 492 ff.

4. Das Einsetzen (gemein)gefährlicher Tatmittel

hofs[69] auf den Gefährdungserfolg ab: Der jeweilige Rechtsgutsträger müsse immer als Teil eines nicht im einzelnen bestimmten Kreises, als dessen Repräsentant erscheinen. Die Allgemeinheit sei also gefährdet, wenn an Stelle des Betroffenen ein beliebiger anderer der Gefahr hätte ausgesetzt sein können. Nachdem aber nach den heutigen Tatbeständen in der Regel die Herbeiführung einer konkreten Individualgefahr ausreicht und sich das Merkmal der gemeinsamen Gefahr nur noch in den §§ 312 bis 314 StGB findet, ist als gemeinsames Essentiale der — hier behandelten — gemeingefährlichen Straftaten die Unberechenbarkeit und Unbeherrschbarkeit der eingesetzten Tatmittel anzusehen[70]. Diesen Gedanken machte sich der preußische Gesetzgeber im übrigen auch für die Bestrafung der Individualvergiftung zu eigen: der Gebrauch von Gift sei härter zu ahnden, weil der Erfolg „gar nicht beherrscht werden" könne[71].

Für die unmittelbare Verursachung der schweren Folge durch ein (gemein)gefährliches Mittel ergibt sich demnach, daß sie auf dessen typische Wirkungsweise und unkontrollierbare Ausweitung rückführbar sein und das Opfer sich in der *Gefahrenzone*[72] aufhalten muß, in welcher das Tatmittel seine Wirkung entfaltet. Dies sei exemplarisch an dem praktisch wichtigsten Tatbestand der tödlichen Brandstiftung (§ 307 Nr. 1 StGB) näher erläutert: Ist zunächst ein „Brand", wie ihn die §§ 306, 307 StGB voraussetzen, noch gar nicht entstanden, so kommt eine Anwendung der Qualifizierungsvorschrift nicht in Betracht. Entgegen dem BGH[73] greift § 307 Nr. 1 StGB daher nicht ein, wenn das Opfer schon durch den brennenden Zündstoff ums Leben kommt. Die erforderliche Differenzierung wird in dem besagten Fall dadurch erschwert, daß das Opfer dort auch durch „Feuer" getötet wurde. In konsequenter Fortführung dieser Entscheidung müßte der BGH aber selbst dann nach § 307 Nr. 1 StGB bestrafen, wenn etwa der Täter zum Zwecke der Brandstiftung eine elektrische Starkstromleitung legen würde, die einem Hausbewohner einen tödlichen Schlag versetzt, was mit dem Ge-

---

[69] BGHSt. 11, 199 (201 ff.); 14, 395; 15, 138.
[70] In diesem Sinne *Kohlrausch / Lange*, Vor § 306 Anm. I; Maurach, BT, S. 522; *Mösl*, LK (9. Aufl.), Vor § 306 Rdn. 5; *Schmidhäuser*, BT, 15/1; *Wessels*, BT 1, S. 159; E 1962 Begründung S. 497; früher schon *Binding*, LB II 1, S. 2 f.; *Finger*, Frank-Festgabe I, S. 249 f.; *v. Liszt / Schmidt*, LB (25. Aufl.), S. 706 f. (wo diese Delikte systematisch unter den „durch das Mittel des Angriffs gekennzeichneten Straftaten" behandelt werden). Vgl. auch die entsprechende Auslegung des Merkmals „mit gemeingefährlichen Mitteln" (§ 211 StGB) bei *Jähnke*, LK, § 211 Rdn. 59; *Lackner*, § 211 Anm. 3 d.
[71] Vgl. Goltd. Mat. II, S. 427. Siehe zu diesem Aspekt auch BGHSt. 15, 113 (115); *Meyer*, JuS 1977, 519.
[72] Hiermit wird das Merkmal „In-Gefahr-gesetzt-sein" der Partikulargesetzbücher berücksichtigt.
[73] BGHSt. 7, 37.

sichtspunkt der Brandgefahr erkennbar überhaupt nichts mehr zu tun hätte[74]. Ist das Gebäude in Brand gesetzt, so kann das Feuer nunmehr die ihm eigene zerstörerische Wirkung entfalten. Hierzu gehört im Hinblick auf die Todesfolge nicht nur das Verbrennen des Opfers, sondern auch das Begrabenwerden unter den Trümmern, da der Einsturz eines Gebäudes das typische (gefahrenimmanente) Ergebnis eines Brandes ist. Gleiches gilt für den Sprung eines Hausbewohners aus dem Fenster, da sich ein solches Verhalten bekanntermaßen dem von den Flammen Eingeschlossenen oftmals als letzte Rettungschance darbietet[75]. Es wird gerade *dadurch* (§ 307 Nr. 1 StGB) provoziert, daß sich das Opfer zur Zeit der Tat in den betreffenden Räumlichkeiten befand. Dagegen realisiert sich nicht die spezifische Brandgefahr, falls jemand, an dessen Haus ein Brand gelegt wurde, vor Schreck einen Herzschlag erleidet, mag dieser Erfolg auch voraussehbar sein[76]. Schließlich scheiden Todesfälle aus, die sich außerhalb des Gefahrenbereichs des Brandes abspielen, also wenn beispielsweise der aus dem brennenden Gebäude eilende Bewohner von dem eintreffenden Feuerwehrfahrzeug überrollt wird. Der Tod durch Überfahrenwerden könnte auch jeden Unbeteiligten treffen, so daß sich darin kein besonderes, sondern ein allgemeines Risiko verwirklicht. Ein anderes Ergebnis wäre zudem schwerlich mit dem Wortlaut der Vorschrift zu vereinbaren.

Entsprechende Grundsätze haben für die übrigen gemeingefährlichen Delikte zu gelten. Der qualifizierende Erfolg muß jeweils auf der eigentümlichen Wirkung des eingesetzten Mittels beruhen, also beispielsweise auf der Explosivkraft des Sprengstoffs (§ 311 Abs. 3 StGB) oder der Naturgewalt des Wassers (§ 312 StGB). Bei der gemeingefährlichen Vergiftung (§ 319 StGB) ist die Giftigkeit des beigemischten Stoffes entscheidend; die Qualifikation wäre also in dem Fall zu verneinen, daß ein mit der Untersuchung des vergifteten Wassers beauftragter Sachverständiger in den Brunnen fällt und darin ertrinkt.

---

[74] Darauf weist *Niese* (JZ 1957, 665) zutr. hin.
[75] Nicht umsonst führt die Feuerwehr stets ein Sprungtuch mit sich!
[76] Vgl. *Ulsenheimer*, GA 1966, 268. An dem Fall zeigt sich noch einmal, daß die Frage des objektiven Zusammenhangs von der Fahrlässigkeitsproblematik (§ 18 StGB) zu trennen ist. Diesen Unterschied verkennt *Lorenzen* (Rechtsnatur, S. 53) bei dem von ihm für leichte Fahrlässigkeit in bezug auf § 226 StGB gebildeten Beispiel, daß das Opfer einer Körperverletzung vor Aufregung einem Herzanfall erliegt: Hier fehlt es nämlich bereits an der Todesverursachung durch die Körperverletzung als solche.

IX. Der Versuch eines erfolgsqualifizierten Delikts

Die Frage des Versuchs erfolgsqualifizierter Delikte ist bereits zum Gegenstand mehrerer Monographien gemacht worden[1]. Die vorliegende Abhandlung soll sich deshalb im wesentlichen auf die Auswirkungen konzentrieren, die sich aus den vorstehend entwickelten Prinzipien eines „unmittelbaren" Zusammenhangs zwischen Grunddelikt und schwerer Folge für die Versuchsproblematik ergeben.

1. Meinungsstand

Nach heute ganz herrschender Meinung[2] sind beim Versuch erfolgsqualifizierter Delikte zwei Erscheinungsformen denkbar: Die erste besteht darin, daß schon beim Versuch des Grunddelikts der qualifizierende Erfolg eintritt. In der anderen Variante richtet sich der Vorsatz des Täters auf die schwere Folge, die jedoch ausbleibt, wobei zumeist für ausreichend erachtet wird, daß das Grunddelikt selbst auch nur versucht ist[3]. Diese zweite Versuchsform ist allerdings nur dann denkbar, wenn ihr kein entsprechender Vorsatztatbestand gegenübersteht. So wird etwa bei auf den Todeserfolg gerichtetem Vorsatz § 226 StGB durch die versuchte Tötung gemäß §§ 211 ff., 22 StGB verdrängt[4]. Verschiedentlich hat man die Möglichkeit eines mit Vorsatz im Hinblick auf die schwere Folge begangenen Versuchs auch grundsätzlich in Frage gestellt: Es sei ein „Ungedanke", bei den gerade durch einen Erfolg qualifizierten Delikten einen Versuch ohne Eintritt eben jenes Erfolges konstruieren zu wollen[5]. Ferner hat *Schröder*[6] geltend gemacht, die Annahme eines solchen Ver-

---

[1] Siehe *Thomsen* (1895); *Widmann* (1964); *Lüdeking-Kupzok* (1979).

[2] *Baumann*, AT, S. 514 f.; *Blei*, AT, S. 197; *Dreher / Tröndle*, § 18 Rdn. 5; *Jescheck*, AT, S. 424 f.; *Koffka*, Ndschr. II, S. 236 ff.; *Lackner*, § 18 Anm. 5; *Maurach*, AT, S. 503 f.; *Oehler*, ZStW 69 (1957), 520 f.; *Rudolphi*, SK, § 18 Rdn. 7 f.; *Schmidhäuser*, AT, 15/104; *Schönke / Schröder / Cramer*, § 18 Rdn. 8; *Schroeder*, LK, § 18 Rdn. 37 ff.; *Ulsenheimer*, GA 1966, 271 ff.; *Wessels*, AT, S. 138; *Widmann*, Versuch, S. 33, 90.

[3] Vgl. *Dreher / Tröndle*, § 224 Rdn. 14; *Hirsch*, LK, § 224 Rdn. 29; *Horn*, SK, § 224 Rdn. 24; *Jescheck*, AT, S. 425; *Schönke / Schröder / Stree*, § 224 Rdn. 9; abw. *Maurach / Schroeder*, AT 1, S. 104; dagegen *Hirsch*, ZStW 90 (1978), 967.

[4] Vgl. *Hirsch*, LK, § 226 Rdn. 6; *Horn*, SK, § 226 Rdn. 12; *R. Schmitt*, JZ 1962, 393; *Ulsenheimer*, Bockelmann-Festschrift, S. 418.

[5] So *Binding*, LB I, S. 17; *Stienen*, Fälle, S. 28.

[6] JZ 1967, 368 f.; ihm folgend *Eser*, StudK III Nr. 8 A 30.

suchs ließe sich nur halten, wenn man in dem qualifizierenden Erfolg einen Tatumstand im Sinne des § 59 (a. F.) erblicken und damit die erfolgsqualifizierten Delikte in Erfolgsdelikte besonderer Art umdeuten wollte. Da aber die §§ 56, 59 (a. F.) gerade die Existenz von Merkmalen anerkennen würden, die im Vorsatzbereich keine Bedeutung besitzen, müsse man auch beim Versuch zugeben, daß ein erfolgsqualifiziertes Delikt nicht gegeben sein könne, wenn der Erfolg tatsächlich ausbleibt, der Täter aber mit seinem Eintritt gerechnet habe. Dem ist jedoch mit Recht entgegengehalten worden, die Verneinung der Versuchsstrafbarkeit liefe darauf hinaus, daß die beim echten erfolgsqualifizierten Delikt erfolgte Ausweitung der Strafschärfung auf die nur fahrlässige Folgeverursachung sich für den Vorsatztäter in eine ungerechtfertigte Privilegierung verwandeln würde[7]. Diese Frage braucht indes hier nicht weiter verfolgt zu werden, da für die Problematik des Zusammenhangs zwischen Grunddelikt und schwerer Folge allein der erstgenannte Problemkreis — also Versuch des Grunddelikts mit Eintritt des Qualifikationserfolgs — von Interesse ist.

a) Der „erfolgsqualifizierte Versuch"

Die Möglichkeit eines Versuchs des *echten* erfolgsqualifizierten Delikts ist besonders in der älteren Literatur[8] mit der Begründung verworfen worden, ein Versuch setze schon begrifflich voraus, daß alle Tatbestandsmerkmale — also auch die schwere Folge — vom Vorsatz umfaßt sein müßten. Eine Bestrafung könne daher nur erfolgen wegen des versuchten Grunddelikts in Idealkonkurrenz mit dem Fahrlässigkeitstatbestand. Diese Argumentation verkennt jedoch, daß sich hier der Vorsatz nur auf den Grundtatbestand zu erstrecken braucht, während der weitergehende Erfolg nicht versucht, sondern eingetreten, also „vollendet" ist. Terminologisch erscheint es daher auch treffender, nicht von einem Versuch des erfolgsqualifizierten Delikts, sondern von einem *erfolgsqualifizierten Versuch* zu sprechen[9].

In neuerer Zeit hat sich *Gössel*[10] gegen die vorgenannte Versuchskonstruktion gewandt. Als Konsequenz seiner Auffassung, daß alle Vorsatz-

---

[7] Vgl. *Hirsch*, LK, § 224 Rdn. 28. Auch die höchstrichterliche Rechtsprechung bejaht die in Rede stehende Versuchsmöglichkeit, vgl. RGSt. 61, 179; BGHSt. 10, 306 (309); 21, 194; BGH GA 1958, 304; noch differenzierend zwischen § 224 und § 225 RGSt. 9, 67.

[8] Vgl. *Baumgarten*, Lehre, S. 377 ff.; *Berner*, LB, S. 533; *Galliner*, Str.Abh. 116, S. 59; *Köhler*, AT, S. 443; *M. E. Mayer*, AT, S. 349; *Mezger*, Strafrecht, S. 377 f.; *Reuter*, Str.Abh. 22, S. 61 f.; zur Gegenansicht im damaligen Schrifttum siehe die Nachw. bei *Ulsenheimer*, GA 1966, 263 Anm. 36.

[9] Ebenso *Lüdeking-Kupzok*, Versuch, S. 11; siehe auch schon *Thomsen*, Versuch, S. 67.

[10] Lange-Festschrift, S. 238; ebenso in: *Maurach / Gössel / Zipf*, AT 2, S. 95 f.

Fahrlässigkeits-Kombinationen die Struktur reiner Fahrlässigkeitstaten aufweisen, hält er den Versuch eines erfolgsqualifizierten Delikts nur dann für strafbar, wenn bezüglich Grunddelikt und Folge Vorsatz gegeben sei. Jedoch könne schon der Versuch des Grunddelikts die dort erfaßte typisierte Sorgfaltspflichtverletzung beinhalten und fahrlässige Täterschaft begründen. Diese Ansicht führt indes zu einer Unterbewertung des vorsätzlichen Grunddelikts, das den eigentlichen Unrechtskern des erfolgsqualifizierten Delikts darstellt. Denn schon bei der gesetzlichen Aufstellung solcher Tatbestände kann nur vom entsprechenden Vorsatztatbestand her beurteilt werden, ob er jeweils mit der Gefahr schwerer Folgen behaftet ist. Desgleichen erfordert jeder Einzelfall die Prüfung, ob sich in dem qualifizierenden Erfolg gerade das spezifische Risiko des (vorsätzlich bewirkten!) Grunddelikts realisiert hat. Eine Betrachtung von der fahrlässigen Folge her verschiebt demnach die Gewichte und führt überdies zu erheblichen Friktionen der Strafrahmen mit denen von Fahrlässigkeitstatbeständen. Schließlich spricht auch die historische Entwicklung, die allein vom Vorsatztatbestand ihren Ausgang nahm und Fahrlässigkeit in bezug auf die schwere Folge zunächst überhaupt nicht erforderte, gegen die Auffassung von Gössel. Indem seine Ansicht sogar zur Vollendung der betreffenden Delikte führt, setzt sie sich über Struktur und Wortlaut der Vorschriften hinweg. Dies ist besonders fragwürdig, weil schon die Möglichkeit des Versuchs ohnehin umstritten ist. Gössels Betrachtungsweise kann zwar als „Alternativmodell"[11] bestimmte Einsichten vermitteln, indem sie die Parallele zwischen Pflichtverletzung beim fahrlässigen und Grunddelikt beim erfolgsqualifizierten Delikt herausstellt. Ihrem grundsätzlichen Standpunkt kann aber nicht gefolgt werden, so daß sich jedenfalls von daher keine Ablehnung der Konstruktion eines erfolgsqualifizierten Versuchs ergibt.

b) Praktische Konstellationen

Vereinzelt ist gegen die vorgenannte Versuchsform ins Feld geführt worden, sie sei — abgesehen von der versuchten Notzucht — praktisch kaum vorstellbar[12]. Dieser Einwand ist jedoch bereits von *Thomsen*[13] mit folgenden Beispielen widerlegt worden: Am Ufer eines Flusses schlägt A nach dem B, dieser springt zur Seite, fällt in den Fluß und ertrinkt (§ 226 StGB). A will den im Keller befindlichen B einsperren und wirft die schwere Falltür zu; B versucht noch im letzten Augenblick zu entfliehen, wird von der Falltür getroffen und erschlagen (§ 239 Abs. 3 StGB). Jemand will eine Überschwemmung herbeiführen und beginnt die Schleuse zu öffnen; das hervorsprudelnde Wasser ergreift einen Menschen und

---
[11] So *Schroeder*, LK, § 18 Rdn. 33.
[12] Vgl. *Baumgarten*, Lehre, S. 378 ff.
[13] Versuch, S. 63, 69, 161.

schleudert ihn in den Abgrund (§ 312 StGB). Diese Fälle sind in ähnlicher Form auch später in der Diskussion immer wieder genannt worden. Für § 226 StGB ist der „Ausweichfall" typisch, der gleichermaßen auch bei § 224 StGB herangezogen wird: Der Täter schlägt auf den anderen ein; dieser weicht aus, stürzt dabei aber rückwärts die Treppe hinunter und bleibt gelähmt oder bricht sich das Genick[14]. Ein Versuch des § 239 Abs. 3 StGB (ähnlich § 221 Abs. 3 StGB) ist in der Weise möglich, daß das Opfer dem bevorstehenden Bemächtigungsakt entgehen will und dabei vor ein herannahendes Fahrzeug läuft[15]. Ebenso, wenn A versucht, das Auto des B zu stoppen, um sich seiner zu bemächtigen, und B beim Ausweichen von der Fahrbahn gerät und ums Leben kommt[16]. Schließlich kann bei den gemeingefährlichen Delikten die schwere Folge schon vor dem Vollendungszustand (Brand, Überschwemmung, Vergiftung) eintreten, wenn nämlich bereits der Tätigkeitsakt (Inbrandsetzen, Überschwemmen) zum Tode des Opfers führt. Die vorgenannten Beispiele zeigen jedenfalls deutlich, daß von einer praktischen Unmöglichkeit des erfolgsqualifizierten Versuchs keine Rede sein kann.

c) Theoretische Konzeptionen

Im heutigen Schrifttum wird die Möglichkeit eines erfolgsqualifizierten Versuchs prinzipiell bejaht, allerdings mit unterschiedlicher Begründung. Die herrschende Meinung differenziert nach der tatbestandlichen Struktur des Grunddelikts[17]: Ein Versuch komme dann in Betracht, wenn das Gesetz den qualifizierenden Erfolg mit der *Handlung* des Delikts verknüpft. Dies wird allgemein bei den §§ 251 und 177 Abs. 3 StGB angenommen, wo auch die Rechtsprechung[18] keine Vollendung des

---

[14] Beispiel nach *v. Hippel*, Strafrecht II, S. 410 Anm. 3. Der Autor meint dazu, er sehe keinen Grund, hier nur wegen fahrlässiger Körperverletzung bzw. Tötung zu strafen. Auch nach „natürlicher Lebensauffassung" werde man hier „ganz selbstverständlich" von versuchter Köperverletzung mit Todeserfolg sprechen. Vgl. ferner den Ausweichfall bei *Schönke / Schröder / Stree*, § 226 Rdn. 5.

[15] Vgl. *Lüdeking-Kupzok*, Versuch, S. 368 f.; zu § 221 siehe ebenda, S. 156.

[16] Vgl. *Arzt / Weber*, LH 1, S. 202 (wo jedoch aus Rechtsgründen die Möglichkeit des Versuchs verneint wird).

[17] Vgl. *Busch*, LK (9. Aufl.), § 43 Rdn. 28; *Dreher / Tröndle*, § 18 Rdn. 5; *Eser*, StudK III Nr. 8 A 25 ff.; *Jescheck*, AT, S. 424 f.; *Koffka*, Ndschr. II, S. 237; *Lackner*, § 18 Anm. 5 a; *Maurach*, AT, S. 503 f.; *Ohler*, ZStW 69 (1957), 520 f.; *Rudolphi*, SK, § 18 Rdn. 7; *Schmidhäuser*, AT, 15/103; *Schröder*, LK, § 18 Rdn. 38; *Welzel*, LB, S. 195 f.; außerdem *Hirsch*, GA 1972, 75, der die Differenzierung der h. M. nur für einen „scheinbaren Gegensatz" hält. Siehe im übrigen bereits VE 1909, Begründung S. 291: Unter den durch den Erfolg qualifizierten Delikten komme eine größere Anzahl für den Versuch schon um deswillen nicht in Betracht, weil nach ihrem Tatbestand der Eintritt des schwereren Erfolgs der Vollendung des Verbrechens nicht vorangehen könne. Als Beispiele werden u. a. die §§ 224, 226, 239, 307 Nr. 1 genannt.

[18] Vgl. BGH 2 StR 593/70 bei Dallinger, MDR 1971, 363; RGSt. 62, 422; 69, 332; 75, 52; RG JW 1933, 2059.

1. Meinungsstand

Grunddelikts verlangt. Hingegen sei ein Versuch ausgeschlossen, wenn die schwere Folge nach dem Gesetz auf dem *Erfolg* des Grundtatbestands aufbaut. Als Beispiele gelten meist die §§ 224, 226 StGB. Trotz dieser Übereinstimmung im Ausgangspunkt kommt es im Einzelfall zu kontroversen Ergebnissen: So wird etwa die Versuchsmöglichkeit bei § 221 Abs. 3 StGB[19] und insbesondere bei § 307 Nr. 1 StGB[20] unterschiedlich beurteilt.

Nach anderer Ansicht ist darauf abzustellen, ob sich in dem Eintritt der schweren Folge die vom Grunddelikt ausgehende besondere Gefahr verwirklicht[21]. Dies hat zur Konsequenz, daß durchweg auch der nur versuchte Grundtatbestand zum Anknüpfungspunkt der Qualifikation gemacht wird. Gleichwohl besteht im Ergebnis vielfach Übereinstimmung mit der herrschenden Ansicht, weil auch die Mindermeinung dem Kriterium „Handlung oder Erfolg" eine gewisse Bedeutung beimißt, insofern darin der besondere Unrechtsgehalt des jeweiligen erfolgsqualifizierten Delikts zum Ausdruck kommt[22]. Insgesamt gesehen führt die letztere Auffassung jedoch zu einer Erweiterung der Versuchsmöglichkeiten, was sich vor allem im Falle des § 226 StGB zeigt. Dabei läuft sie Gefahr, die tatbestandlichen Grenzen aus dem Auge zu verlieren[23].

Die weiteste Ausdehnung des Versuchsbereichs findet sich in der jüngst von *Lüdeking-Kupzok*[24] unternommenen „tatbestandsspezifischen Lösung". Die Autorin unterscheidet danach, ob das jeweilige Grunddelikt von einem unmittelbar menschenbezogenen Angriff oder zumindest von einem unmittelbar menschengefährdenden Sachangriff ausgeht; in diesen Fällen sei die Anwendung der Erfolgsqualifikation schon im Versuchsstadium zu bejahen. Nur wenn das Grunddelikt einen Sachangriff enthalte, der erst „mittelbar" — über den damit erreichten Zustand — eine Gefährdung von Menschenleben schaffe, sei ein Versuch nicht möglich. Für letztere Gruppe verbleiben insoweit nur wenige Tatbestände, namentlich die §§ 229, 318 (n. F.), 319 (n. F.) StGB. Zu dieser

---

[19] Bejahend: *Dreher / Tröndle*, § 221 Rdn. 10; *Maurach*, BT, S. 51; *Olshausen*, § 221 Anm. 12; verneinend: *Horn*, SK, § 221 Rdn. 18; *Maurach / Schroeder*, BT 1, S. 57.

[20] Bejahend: BGHSt. 7, 37; *Dreher / Tröndle*, § 307 Rdn. 3; *Schönke / Schröder / Cramer*, § 307 Rdn. 5; *Wolff*, LK, § 307 Rdn. 3; verneinend: RGSt. 40, 321; *Jescheck*, AT, S. 425; *Maurach / Schroeder*, BT 2, S. 16; *Maurach / Zipf*, AT 1, S. 256; *Oehler*, ZStW 69 (1957), 520; *Widmann*, Versuch, S. 53 ff.; offenlassend BGHSt. 20, 230.

[21] Vgl. *Ulsenheimer*, GA 1966, 266 ff.; ders., Bockelmann-Festschrift, S. 414; *Stree*, GA 1960, 292 ff.; *Wolter*, JuS 1981, 173; wohl auch *Otto*, AT, S. 234; *Zielinski*, Unrechtsbegriff, S. 194 Anm. 130.

[22] Vgl. *Ulsenheimer*, GA 1966, 267.

[23] Zutr. die Bedenken von *Schroeder*, LK, § 18 Rdn. 38.

[24] Versuch, S. 125 ff.; zusammenfassend S. 385 ff.

Auslegung ist kritisch anzumerken, daß dabei der Wortlaut des Gesetzes oftmals beiseite geschoben wird[25] und historische wie systematische Kriterien weitgehend fehlen. Überdies läuft die enorme Ausweitung der Versuchsstrafbarkeit auch der heute vordringenden und sachlich begründeten Tendenz zuwider, den Anwendungsbereich der erfolgsqualifizierten Delikte möglichst restriktiv zu bestimmen.

d) Versuchsstrafbarkeit

Schließlich ist die Frage umstritten, ob gegebenenfalls die Straflosigkeit des Grunddeliktsversuchs der Möglichkeit eines erfolgsqualifizierten Versuchs engegensteht. Für die von *Thomsen*[26] entwickelte „Vollendungslösung" ergibt sich hier kein besonderes Problem: Seiner Ansicht nach kann von einem Versuch im Sinne des § 43 StGB (a. F.) überhaupt keine Rede sein, weil der dolus auf den Erfolg fehlt. Dieser „unechte Versuch" sei vielmehr als *Vollendung* des betreffenden qualifizierenden Delikts anzusehen. Der Gesetzgeber meine also überall, wo er das Grunddelikt zur Ursache des schweren Erfolges gemacht habe, sowohl das versuchte wie das vollendete Delikt als dessen (zufällige) Erscheinungsformen. Da somit der Versuch als Vollendung zu betrachten sei, könne er auch dann als vollendetes Delikt bestraft werden, wenn der Versuch des einfachen Delikts straflos ist[27]. Diese Lehre hat jedoch zu Recht wenig Gefolgschaft gefunden[28]. Andere gelangen gleichwohl zur Versuchsmöglichkeit, indem sie auf den Verbrechenscharakter der erfolgsqualifizierten Delikte (als Ganzheit gesehen) verweisen, der zur Folge habe, daß es einer ausdrücklichen gesetzlichen Anordnung der Versuchsstrafbarkeit nicht mehr bedürfe. Mit der Qualifizierung einer Tat als Verbrechen werde deren Versuch von selbst zu einer strafbaren Handlung[29].

Demgegenüber wird der gewichtige Einwand erhoben, in diesen Fällen würde die Erfolgsqualifikation eine straf*begründende* Wirkung entfalten, während das Gesetz sie lediglich als Straferhöhung geregelt habe. Der Gesetzgeber halte den Versuch dort, wo er ihn straflos gelassen

---

[25] Vgl. nur S. 386: „Der teilweise entgegenstehende Wortlaut spielt keine Rolle."

[26] Versuch, S. 17 ff., 57 ff.

[27] *Thomsen*, Versuch, S. 70.

[28] Vgl. die eingehende Kritik bei *Widmann*, Versuch, S. 26 ff. (mit weit. Nachw.); für die „Vollendungslösung" aber neuerdings *Lüdeking-Kupzok*, Versuch, S. 107 ff.

[29] Vgl. *Deubner*, NJW 1960, 1068; *Stree*, GA 1960, 294 (einschränkend jetzt *Schönke / Schröder / Stree*, § 226 Rdn. 6). Auch *Schröder* (JZ 1967, 369) meint, vom Standpunkt der h. M. aus könne es auf die Strafbarkeit des Grunddeliktsversuchs nicht ankommen; er selbst lehnt allerdings eine Versuchsmöglichkeit überhaupt ab.

habe, offenbar nicht für gefährlich genug, um Strafsanktionen auszulösen. Aus einer solchen Handlung könne dann aber auch keine spezifische Gefahr für das durch die Qualifikation geschützte Rechtsgut entstehen[30].

Die Diskussion betrifft allerdings dann ein „Scheinproblem", wenn sich bei materieller Betrachtungsweise ergibt, daß ein Versuch ohnehin nur bei Delikten in Betracht kommt, die eine Strafbarkeit des Grunddeliktsversuchs vorsehen. Daher soll hier diese Streitfrage zunächst zurückgestellt und unter Anwendung der bereits entwickelten Maßstäbe geklärt werden, wann überhaupt die Möglichkeit eines erfolgsqualifizierten Versuchs anzunehmen ist.

2. Eigene Ansicht

Auszugehen ist von der herrschenden Meinung, die nach der tatbestandlichen Struktur der jeweiligen Grunddelikte differenziert. Dies folgt zwangsläufig aus der in der vorliegenden Abhandlung entwickelten Auffassung, daß es sich beim Grundsatz der Unmittelbarkeit der Sache nach um eine Auslegungsproblematik handelt. Da die herrschende Ansicht aber im Einzelfall — ebenso wie bei der Vollendung — zu unterschiedlichen Ergebnissen gelangt, muß auch hier der gegebene Ansatz konsequent weitergeführt werden. Dabei soll wiederum von der bereits vorgenommenen Gruppeneinteilung[31] ausgegangen werden.

a) Bei der Körperverletzung mit Todesfolge kommt es auf die Letalität der Verletzung als solcher an. Schon von daher ergibt sich, daß nur das vollendete Grunddelikt die Qualifikation erfüllen kann. Ein anderes Ergebnis wäre auch kaum mit dem Wortlaut der Vorschrift, die vom Tode des *Verletzten* ausgeht, vereinbar[32]. Stellt man hingegen, wie der BGH[33] im Pistolenfall, auf die gesamte Verletzungshandlung ab — was die Anerkennung des Versuchs als Konsequenz haben würde —, so bestraft man nicht mehr das sich aus einer bewußt beigebrachten Verletzung ergebende Todesrisiko, sondern das unsorgfältige Hantieren mit

---

[30] Vgl. *Ulsenheimer*, GA 1966, 269; ders., Bockelmann-Festschrift, S. 412; *Schäfer*, LK (9. Aufl.), § 239 Rdn. 34; *Schroeder*, LK, § 18 Rdn. 38. Auch BGHSt. 14, 110 (113) verlangt, daß die Todesfolge auf einer „bereits für sich strafbaren Verletzungshandlung" beruht.

[31] Oben S. 85 ff.

[32] Ebenso *Deubner*, NJW 1960, 1068; *Hirsch*, LK, § 226 Rdn. 6; *Widmann*, Versuch, S. 61. *Maurach* (JR 1970, 71) hält den Wortlaut insoweit sogar für „eindeutig". Zu § 224 siehe auch *Maurach / Schröder*, BT 1, S. 104: Der „unmißverständliche Text" des § 224 setze als Grundhandlung ein vollendetes Delikt voraus. Demgegenüber wollte § 149 E 1962 durch die Verwendung des Begriffs „Tat" den (strafbaren) Versuch in die Qualifizierung einbeziehen, vgl. Begründung, S. 285.

[33] BGHSt. 14, 110; BGH 1 StR 535/74 bei Dallinger, MDR 1975, 196.

einer geladenen Waffe, also einen geradezu „klassischen" Fall der fahrlässigen Tötung (§ 222 StGB). In den Ausweichfällen würde man sogar zu einer tödlichen Körperverletzung gelangen, ohne daß der Täter jemals in die körperliche Integrität des Opfers eingegriffen hätte! Damit wäre vollends die allgemein anerkannte These von der grunddeliktstypischen Gefahrverwirklichung verlassen. Somit ist bei § 226 StGB ein erfolgqualifizierter Versuch ausgeschlossen; desgleichen bei § 224 StGB, wo das Gesetz noch deutlicher von einer *Folge der Körperverletzung* spricht.

b) Wortlaut und Sinn der §§ 221, 239 StGB sprechen ebenfalls dafür, daß die schwere Folge die Vollendung des Grunddelikts voraussetzt. Wenn dort vom Tod „der ausgesetzten oder verlassenen Person" und „des der Freiheit Beraubten durch die Freiheitsentziehung" die Rede ist, dann verknüpft das Gesetz den Eintritt der Qualifizierung augenscheinlich mit dem *Bestehen* der tatbestandsspezifischen Situation. Dies ergibt sich auch aus dem Sinn der beiden Tatbestände, bei denen jeweils die Gefahr des Eintritts der schweren Folge in der Zwangslage des von eigener oder fremder Hilfe abgeschnittenen Opfers besteht.

Der Wortlaut des § 239a Abs. 2 StGB (entsprechendes gilt für § 239b Abs. 2 StGB) ist allerdings weniger eindeutig. Hier wird von der überwiegenden Ansicht die Möglichkeit eines erfolgsqualifizierten Versuchs bejaht[34]. Es fragt sich jedoch, ob die genannten Vorschriften insoweit nicht einer Angleichung an § 239 Abs. 3 StGB bedürfen. Dafür spricht bereits ihre systematische Stellung. Weiterhin ist zu beachten, daß es beim von ihnen geschützten Rechtsgut — jedenfalls auch — um die Freiheit und psycho-physische Integrität des Opfers geht[35]. *Wulf*[36] hat in den Beratungen des Sonderausschusses dargelegt, der Qualifikation liege der Gedanke zugrunde, daß man den Täter für die Gefährdung haften lassen könne, die er vorsätzlich herbeigeführt habe; denn die Gefährdung des Lebens des Opfers führe jeder herbei, der diesen Menschen in die Mechanik von Drohung, Strafverfolgung und Erwartung, die Drohung

---

[34] Vgl. *Horn*, SK, § 239a Rdn. 27; *Schäfer*, LK (9. Aufl.), § 239a Rdn. 12, *Schönke / Schröder / Eser*, § 239a Rdn. 30; differenzierend nach Tatbestandsalternativen *Dreher / Tröndle*, § 239a Rdn. 9; *Maurach*, Heinitz-Festschrift, S. 413.

[35] Vgl. BGH GA 1975, 53; *Backmann*, JuS 1977, 445 f.; *Dreher / Tröndle*, § 239a Rdn. 2; *Lackner*, § 239a Anm. 1; *Schönke / Schröder / Eser*, § 239a Rdn. 3; *Wessels*, BT 1, S. 70. *Bohlinger* (JZ 1972, 231 f.) und *Hansen* (GA 1974, 368) stellen sogar entscheidend auf die Gefährdung von Leib und Leben des Opfers ab; auch *Horn* (SK, § 239a Rdn. 2) sieht darin die Rechtfertigung der hohen Strafdrohung. Im Sonderausschuß für die Strafrechtsreform bestand ebenfalls keine Einigkeit über das im Vordergrund stehende Rechtsgut, vgl. Prot. VI, S. 1551 ff. Unterschiedlich früher schon die Beurteilung der Rechtsgutfrage bei § 165 E 1962 einerseits (vgl. Ndschr. VI, S. 272) und § 120 AE andererseits (BT, Straftaten gegen die Person, 1. Halbb., S. 71).

[36] Prot. VI, S. 1573.

2. Eigene Ansicht

wahrmachen zu müssen, hineinbringe. Danach wird also die besondere Gefährdung offenbar im vollendeten Grunddelikt gesehen. Zudem stellt beim Tatbestandsmerkmal des Sichbemächtigens ein Teil der Lehre zutreffend darauf ab, daß der Zustand von „Geborgenheit" des Opfers (durch die eigenen Kräfte oder durch die schützenden Kräfte der sozialen Gemeinschaft) zugunsten des Täters vermindert wird[37]. Die spezifische Gefahr für das Opfer besteht also, wie bei §§ 221, 239 StGB, in dem Verbrachtwerden[38] in eine Zwangslage, in der sein Wohl und Wehe allein vom Verhalten des Täters abhängt. Tatbestandsmäßig hat daher die Qualifizierung an die in § 239a Abs. 1 StGB als Merkmal genannte durch die Tat „geschaffene Lage" anzuknüpfen. Dementsprechend müßte § 239a Abs. 2 StGB in Anlehnung an § 239 Abs. 3 StGB sinngemäß in etwa lauten: „Ist der Tod des Entführten durch die vom Täter geschaffene Lage verursacht worden..." Daraus ergibt sich, daß auch bei § 239a Abs. 2 und § 239b Abs. 2 StGB ein Versuch mit Eintritt der schweren Folge abzulehnen ist.

c) Beim Einsatz (gemein)gefährlicher Tatmittel *beruht* der qualifizierende Erfolg nur auf diesem Mittel, wenn es sich in seiner Wirkungskraft entfalten kann, also etwa der Brand (§ 307 Nr. 1 StGB) schon entstanden, die Überschwemmung (§ 312 StGB) eingetreten ist. In dem bereits erwähnten Überschwemmungsbeispiel übergeht *Thomsen*[39] die entscheidende Tatsache, daß dort der Tod zwar durch „Wasser", aber nicht durch eine „Überschwemmung" im Sinne des Gesetzes, also das bestimmungswidrige Überfluten einer größeren Fläche oder eines Raumes durch eine Wassermenge[40], eingetreten ist. Die Bejahung des Versuchs steht weder mit dem Wortlaut noch der Entstehungsgeschichte[41] der Vor-

---

[37] Vgl. *Lampe*, JR 1975, 425; *Schönke / Schröder / Eser*, § 239 a Rdn. 7. Ferner hat *Than* (Freiheitsdelikte, S. 141) zu § 239 a StGB a. F. (Kindesraub) das durch die Tat herbeigeführte persönliche Abhängigkeitsverhältnis des Kindes herausgestellt.

[38] Dabei reicht im Falle des „Sichbemächtigens" die Erlangung der physischen Herrschaft über das Opfer aus (vgl. BGHSt. 26, 70 [72]; BGH 1 StR 334/78 bei Holtz, MDR 1978, 987; *Dreher / Tröndle*, § 234 Rdn. 2; *Horn*, SK, § 239 a Rdn. 4; *Lackner*, § 239 a Anm. 3; *Schönke / Schröder / Eser*, § 239 a Rdn. 7); anders als beim „Entführen" ist also eine Ortsveränderung nicht erforderlich.

[39] Versuch, S. 63; zum Sachverhalt vgl. oben S. 115 f. Die Möglichkeit des qualifizierten Versuchs wird gleichfalls bejaht von *Dreher / Tröndle*, § 312 Rdn. 4; *Lüdeking-Kupzok*, Versuch, S. 322 ff.; *Wolff*, LK, § 312 Rdn. 6; abl. hingegen RGSt. 40, 321 (325); *Widmann*, Versuch, S. 55 f.

[40] Siehe zum Begriff der Überschwemmung RGRspr. 7, 577; *Dreher / Tröndle*, § 312 Rdn. 1; *Lackner*, § 312 Anm. 1; *Schönke / Schröder / Cramer*, § 312 Rdn. 3; *Wolff*, LK, § 312 Rdn. 1.

[41] Dazu *Widmann*, Versuch, S. 56 (mit Beispielen aus der älteren Gesetzgebung). Besonders deutlich verlangten verschiedene Partikulargesetzbücher, daß „in Folge der Überschwemmung" ein Mensch das Leben verliert; vgl. Art. 420 Hess.StGB (1841); Art. 414 StGB Nassau (1849); § 290 Preuß.StGB.

schrift in Einklang; zudem läßt sie das Merkmal der „gemeinen Gefahr" außer acht, das gerade — und heute ausschließlich — die §§ 312 bis 314 StGB auszeichnet. In ähnlicher Weise verkennt der BGH[42] die Bedeutung des Merkmals „Brand" in § 307 Nr. 1 StGB, wenn er die Todesverursachung durch „Feuer", nämlich durch den brennenden Zündstoff, ausreichen läßt. Ebensowenig ist auch der Tod durch eine „Explosion" (§ 311 StGB) herbeigeführt worden, wenn der Täter das Opfer mit der durch das Fenster geschleuderten Bombe tödlich am Kopf trifft, der Sprengkörper aber nicht oder erst später explodiert. Ein solcher Erfolg hätte sich gleichermaßen durch einen Pflasterstein erreichen lassen, er beruht jedoch nicht auf der eigentümlichen Wirkung des Tatmittels, das der Gesetzgeber durch Aufstellung eines Spezialtatbestandes erkennbar für besonders gefährlich gehalten hat. Bei der hier in Rede stehenden Deliktsgruppe entfällt somit ebenfalls die Versuchsmöglichkeit. Ansonsten würden nämlich der Qualifizierung Fälle unterworfen, die nicht durch die spezifische Gefährlichkeit der Deliktsverwirklichung, sondern durch „irgendeine Unachtsamkeit bei der Tatvornahme"[43] gekennzeichnet wären.

d) Letztlich kommt also ein erfolgsqualifizierter Versuch allein bei Vergewaltigung und Raub in Betracht, wenn der Tod schon vor Vollendung des Beischlafs oder der Wegnahme verursacht wird. Für diese Fälle hat bereits *Hirsch*[44] darauf aufmerksam gemacht, daß es sich um keine wirkliche Besonderheit handelt; denn bei den genannten Tatbeständen knüpft die Qualifizierung ohnehin ausschließlich an die tatbestandliche Nötigungshandlung an. Das Tatmittel selbst muß dabei jedoch bis zur „Vollendung" gediehen sein, daher reichen versuchte Gewalt oder Drohung nicht aus[45]. Ihre Anwendung stellt nämlich im Hinblick auf die Qualifizierung den „Erfolg" des Grunddelikts dar, so daß dadurch auch eine Harmonisierung mit den übrigen Erfolgsqualifikationen erreicht wird, die jeweils auf der tatbestandlichen Vollendung aufbauen. Außerdem würde sonst der Anknüpfungspunkt ausgerechnet bei den Delikten, die eine Bestrafung wegen des Eintritts der schweren Folge schon im Versuchsbereich ermöglichen, noch weiter vorverlegt.

Mit dem hier vertretenen Ergebnis erledigt sich zugleich die Streitfrage um das Erfordernis der Versuchsstrafbarkeit des Grunddelikts.

---

[42] BGHSt. 7, 37; zutr. die Kritik von *Niese*, JZ 1957, 665.
[43] *Hirsch*, GA 1972, 76.
[44] GA 1972, 76.
[45] Ebenso *Hirsch*, GA 1972, 76; zust. Ulsheimer, Bockelmann-Festschrift, S. 414; a. A. *Lüdeking-Kupzok*, Versuch, S. 191 f. Auch in den vom Reichsgericht entschiedenen einschlägigen Fällen ging es jeweils darum, daß die „angewendete" Gewalt den qualifizierenden Erfolg herbeigeführt hatte; vgl. RGSt. 62, 422 (zu § 251 a. F.); RGSt. 69, 332; RG JW 1933, 2059 (zu § 178 a. F.).

2. Eigene Ansicht

Denn die in Betracht kommenden §§ 177, 178 und 249 StGB sind Verbrechen, während § 176 Abs. 6 StGB den Versuch ausdrücklich unter Strafe stellt[46].

---

[46] Hinzuweisen bleibt noch auf den Sonderfall des § 316 c Abs. 2 StGB: Die Erfolgsqualifikation in der ersten Alternative des Grunddelikts (Absatz 1 Nr. 1) entspricht ihrer Struktur nach dem Raub mit Todesfolge (*Lackner*, § 316 c Anm. 5). Bei der 2. Alternative (Absatz 1 Nr. 2 handelt es sich um einen Unternehmenstatbestand (§ 11 Abs. 1 Nr. 6), so daß insoweit der durch den Versuch ausgelöste Erfolg schon zur *Vollendung* des qualifizierten Delikts führt; vgl. *Blei*, BT, S. 317; *Maurach*, Heinitz-Festschrift, S. 414; *Schönke / Schröder / Cramer*, § 316 c Rdn. 34.

X. Gesamtergebnis

Das echte erfolgsqualifizierte Delikt (vorsätzliches Grunddelikt mit fahrlässig herbeigeführter schwerer Folge) ist das Resultat einer langen Entstehungsgeschichte. Sie vollzog sich in Form des versari in re illicita, des dolus indirectus und der culpa dolo determinata. Nach dem Inkrafttreten des Preußischen StGB von 1851 sind die gleichen Entwicklungsstufen noch einmal zu beobachten, nämlich Erfolgshaftung, Adäquanztheorie und Fahrlässigkeitserfordernis.

Die erfolgsqualifizierten Delikte stellen ein in sich geschlossenes System dar: Den Gewaltakten gegen persönliche Rechtsgüter und der Auslösung von Gemeingefahren ist jeweils die Möglichkeit spezifischer Weiterungen immanent. Der vom BGH verlangte unmittelbare Zusammenhang zwischen Grunddelikt und qualifizierendem Erfolg zeigt zugleich das innere Beziehungsgefüge der Deliktsgruppe auf. Es geht dabei um das dem Grundtatbestand eigentümliche Risiko, aus sich heraus die schwere Folge zu bewirken. Da dieser Unrechtsgehalt durch eine Konkurrenzlösung nicht sachgemäß erfaßt werden kann, sind die Delikte auch de lege ferenda beizubehalten; eine teilweise Korrektur der sprachlichen Fassung sowie der überhöhten Strafrahmen wäre aber in Betracht zu ziehen.

Die spezifische Gefahrenträchtigkeit des jeweiligen Grunddelikts ist durch Tatbestandsauslegung zu ermitteln, wobei historische und systematische Gesichtspunkte vorrangig sind. Frühere Gesetzesfassungen bringen oftmals den tragenden Grund der Qualifikation besser zum Ausdruck. Auch im Vergleich mit nichtqualifizierten Vorschriften läßt sich feststellen, worin die besondere Gefahr eines erfolgsqualifizierten Delikts zu sehen ist.

Bei der Körperverletzung mit Todesfolge muß die Verletzung als solche letal (tödlich) geworden sein. Die Qualifizierung von Raub und Vergewaltigung stellt allein auf die Verwirklichung der auf das rechtlich mißbilligte Ziel gerichteten Nötigungshandlung ab. Gefahrenmoment von Aussetzung und Freiheitsberaubung ist das Verbringen in eine räumliche Zwangslage, die dem Opfer die Möglichkeit eigener Daseinsvorsorge verwehrt. Beim Einsatz (gemein)gefährlicher Mittel muß der schwere Erfolg auf der typischen Wirkung des Mittels beruhen.

In der Regel kann allein das vollendete Grunddelikt die Anwendbarkeit der Qualifizierung begründen. Ein erfolgsqualifizierter Versuch (versuchtes Grunddelikt mit Eintritt der schweren Folge) ist nur möglich, wenn das Gesetz ausschließlich an die tatbestandliche Vollendung der gefahrenträchtigen Ausführungshandlung (Gewalt oder schwere Drohung) anknüpft; auch insoweit bleibt die Einheitlichkeit der in Rede stehenden Deliktsgruppe gewahrt.

Literaturverzeichnis

Im Text sind die Titel durchweg abgekürzt, die Aufsätze und Festschriftenbeiträge nur nach der Fundstelle zitiert. Bei Lehrbüchern und Kommentaren mit mehreren Auflagen wird im Text, soweit nicht anders vermerkt, jeweils die letzte Auflage angeführt.

Altmann, Ludwig / *Jacob*, Siegfried: Kommentar zum Österreichischen Strafrecht, I. Band, Wien 1928.

Arnold: Erfahrungen aus dem bayerischen Strafgesetzbuche vom Jahre 1813 und Betrachtungen hierüber, Arch. Crim., Neue Folge 1843, 96.

Arzt, Gunther: Leichtfertigkeit und recklessness, Gedächtnisschrift für Horst Schröder, München 1978, S. 119.

Arzt, Gunther / *Weber,* Ulrich: Strafrecht, Besonderer Teil, Lehrheft 1: Delikte gegen die Person, 2. Aufl., Bielefeld 1981.

Backmann, Leonhard E.: Gefahr als „besondere Folge der Tat" i. S. der erfolgsqualifizierten Delikte? MDR 1976, 969.

— Geiselnahme bei nicht ernst gemeinter Drohung — BGHSt 26, 309, JuS 1977, 444.

Bar, Carl Ludwig von: Die Lehre vom Causalzusammenhange, Leipzig 1871.

Bartholomeyczik, Horst: Die Kunst der Gesetzesauslegung, 4. Aufl., Frankfurt 1971.

Baumann, Jürgen: Kritische Gedanken zur Beseitigung der erfolgsqualifizierten Delikte, ZStW 70 (1958), 227.

— Täterschaft und Teilnahme, JuS 1963, 85.

— Strafrecht, Allgemeiner Teil, 8. Aufl., Bielefeld 1977.

Baumgarten, J.: Die Lehre vom Versuche der Verbrechen, Stuttgart 1888.

Beling, Ernst: Grundzüge des Strafrechts, 11. Aufl., Tübingen 1930.

— Die Lehre vom Tatbestand, Tübingen 1930.

Berner, Albert Friedrich: Lehrbuch des Deutschen Strafrechts, 18. Aufl., Leipzig 1898.

Beschütz: Die Fahrlässigkeit innerhalb der geschichtlichen Entwicklung der Schuldlehre, Str.Abh. 76, Breslau 1907.

Binding, Karl: Handbuch des Strafrechts, Erster Band, Leipzig 1885.

— Lehrbuch des Gemeinen Deutschen Strafrechts, Besonderer Teil, Erster Band, 2. Aufl., Leipzig 1902.
Zweiter Band, Erste Abteilung, 2. Aufl., Leipzig 1904.

— Die Normen und ihre Übertretung, Vierter Band, Leipzig 1919.

Bindokat, Heinz: Versari in re illicita und Erfolgszurechnung, JZ 1977, 549.

Birkmeyer, Karl: Ueber Ursachenbegriff und Kausalzusammenhang im Strafrecht, Rostock 1885.

Blei, Hermann: Die Neugestaltung der Raubtatbestände (EGStGB 1975), JA 1974, 233.

— Strafrecht, I. Allgemeiner Teil, 17. Aufl., München 1977.
II. Besonderer Teil, 11. Aufl., München 1978.

Blume, Erwin: Erfolgsstrafrecht heute? NJW 1965, 1261.

Bockelmann, Paul: Zur Schuldlehre des Obersten Gerichtshofs, ZStW 63 (1951), 13.

— Strafrechtliche Untersuchungen, Göttingen 1957.

— Verkehrsstrafrechtliche Aufsätze und Vorträge, Hamburg 1967.

— Strafrecht, Allgemeiner Teil, 3. Aufl., München 1979.
Besonderer Teil/1 (Vermögensdelikte), München 1976.
Besonderer Teil/2 (Delikte gegen die Person), München 1977.

Bohlinger, Günther: Bemerkungen zum Zwölften Strafrechtsänderungsgesetz (12. StrÄG), JZ 1972, 230.

Boldt, Gottfried: Johann Samuel Friedrich von Böhmer und die gemeinrechtliche Strafrechtswissenschaft, Berlin und Leipzig 1936.

— Pflichtwidrige Gefährdung im Strafrecht, ZStW 55 (1936), 44.

— Zur Struktur der Fahrlässigkeits-Tat, ZStW 68 (1956), 335.

Brehm, Wolfgang: Zur Dogmatik des abstrakten Gefährdungsdelikts, Tübingen 1973.

Bruns, Hans-Jürgen: Strafzumessungsrecht, 2. Aufl., Köln, Berlin, Bonn, München 1974.

Bruns, Hermann: Kritik der Lehre vom Tatbestand, Bonn und Köln 1932.

Burgstaller, Manfred: Das Fahrlässigkeitsdelikt im Strafrecht, Wien 1974.

Buri, Maximilian von: Ueber Causalität und deren Verantwortung, Leipzig 1873.

— Zu den §§ 221, 234 bis 241 des Reichsstrafgesetzbuchs, GS 27 (1875), 517.

Carpzov, Benedict: Practica Nova Rerum Criminalium, Lipsiae 1739.

Cohn, Ernst: Der schwere Erfolg als gesetzlicher Grund erhöhter Strafbarkeit, Str.Abh. 112, Breslau 1910.

Cramer, Peter: Gedanken zur Abgrenzung von Täterschaft und Teilnahme, Festschrift für Paul Bockelmann zum 70. Geburtstag, München 1979, S. 389.

Dahm, Georg: Das Strafrecht Italiens im ausgehenden Mittelalter, Berlin und Leipzig 1931.

Deubner, K. G.: Anmerkung zu BGHSt. 14, 110, NJW 1960, 1068.

Dohna, Alexander Graf zu: Zum neuesten Stande der Schuldlehre, ZStW 32 (1911), 323.

— Der Aufbau der Verbrechenslehre, 2. Aufl., Bonn 1941.

Dolcini, Emilio: L'imputazione dell'evento aggravante — Un contributo di diritto comparato, Rivista italiana di diritto e procedura penale 1979, 755.

Dreher, Eduard: Das Dritte Strafrechtsänderungsgesetz, JZ 1953, 421.

Dreher, Eduard / *Tröndle,* Herbert: Strafgesetzbuch und Nebengesetze, 40. Aufl., München 1981.

Ebert, Udo: Fortschritt oder Rückschritt? — Bemerkungen zum Verhältnis von Rechtsgeschichte und Kriminalpolitik —, ZStW 90 (1978), 377.

— Kausalität und objektive Zurechnung, Jura 1979, 561.

Els, Hans van: Anmerkung zu BGHSt. 24, 342, NJW 1972, 1476.

— Verlust des Sehvermögens und anderer in § 224 StGB genannten Fähigkeiten, NJW 1974, 1074.

Engelmann, Woldemar: Die Schuldlehre der Postglossatoren und ihre Fortentwicklung, Leipzig 1895.

Engisch, Karl: Untersuchungen über Vorsatz und Fahrlässigkeit im Strafrecht, Berlin 1930.

— Die Kausalität als Merkmal der strafrechtlichen Tatbestände, Tübingen 1931.

— Einführung in das juristische Denken, 7. Aufl., Stuttgart, Berlin, Köln, Mainz 1977.

Enneccerus, Ludwig / *Nipperdey,* Hans Karl: Allgemeiner Teil des Bürgerlichen Rechts, Erster Halbband, 15. Aufl., Tübingen 1959.

Eser, Albin: Juristischer Studienkreis, Strafrecht III, München 1978. Strafrecht I, 3. Aufl., München 1980.

Esser, Josef / *Schmidt,* Eike: Schuldrecht, Band I, Allgemeiner Teil, Teilband 2, 5. Aufl., Heidelberg, Karlsruhe 1976.

Exner, Franz: Das Wesen der Fahrlässigkeit, Leipzig und Wien 1910.

— Fahrlässiges Zusammenwirken, Festgabe für Reinhard von Frank zum 70. Geburtstag, Band I, Tübingen 1930, S. 569.

Feuerbach, Anselm Ritter von: Lehrbuch des gemeinen in Deutschland gültigen Peinlichen Rechts, herausgegeben von C. J. A. Mittermaier, 14. Ausgabe, Giessen 1847.

Fincke, Martin: Arzneimittelprüfung. Strafbare Versuchsmethoden, Heidelberg, Karlsruhe 1977.

Finger, August: Das Strafrecht, Erster Band, 3. Aufl., Berlin 1912.

— Begriff der Gefahr und Gemeingefahr im Strafrecht, Festgabe für Reinhard von Frank zum 70. Geburtstag, Band I, Tübingen 1930, S. 230.

Fischer, Klaus: Zum Problem der durch eine Folge qualifizierten Delikte, Diss. Heidelberg 1949.

Foregger, Egmont / *Serini,* Eugen: Das österreichische Strafgesetz, 3. Aufl., Wien 1968.

Frank, Reinhard: Vollendung und Versuch, VDA V, Berlin 1908, S. 163.

— Das Strafgesetzbuch für das Deutsche Reich, 18. Aufl., Tübingen 1931.

Frisch, Wolfgang: Die „verschuldeten" Auswirkungen der Tat, GA 1972, 321.

Fuchs, Jürgen: Erfolgsqualifiziertes Delikt und fahrlässig herbeigeführter Todeserfolg, NJW 1966, 868.

Gallas, Wilhelm: Beiträge zur Verbrechenslehre, Berlin 1968.

Galliner, Moritz: Die Bedeutung des Erfolges bei den Schuldformen des geltenden Strafgesetzbuchs, Str.Abh. 116, Breslau 1910.

Geilen, Gerd: Lebensgefährdende Drohung als Gewalt in § 251 StGB? JZ 1970, 521.

— Unmittelbarkeit und Erfolgsqualifizierung, Festschrift für Hans Welzel zum 70. Geburtstag, Berlin 1974, S. 655.

— Suizid und Mitverantwortung, JZ 1974, 145.

— Raub und Erpressung, Jura 1979, 501, 557.

Gerland, Heinrich: Die Selbstverletzung und die Verletzung des Einwilligenden, VDA II, Berlin 1908, S. 487.

Geyer, A.: Die Lehre vom dolus generalis und vom Kausalzusammenhang, GA 13 (1865), 239, 313.

Gimbernat Ordeig, Enrique: Die innere und die äußere Problematik der inadäquaten Handlungen in der deutschen Strafrechtsdogmatik. Zugleich ein Beitrag zum Kausalproblem im Strafrecht. Diss. Hamburg 1962.

— Gedanken zum Täterbegriff und zur Teilnahmelehre, ZStW 80 (1968), 915.

Gössel, Karl Heinz: Dogmatische Überlegungen zur Teilnahme am erfolgsqualifizierten Delikt nach § 18 StGB, Festschrift für Richard Lange zum 70. Geburtstag, Berlin 1976, S. 219.

Gosch, Helga Elisabeth: Teilnahme an den durch hinzutretende Fahrlässigkeit qualifizierten Erfolgsdelikten, Diss. Hamburg 1967.

Hälschner, Hugo: Geschichte des Brandenburgisch-Preußischen Strafrechtes, Bonn 1855.

— System des Preußischen Strafrechtes, 2. Teil, Bonn 1868.

— Das gemeine Deutsche Strafrecht, Erster Band, Bonn 1881.
Zweiter Band, Erste Abtheilung, Bonn 1884.

Hänle, Wolfgang: Die Teilnahme an den erfolgsqualifizierten Delikten, Diss. Tübingen 1970.

Hanack: Anmerkung zu BGHSt. 24, 315, JR 1972, 472.

Hall, Karl Alfred: Über die Leichtfertigkeit — Ein Vorschlag de lege ferenda, Festschrift für Edmund Mezger zum 70. Geburtstag, München und Berlin 1954, S. 229.

Hanau, Peter: Die Kausalität der Pflichtwidrigkeit, Göttingen 1971.

Hansen, Uwe: Tatbild, Tatbestandsfassung und Tatbestandsauslegung beim erpresserischen Menschenraub (§ 239 a StGB), GA 1974, 353.

Hardwig, Werner: Die Zurechnung. Ein Zentralproblem des Strafrechts, Hamburg 1957.

— Studien zum Vollrauschtatbestand, Festschrift für Eberhard Schmidt zum 70. Geburtstag, Göttingen 1961, S. 459.

— Betrachtungen zum erfolgsqualifizierten Delikt, GA 1965, 97.

Hassemer, Raimund: Ungewollte, über das erforderliche Maß hinausgehende Auswirkungen einer Notwehrhandlung — BGHSt 27, 313, JuS 1980, 412.

Herzberg, Rolf Dietrich: Aberratio ictus und abweichender Tatverlauf, ZStW 85 (1973), 867.

Hippel, Robert von: Die allgemeinen Lehren vom Verbrechen in den Entwürfen, ZStW 42 (1921), 525.
— Deutsches Strafrecht, Erster Band, Berlin 1925. Zweiter Band, Berlin 1930.

Hirsch, Hans Joachim: Soziale Adäquanz und Unrechtslehre, ZStW 74 (1962), 78.
— Hauptprobleme einer Reform der Delikte gegen die körperliche Unversehrtheit, ZStW 83 (1971), 140.
— Zur Problematik des erfolgsqualifizierten Delikts, GA 1972, 65.
— Literaturbericht, Strafrecht — Besonderer Teil (I. Teil), ZStW 84 (1972), 380.
— Literaturbericht, Strafrecht — Besonderer Teil (III. Teil), ZStW 90 (1978), 965.
— Anmerkung zu BGH 1 StR 209/78, JR 1979, 429.
— Der Streit um Handlungs- und Unrechtslehre, insbesondere im Spiegel der Zeitschrift für die gesamte Strafrechtswissenschaft, ZStW 93 (1981), 831.

His, Rudolf: Deutsches Strafrecht bis zur Karolina, München und Berlin 1928.
— Das Strafrecht des deutschen Mittelalters, 2. Teil, Weimar 1935.

Holtzendorff (Hrsg.): Handbuch des deutschen Strafrechts, Dritter Band, Berlin 1874.

Hruschka, Joachim: Konkurrenzfragen bei den sog. erfolgsqualifizierten Delikten, GA 1967, 42.

Huber, Ulrich: Normzwecktheorie und Adäquanztheorie, JZ 1969, 677.

Honig, Richard: Kausalität und objektive Zurechnung, Festgabe für Reinhard von Frank zum 70. Geburtstag, Band I, Tübingen 1930, S. 174.

Jakobs, Günther: Die Konkurrenz von Tötungsdelikten mit Körperverletzungsdelikten, Bonn 1967.
— Studien zum fahrlässigen Erfolgsdelikt, Berlin 1972.
— Das Fahrlässigkeitsdelikt, Teheran-Beiheft zur ZStW 1974, S. 6.
— Regreßverbot beim Erfolgsdelikt, ZStW 89 (1977), 1.

Jescheck, Hans-Heinrich: Lehrbuch des Strafrechts, Allgemeiner Teil, 3. Aufl., Berlin 1978.

Jimenez de Asua, Luis: L'infraction préterintentionelle Revue de science criminelle et de droit pénal comparé 1960, 567.

John: Kritische Bemerkungen zu einzelnen die Tödtungen und Körperverletzungen betreffenden Vorschriften des Deutschen Strafgesetzbuchs. GA 25 (1877), 393.

Kahrs, Hans Jürgen: Das Vermeidbarkeitsprinzip und die condicio-sine-qua-non-Formel im Strafrecht, Hamburg 1968.

Kaufmann, Armin: Das fahrlässige Delikt, ZfRV 1964, 41.

Kaufmann, Arthur: Das Schuldprinzip, Heidelberg 1961.

— Die Berücksichtigung hypothetischer Erfolgsursachen im Strafrecht, Festschrift für Eberhardt Schmidt zum 70. Geburtstag, Göttingen 1961, S. 200.

Kaufmann, Ekkehard: Die Erfolgshaftung, Frankfurt am Main 1958.

Kitzinger: Gemeingefährliche Verbrechen und Vergehen, VDB IX, Berlin 1906, S. 1.

Klee, K.: Der dolus indirectus als Grundform der vorsätzlichen Schuld, Berlin 1906.

— Die fahrlässige Tötung in der preußischen Praxis 1792—1812, GA 62 (1916), 394.

Klug, Ulrich: Juristische Logik, 3. Aufl., Berlin, Heidelberg, New York 1966.

Köhler, August: Deutsches Strafrecht, Allgemeiner Teil, Leipzig 1917.

Kohlrausch, Eduard / *Lange*, Richard: Strafgesetzbuch, 43. Aufl., Berlin 1961.

Kollmann, Horst: Die Lehre vom versari in re illicita im Rahmen des Corpus juris canonici, ZStW 35 (1914), 46.

Krauß, Detlev: Erfolgsunwert und Handlungsunwert im Unrecht, ZStW 76 (1964), 19.

Krey, Volker: Strafrecht, Besonderer Teil, Band 1, 4. Aufl., Stuttgart, Berlin, Köln, Mainz 1979.
Band 2, 4. Aufl., Stuttgart, Berlin, Köln, Mainz 1978.

Krey, Volker / *Schneider*, Tilmann: Die eigentliche Vorsatz-Fahrlässigkeits-Kombination nach geltendem und künftigem Recht, NJW 1970, 640.

Kries, J. v.: Ueber den Begriff der objectiven Möglichkeit und einige Anwendungen desselben, Vierteljahresschrift für wissenschaftliche Philosophie 12 (1888), 179.

— Über die Begriffe der Wahrscheinlichkeit und Möglichkeit und ihre Bedeutung im Strafrechte, ZStW 9 (1889), 528.

Krümpelmann, Justus: Schutzzweck und Schutzreflex der Sorgfaltspflicht, Festschrift für Paul Bockelmann zum 70. Geburtstag, München 1979, S. 443.

Küper, Wilfried: Gefährdung als Erfolgsqualifikation? NJW 1976, 543.

Kunath, Klaus: Zur Einführung eines einheitlichen Straftatbestandes gegen „Luftpiraterie" durch das elfte Strafrechtsänderungsgesetz vom 16. Dezember 1971, JZ 1972, 199.

Lackner, Karl: Strafgesetzbuch mit Erläuterungen, 14. Aufl., München 1981.

Lammasch, Heinrich: Handlung und Erfolg, Wien 1882.

Lampe, Ernst-Joachim: Täterschaft bei fahrlässiger Straftat, ZStW 71 (1959), 579.

— Anmerkung zu BGHSt. 26, 70, JR 1975, 424.

Lange, Hermann: Adäquanztheorie, Rechtswidrigkeitszusammenhang, Schutzzwecklehre und selbständige Zurechnungsmomente, JZ 1976, 198.

Lange, Richard: Der gemeingefährliche Rausch, ZStW 59 (1940), 574.

— Literaturbericht, Strafrecht — Allgemeiner Teil, ZStW 63 (1951), 456.

— Das Dritte Strafrechtsänderungsgesetz (Strafrechtsbereinigungsgesetz), NJW 1953, 1161.

Lang-Hinrichsen, Dietrich: Zur Frage der Zurechnung von Folgen der Straftat bei der Strafzumessung, GA 1957, 1.
— Zur Krise des Schuldgedankens im Strafrecht, ZStW 73 (1961), 210.

Larenz, Karl: Hegels Zurechnungslehre und der Begriff der objektiven Zurechnung, Leipzig 1927.
— Tatzurechnung und „Unterbrechung des Kausalzusammenhanges", NJW 1955, 1009.
— Lehrbuch des Schuldrechts, Erster Band, Allgemeiner Teil, 12. Aufl., München 1979.
— Methodenlehre der Rechtswissenschaft, 4. Aufl., Berlin, Heidelberg, New York 1979.

Leipziger Kommentar: Strafgesetzbuch, begründet von Ludwig Ebermayer, Adolf Lobe und Werner Rosenberg, 8. Aufl. herausgegeben von Heinrich Jagusch, Ermund Mezger, August Schaefer, Wolfhart Werner, Berlin 1958.
9. Aufl., herausgegeben von Paulheinz Baldus und Günther Willms, Berlin, New York 1974—1977.
10. Aufl., herausgegeben von Hans-Heinrich Jescheck, Wolfgang Ruß, Günther Willms, Berlin, New York 1978 ff. (Stand: 26. Lieferung).

Lenckner, Theodor: Technische Normen und Fahrlässigkeit, Festschrift für Karl Engisch zum 70. Geburtstag, Frankfurt am Main 1969.

Leukauf, Otto / *Steininger*, Herbert: Kommentar zum Strafgesetzbuch, Eisenstadt 1974.

Liepmann, Moritz: Einleitung in das Strafrecht, Berlin 1900.
— Versuchsstrafe und Erfolgshaftung bei vorsätzlichen Straftaten, IKV 9 (1902), 139.

Liszt, Franz von: Tötung und Lebensgefährdung, VDB V, Berlin 1905, S. 1.

Liszt, Franz v. / *Schmidt*, Eberhard: Lehrbuch des Deutschen Strafrechts, 25. Aufl., Berlin und Leipzig 1927.
26. Aufl., Erster Band, Berlin und Leipzig 1932.

Löffler, Alexander: Die Schuldformen des Strafrechts, Leipzig 1895.
— Die Körperverletzung, VDB V, Berlin 1905, S. 205.

Lorenzen, Claus: Zur Rechtsnatur und verfassungsrechtlichen Problematik der erfolgsqualifizierten Delikte, Berlin 1981.

Lüdeking-Kupzok, Ursula: Der erfolgsqualifizierte Versuch — eine tatbestandsspezifische Lösung, Diss. Göttingen 1979.

Lüer, Hans-Joachim: Die Begrenzung der Haftung bei fahrlässig begangenen unerlaubten Handlungen, Karlsruhe 1969.

Maiwald, Manfred: Der Begriff der Leichtfertigkeit als Merkmal erfolgsqualifizierter Delikte, GA 1974, 257.
— Kausalität und Strafrecht, Göttingen 1980.

Maurach, Reinhart: Adäquanz der Verursachung oder der Fahrlässigkeit? GA 1960, 97.
— Deutsches Strafrecht, Besonderer Teil, 4. Aufl., Karlsruhe 1964.
5. Aufl., Karlsruhe 1969.

— Anmerkung zu BGHSt. 22, 362, JR 1970, 70.

— Deutsches Strafrecht, Allgemeiner Teil, 4. Aufl., Karlsruhe 1971.

— Probleme des erfolgsqualifizierten Delikts bei Menschenraub, Geiselnahme und Luftpiraterie, Festschrift für Ernst Heinitz zum 70. Geburtstag, Berlin 1972, S. 403.

Maurach, Reinhart / *Gössel*, Karl Heinz / *Zipf*, Heinz: Strafrecht, Allgemeiner Teil, Teilband 2, 5. Aufl., Heidelberg, Karlsruhe 1977.

Maurach, Reinhart / *Schroeder*, Friedrich-Christian: Strafrecht, Besonderer Teil, Teilband 1, 6. Aufl., Heidelberg, Karlsruhe 1977.
Teilband 2, 6. Aufl., Heidelberg, Karlsruhe 1981.

Maurach, Reinhart / *Zipf*, Heinz: Strafrecht, Allgemeiner Teil, Teilband 1, 5. Aufl., Heidelberg, Karlsruhe 1977.

Mayer, Hellmuth: Strafrecht, Allgemeiner Teil, Stuttgart und Köln 1953.

Mayer, Max Ernst: Der Causalzusammenhang zwischen Handlung und Erfolg im Strafrecht, Freiburg 1899.

— Der Allgemeine Teil des Deutschen Strafrechts, Heidelberg 1915.

Merkel, A.: Lehrbuch des Deutschen Strafrechts, Stuttgart 1889.

Meyer, Dieter: Giftbeibringung durch äußerliche Einwirkung auf das Opfer — BGH, NJW 1976, 1841, JuS 1977, 517.

Meyer-Gerhards, Gerhard: Subjektive Gefahrmomente, „Schuldform" der Regelbeispiele und Begriff der „besonderen Folge" (§ 18 StGB) — BGHSt 26, 176, JuS 1976, 228.

Mezger, Edmund: Strafrecht, 3. Aufl., Berlin und München 1949.

Moos, Reinhard: Der Verbrechensbegriff in Österreich im 18. und 19. Jahrhundert, Bonn 1968.

Müller, Gustav: Das Causalitätsproblem im Strafrecht. GS 50 (1895), 241.

Müller, Max Ludwig: Die Bedeutung des Kausalzusammenhanges im Straf- und Schadensersatzrecht, Tübingen 1912.

Müller-Dietz, Heinz: Grenzen des Schuldgedankens im Strafrecht, Karlsruhe 1967.

Müller-Emmert, Adolf / *Maier*, Bernhard: Erpresserischer Menschenraub und Geiselnahme, MDR 1972, 97.

Münchener Kommentar: Bürgerliches Gesetzbuch, herausgegeben von Kurt Rebmann und Fritz Säcker, Band 2: Schuldrecht, Allgemeiner Teil, München 1979.

Münzberg, Wolfgang: Verhalten und Erfolg als Grundlagen der Rechtswidrigkeit und Haftung, Frankfurt am Main 1966.

Nagel, Klaus Rainer: Das erfolgsqualifizierte Delikt, Diss. Tübingen 1957.

Naucke, Wolfgang: Über das Regreßverbot im Strafrecht, ZStW 76 (1964), 409.

Niese, Werner: Die Rechtsprechung des Bundesgerichtshofs in Strafsachen, JZ 1957, 658.

Niethammer, E.: Anmerkung zu BGHSt. 4, 113, JZ 1953, 511.

Noll, Peter: Diskussionsvotum an der Strafrechtslehrertagung vom 21. bis 23. Mai 1964 in Hamburg, ZStW 76 (1964), 707.

Oehler, Dietrich: Wurzel, Wandel und Wert der strafrechtlichen Legalordnung, Berlin 1950.

— Das erfolgsqualifizierte Delikt und die Teilnahme an ihm, GA 1954, 33.

— Das erfolgsqualifizierte Delikt als Gefährdungsdelikt, ZStW 69 (1957), 503.

Olshausen, J. v.: Strafgesetzbuch, Zweiter Band (§§ 211 ff.), 11. Aufl., Berlin 1927.

Strafgesetzbuch (§§ 1—246), 12. Aufl., Berlin 1942.

Oppenhoff, Friedrich: Das Strafgesetzbuch für das Deutsche Reich, 12. Aufl., Berlin 1891.

Otto, Harro: Kausaldiagnose und Erfolgszurechnung im Strafrecht, Festschrift für Reinhart Maurach zum 70. Geburtstag, Karlsruhe 1972, S. 91.

— Grenzen der Fahrlässigkeitshaftung im Strafrecht — OLG Hamm, NJW 1973, 1422, JuS 1974, 702.

— Grundkurs Strafrecht, Allgemeine Strafrechtslehre, Berlin, New York 1976.

Die einzelnen Delikte, Berlin, New York 1977.

— Risikoerhöhungsprinzip statt Kausalitätsgrundsatz als Zurechnungskriterium bei Erfolgsdelikten, NJW 1980, 417.

Palandt: Bürgerliches Gesetzbuch, 41. Aufl., München 1982.

Pfeiffer, Gerd / *Maul,* Heinrich / *Schulte,* Benno: Strafgesetzbuch, Kommentar an Hand der Rechtsprechung des Bundesgerichtshofs, Essen 1969.

Pfenninger, Hans Felix: Das schweizerische Strafrecht, in: Das ausländische Strafrecht der Gegenwart, Zweiter Band, Berlin 1957, S. 149.

Pomp, Paul: Die sogenannte Unterbrechung des Kausalzusammenhanges, Str.Abh. 134, Breslau 1911.

Preisendanz, Holger: Strafgesetzbuch, 30. Aufl., Berlin 1978.

Quistorp, D. Johann Christian: Grundsätze des deutschen Peinlichen Rechts, 4. Aufl., Rostock und Leipzig 1789.

Radbruch, Gustav: Die Lehre von der adäquaten Verursachung, Berlin 1902.

— Aussetzung, VDB V, Berlin 1905, S. 185.

— Erfolgshaftung, VDA II, Berlin 1908, S. 227.

Reinach, Adolf: Über den Ursachenbegriff im geltenden Strafrecht, Leipzig 1905.

Reuter, Rudolf: Der Raufhandel im deutschen Reichsstrafgesetzbuch, Str.Abh. 22, Breslau 1899.

Rittler, Theodor: Lehrbuch des österreichischen Strafrechts, Allgemeiner Teil, 2. Aufl., Wien 1954.

Rohland, W. v.: Gefahr im Strafrecht, Dorpat 1886.

— Die Kausallehre des Strafrechts, Leipzig 1903.

— Kausalzusammenhang, Handeln und Unterlassen, VDA I, Berlin 1908, S. 349.

Rosenfeld, Ernst Heinrich: Verbrechen und Vergehen wider die persönliche Freiheit, VDB V, Berlin 1905, S. 385.

Roth-Stielow, Klaus: Die Reichweite eines bestimmten Verhaltens als äußerste Haftungsgrenze, NJW 1971, 180.

Roxin, Claus: Pflichtwidrigkeit und Erfolg bei fahrlässigen Delikten, ZStW 74 (1962), 411.

— Literaturbericht, Allgemeiner Teil, ZStW 78 (1966), 214.

— Täterschaft und Tatherrschaft, 2. Aufl., Hamburg 1967.

— Gedanken zur Problematik der Zurechnung im Strafrecht, Festschrift für Richard M. Honig, Göttingen 1970, S. 133.

— Zum Schutzzweck der Norm bei fahrlässigen Delikten, Festschrift für Wilhelm Gallas zum 70. Geburtstag, Berlin New York 1973, S. 241

Rudolphi, Hans-Joachim: Voraussehbarkeit und Schutzzweck der Norm in der strafrechtlichen Fahrlässigkeitslehre, JuS 1969, 549.

Rudolphi, Hans-Joachim / *Horn*, Eckhard / *Samson*, Erich / *Schreiber*, Hans-Ludwig: Systematischer Kommentar zum Strafgesetzbuch, Band I, Allgemeiner Teil, 3. Aufl., Frankfurt am Main 1981.
Band II, Besonderer Teil, Frankfurt am Main, Stand: 10. Lieferung 1981.

Rümelin, W.: Die Verwendung der Causalbegriffe in Straf- und Zivilrecht, Tübingen 1900.

Samson, Erich: Hypothetische Kausalverläufe im Strafrecht, Frankfurt am Main 1972.

Sauer, Wilhelm: Allgemeine Strafrechtslehre, 3. Aufl., Berlin 1955.

Schaffstein, Friedrich: Die allgemeinen Lehren vom Verbrechen, Berlin 1930.

— Risikoerhöhung als objektives Zurechnungsprinzip im Strafrecht, insbesondere bei der Beihilfe, Festschrift für Richard M. Honig, Göttingen 1970, S. 169.

— Handlungsunwert, Erfolgsunwert und Rechtfertigung bei den Fahrlässigkeitsdelikten, Festschrift für Hans Welzel zum 70. Geburtstag, Berlin 1974, S. 557.

Schilling, Georg: Abschied vom Teilnahmeargument bei der Mitwirkung zur Selbsttötung, JZ 1979, 159.

Schmidhäuser, Eberhard: Strafrecht, Allgemeiner Teil, 2. Aufl., Tübingen 1975.
Besonderer Teil, Tübingen 1980.

Schmidt, Eberhard: Einführung in die Geschichte der deutschen Strafrechtspflege, 3. Aufl., Göttingen 1965.

Schmitt, Rudolf: Vorsätzliche Tötung und vorsätzliche Körperverletzung, JZ 1962, 389.

Schneider, Egon: Die durch eine verschuldete Folge qualifizierten Delikte, Diss. Köln 1954.

— § 56 StGB und die Strafrechtsreform, JR 1955, 414.

Schönke, Adolf: Strafgesetzbuch, 4. Aufl., München und Berlin 1949.

Schönke, Adolf / *Schröder,* Horst: Strafgesetzbuch, bearbeitet von Theodor Lenckner, Peter Cramer, Albin Eser, Walter Stree, 20. Aufl., München 1980.

Schott, Albert: Zufälliger Erfolg als Strafschärfungsgrund, Göttingen 1895.

Schroeder, Friedrich-Christian: Der Täter hinter dem Täter, Berlin 1965.

— Die Fahrlässigkeitsdelikte, ZStW 91 (1979), 257.

Schröder, Horst: Anmerkung zu BGH 1 StR 640/66, JZ 1967, 368.

— Anmerkung zu BGH 3 StR 119/70, JR 1971, 205.

Schubarth, Martin: Das Problem der erfolgsqualifizierten Delikte, ZStW 85 (1973), 754.

Schünemann, Bernd: Moderne Tendenzen in der Dogmatik der Fahrlässigkeits- und Gefährdungsdelikte, JA 1975, 435, 511, 575, 647, 715, 787.

— Raub und Erpressung (2. Teil), JA 1980, 393.

Seebald, Rudolf: Täterschaft und Teilnahme bei erfolgsqualifizierten und bei fahrlässigen Delikten, Diss. Saarbrücken 1963.

— Teilnahme am erfolgsqualifizierten und am fahrlässigen Delikt, GA 1964, 161.

— Nachweis der modifizierenden Kausalität des pflichtwidrigen Verhaltens, GA 1969, 193.

Seuffert, Hermann: Versuchsstrafe und Erfolgshaftung bei vorsätzlichen Straftaten, IKV 9 (1902), 108; 10 (1902), 448.

Simson, Gerhard / *Geerds,* Friedrich: Straftaten gegen die Person und Sittlichkeitsdelikte in rechtsvergleichender Sicht, München 1969.

Sonnen, B.-R.: Anmerkung zu OLG Stuttgart 3 Ss (23), 697/80, JA 1981, 259.

Spendel, Günter: Zur Lehre vom Strafmaß, Frankfurt am Main 1954.

— Fahrlässige Teilnahme an Selbst- und Fremdtötung, JuS 1974, 749.

Stienen, Joseph Justus: Fälle einer begrifflichen Unmöglichkeit des Versuchs, Diss. Burgsteinfurt 1912.

Stooß, Carl: Lehrbuch des Österreichischen Strafrechts, 2. Aufl., Wien und Leipzig 1913.

Stratenwerth, Günter: Arbeitsteilung und ärztliche Sorgfaltspflicht, Festschrift für Eberhardt Schmidt zum 70. Geburtstag, Göttingen 1961, S. 383.

— Bemerkungen zum Prinzip der Risikoerhöhung, Festschrift für Wilhelm Gallas zum 70. Geburtstag, Berlin, New York 1973, S. 227.

— Schweizerisches Strafrecht, Besonderer Teil I: Straftaten gegen Individualinteressen, 2. Aufl., Bern 1978.

— Strafrecht Allgemeiner Teil I, Die Straftat, 3. Aufl., Köln, Berlin, Bonn, München 1981.

Stree, Walter: Zur Auslegung der §§ 224, 226 StGB (Zugleich ein Beitrag zum Versuch erfolgsqualifizierter Delikte), GA 1960, 289.

Tenckhoff, Jörg: Die leichtfertige Herbeiführung qualifizierter Tatfolgen, ZStW 88 (1976), 897.

Than, Jürgen: Die Freiheitsdelikte, Diss. Frankfurt 1970.

Thomsen, Andreas: Über den Versuch der durch eine Folge qualifizierten Delikte, Kiel u. Leipzig 1895.

Tittmann, Carl August: Handbuch der Strafrechtswissenschaft und der deutschen Gesetzeskunde, 2. Aufl., Erster Band, Halle 1822, Zweiter Band, Halle 1823.

Traeger, Ludwig: Der Kausalbegriff im Straf- und Zivilrecht, Marburg 1904.

Triffterer, Otto: Die „objektive Voraussehbarkeit" (des Erfolges und des Kausalverlaufs) — unverzichtbares Element im Begriff der Fahrlässigkeit oder allgemeines Verbrechenselement aller Erfolgsdelikte? Festschrift für Paul Bockelmann zum 70. Geburtstag, München 1979, S. 201.

Ulsenheimer, Klaus: Das Verhältnis zwischen Pflichtwidrigkeit und Erfolg bei den Fahrlässigkeitsdelikten, Bonn 1965.

— Zur Problematik des Versuchs erfolgsqualifizierter Delikte, GA 1966, 257.

— Erfolgsrelevante und erfolgsneutrale Pflichtverletzungen im Rahmen der Fahrlässigkeitsdelikte, JZ 1969, 364.

— Anmerkung zu BGHSt. 24, 315, JZ 1973, 64.

— Zur Problematik des Rücktritts vom Versuch erfolgsqualifizierter Delikte, Festschrift für Paul Bockelmann zum 70. Geburtstag, München 1979, S. 405.

Vassalli, Giuliano: Corcorso tra circostanze eterogenee e „reati aggravati dall'evento", Rivista italiana di diritto e procedura penale 1975, 3.

Volz, Manfred: Unrecht und Schuld abstrakter Gefährdungsdelikte, Diss. Göttingen 1968.

Wach, Adolf: Legislative Technik, VDA VI, Berlin 1908, S. 1.

Wachenfeld, Friedrich: Die Begriffe von Mord und Totschlag sowie vorsätzlicher Körperverletzung mit tödlichem Ausgange in der Gesetzgebung seit der Mitte des 18ten Jahrhunderts, Marburg 1890.

— Lehrbuch des Deutschen Strafrechts, München 1914.

Wahlberg: Bemerkungen über Handlung und Zufall im Sinne des Reichsstrafrechts, ZStW 2 (1882), 177.

Walder, Hans: Die Kausalität im Strafrecht, SchwZStR 93 (1977), 113.

Wegner, Arthur: Strafrecht, Allgemeiner Teil, Göttingen 1951.

Wegner, Hans-Joachim: Die Körperverletzungen, Diss. Frankfurt 1963.

— Zum Tatbestandsmerkmal der „dauernden Entstellung" (§ 224 StGB), NJW 1966, 1849.

Welp, Jürgen: Vorangegangenes Tun als Grundlage einer Handlungsäquivalenz der Unterlassung, Berlin 1968.

— Anmerkung zu BGHSt. 24, 342, JR 1972, 427.

Welzel, Hans: Studien zum System des Strafrechts, ZStW 58 (1939), 491.

— Das Deutsche Strafrecht, 2. Aufl., Berlin 1949.
11. Aufl., Berlin 1969.

— Fahrlässigkeit und Verkehrsdelikte. Zur Dogmatik der fahrlässigen Delikte, Karlsruhe 1961.

Wessels, Johannes: Strafrecht, Allgemeiner Teil, 11. Aufl., Heidelberg, Karlsruhe 1981.
Besonderer Teil — 1, 5. Aufl., Heidelberg, Karlsruhe 1981.
Besonderer Teil — 2, 5. Aufl., Heidelberg, Karlsruhe 1982.

Widmann, Hans-Joachim: Der Versuch eines erfolgsqualifizierten Delikts, Diss. Hamburg 1964.

— Zur Bestrafung wegen vorsätzlicher oder fahrlässiger Tötung bei gleichzeitigem Vorliegen eines sogenannten erfolgsqualifizierten Deliktes, MDR 1966, 554.

— Die Freiheitsberaubung mit Todesfolge als erfolgsqualifizierte Straftat mit eingeschränktem Ursachenrahmen, MDR 1967, 972.

Wiechowski, Konrad: Die Unterbrechung des Kausalzusammenhanges, Str.-Abh. 55, Breslau 1904.

Wolff, Ernst Amadeus: Kausalität von Tun und Unterlassen, Heidelberg 1965.

Wolter, Jürgen: Adäquanz- und Relevanztheorie. Zugleich ein Beitrag zur objektiven Erkennbarkeit beim Fahrlässigkeitsdelikt, GA 1977, 257.

— Der Irrtum über den Kausalverlauf als Problem objektiver Zurechnung — zugleich ein Beitrag zur versuchten Straftat sowie zur subjektiven Erkennbarkeit beim Fahrlässigkeitsdelikt, ZStW 89 (1977), 649.

— Zur Struktur der erfolgsqualifizierten Delikte, JuS 1981, 168.

Zeiler, Alois: Die Lehre vom Kausalzusammenhang, ZStW 27 (1907), 493.

Ziegler, Wolfram: Fahrlässigkeit und Gefährdung, Str.Abh. 359, Breslau-Neukirch 1935.

Zielinski, Diethart: Handlungs- und Erfolgsunwert im Unrechtsbegriff, Berlin 1973.

Zimmermann, Reinhard: Herausforderungsformel und Haftung für fremde Willensbetätigungen nach § 823 I BGB, JZ 1980, 10.

Zippelius, Reinhold: Einführung in die juristische Methodenlehre, 3. Aufl., München 1980.

Materialien

(mit den verwendeten Abkürzungen)

AE	Alternativ-Entwurf eines Strafgesetzbuches, Tübingen 1966 ff.
E 1962	Entwurf eines Strafgesetzbuches (StGB), E 1962 (mit Begründung) — Bundestagsvorlage.
GE	Gegenentwurf zum Vorentwurf eines deutschen Strafgesetzbuchs, Berlin 1911.
Goltd. Mat.	Die Materialien zum Straf-Gesetzbuche für die Preußischen Staaten, Teil II, Berlin 1852.
John, Motive	Entwurf mit Motiven zu einem Strafgesetzbuch für den Norddeutschen Bund, Berlin 1886.
Kohler (Hrsg.)	Die Carolina und ihre Vorgängerinnen, Halle 1900.
Mat.	Materialien zur Strafrechtsreform, Bonn 1954.
Ndschr.	Niederschriften über die Sitzungen der Großen Strafrechtskommission, Bonn 1956 ff.
Prot.	Protokolle über die Sitzungen des Sonderausschusses für die Strafrechtsreform, 6. Wahlperiode, Bonn 1970 ff.
Stenglein (Hrsg.)	Sammlung der deutschen Strafgesetzbücher, München 1858.
VorE	Vorentwurf zu einem Deutschen Strafgesetzbuch, Berlin 1909.

Printed by Libri Plureos GmbH
in Hamburg, Germany